U0748361

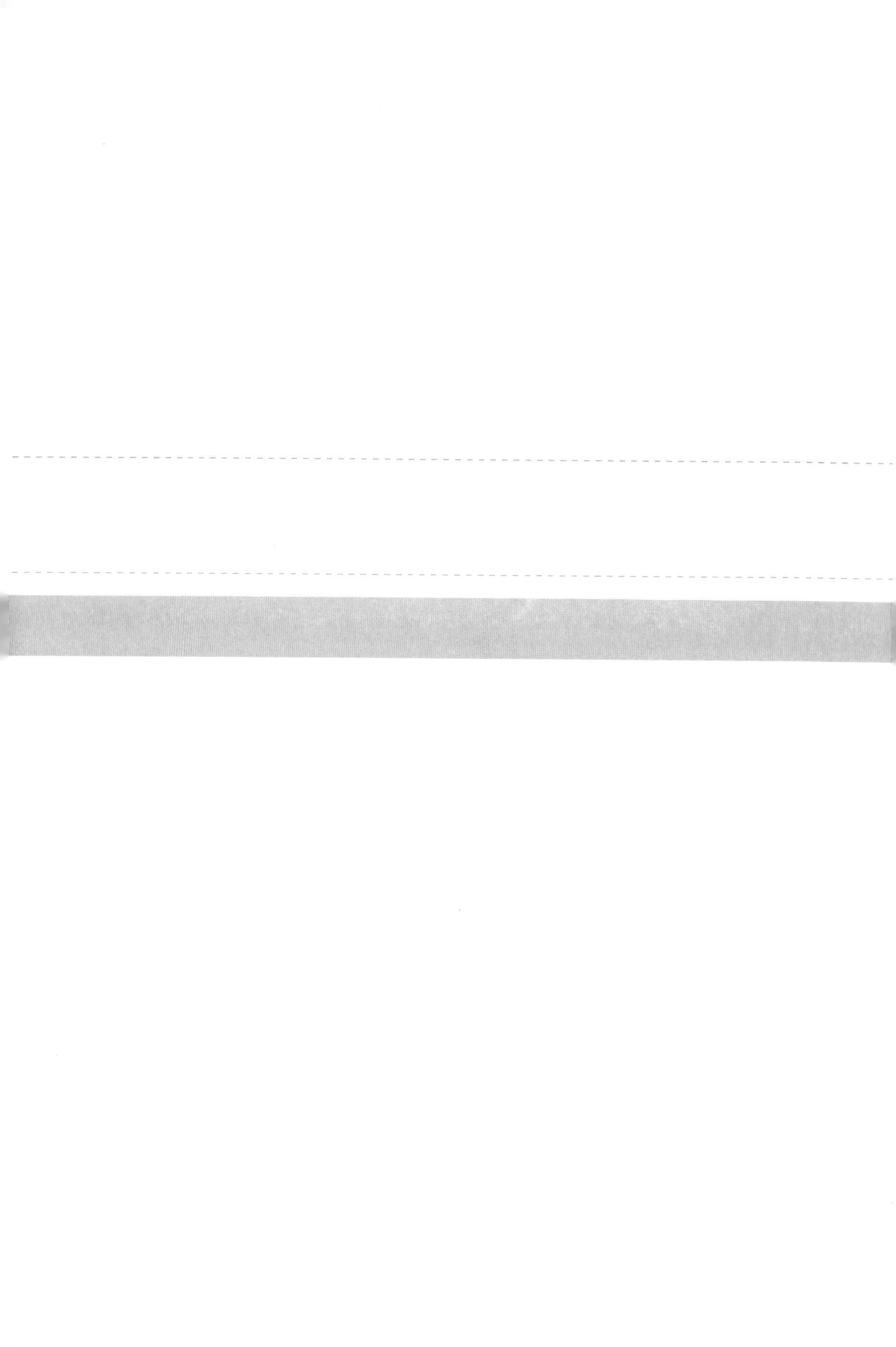

教育综合改革实验丛书

丛书主编◎袁振国

城乡统筹 质量领先

——成都青羊教育综合改革实验模式

《教育综合改革实验丛书》编委会　编

教育科学出版社

·北京·

总　序

中国教育科学研究院院长　袁振国

2010 年 11 月 10 日《光明日报》对中国教育科学研究院（前身为中央教育科学研究所，以下简称“中国教科院”）教育综合改革实验区进行了专题报道：中国教科院在全国不同区域设立教育综合改革实验区，以小带大，进而带动全国教育的整体均衡发展，这些模式正逐步成为国内区域教育改革发展的新亮点。报道对实验区工作的肯定，坚定了我们加强教育综合改革实验区建设的信心。

2008 年 5 月，中国教科院与杭州市下城区人民政府共同创建了中国教科院杭州下城教育综合改革实验区，此后，先后与成都市青羊区、大连市金州新区、深圳市南山区、宁波市鄞州区、重庆市九龙坡区人民政府共建教育综合改革实验区。这套丛书是对实验区工作的一次回顾和总结，希望以此进一步推动实验区工作的科学发展，为办人民满意的教育积累更多的经验。

当代中国教育的发展史就是一部改革史。从1985年的《中共中央关于教育体制改革的决定》，到1993年的《中国教育改革和发展纲要》，再到2010年的《国家中长期教育改革和发展规划纲要(2010—2020年)》，改革始终是主旋律。当前，教育改革已进入“深水区”，面临着很多新情况和新特点。一方面，表层问题已较好解决或者有了解决的方案，但深层次矛盾逐渐凸显出来；另一方面，社会发展日益多元化，满足不同群体的诉求难以用简单的方法应对，必须走综合改革的道路。这就要求统筹协调方方面面的力量，协同推进人事制度、管理制度、经费投入制度等的改革，把教育改革作为一项系统工程来抓。

正是基于这一考虑，为进一步发挥服务决策、创新理论、指导实践的功能，中国教科院形成了开展区域教育综合改革实验的设想。同时，我们认识到，政府作为教育管理的主体，行政区层级过高，地理空间、教育总量会很大，改革效果不可预期；行政区层级过低，无法有效统筹本区域人财物等关键要素，改革很难顺利推进，区县可能是教育综合改革实验的理想区划。令人欣喜的是，这一设想得到六区人民政府和教育行政部门的高度认同，中国教科院教育综合改革实验区应运而生。

中国教科院与六区人民政府精诚合作、锐意进取，力求以先进的理念、科学的方法、高效的机制、合理的制度来推进教育综合改革实验区的科学发展。经过反复研讨，我们确定了“院区共建、整体推进、科研引领、创新发展”的工作方针，同时，建立了有效的机制：一是专家常驻机制，中国教科院向各实验区派驻高素质专家工作组，作为科研力量的前沿部队，参与实验区建设的全过程，提供实时的、全方位的业务咨询和指导；二是决策参与机制，专家工作组通过与实验区教育行政部门领导直接沟通、通过参加领导班子办公会、参与重要政策咨询论证等多种形式，为实验区教育决策献言献策；三是课题引领，以实验区核心发展任务为重点，以双方科研资源为依托，院区共同申报研究课题，以系统的教育科学研究为实验区建设提供理论支撑和智力支持；四是区际联动，以项目合作为主要载体，各实验区之间共享优质教育资源、相互学习借鉴，共同探索解决区域教育改革发展的热点、难点问题；五是特色发展，充分尊重实验区的实际情况和个性化需求，在全面推进教育综合改革的基础上，创新实施路径和工作方法，打造不拘一格、各有特色的实验区发展模式。

在各区区委、区政府的有力领导下，在各区教育行政部门的精心培育下，在广大校长和教师的积极参与和努力下，教育综合改革实验区工作不断取得新进展，实验区整体水平不断上升：各实验区区委、区政府进一步加大了对教育工作的支持力度；社会对本地区教育工作给予了更多理解、关心和支持；各地教育改革和创新积累了越来越多的成功经验，强化了已有的特色和优势；实验区联盟加快形成。

几年下来，各区逐渐形成了各具特色的改革发展模式：杭州下城的“高位均衡、轻负高质”模式，成都青羊的“城乡统筹、质量领先”模式，大连金州新区的“多元开放、国际融合”模式，深圳南山的“追求卓越、对话世界”模式，宁波鄞州的“高位提升、惠及全民”模式，重庆九龙坡的“以生为本、优质均衡”模式清晰可见，生机盎然。

展望未来，中国教科院教育综合改革实验区将根据十八大报告提出的“深化教育领域综合改革，着力提高教育质量”的要求，以质量为导向，以教师队伍建设为重点，以教育科研为载体，以提高课堂效率为突破口，努力开创实验区工作新局面，为探索中国特色区域教育发展成功模式、助推国家整体教育改革进程作出应有贡献！

2012年12月

目　录

§ 整体推进篇 §

新筹谋：青羊实验区教育综合改革的规划

§ 科研引领篇 §

新发展：青羊实验区教育综合改革的战略

§ 创新发展篇 §

新突破：青羊实验区教育综合改革的举措

序　言

2009年6月，青羊区政府与中国教育科学研究院（前身为中央教育科学研究所，以下简称“中国教科院”）签署了教育综合改革实验区合作协议。三年以来，在中国教科院的支持和指导下，青羊教育走上了以“统筹城乡、质量领先”为特色的快速发展之路，取得了在全市、全省乃至全国都具有一定影响的教育改革成果，并诞生了一批优质学校。今天，中国教科院各教育综合改革实验区的改革经验和典型做法即将付梓出版，青羊实验区也将以《统筹城乡 质量领先——成都青羊教育综合改革实验模式》为题，全面详实地介绍实验区的改革建设情况。作为这一项实践的亲历者，我有幸见证了中国教科院青羊实验区发展的每一步。

党的十八大把教育放在改善民生和加强社会建设之首，强调要努力办好人民满意的教育，满足人们对美好生活的向往。教育是民生之基，就业是民生之本，让每一位学生都成长为有用之才是我们都应重点审视和思考的重大命题。在此背景之下，青羊区通过实施智慧教育，大力推进学有良教，全面促进区域各级各类教育协调发展，进一步提高教育的开放性和包容性，让区域内所有孩子都共享优质教育资源，不断提升城乡教育统筹发展水平，不断提高教育改革创新程度，不断巩固和深化以教育为核心的优质社会公共服务体系建设。在这个过程中，青羊区在中国教科院的指导下，以教育率先现代化、高位均衡化、充分国际化“三化联动”为抓手，不断凝炼发展思想，不断创新发展思路，先后荣获全国社区教育示范区、全国教育改革创新奖、全国数字化学习先行区、全国优秀家长学校实验基地、全国青少年普法教育实验区、四川省教育工作先进县等多项荣誉。这些成绩铭记着青羊教育改革实验的进步和成功，“读书到青羊”逐渐成为全区、全市乃至全省更多家长和孩子的共同期待和美好愿景，也是社会对青羊教育赋予的更多责任与担当。

教育综合改革实验，既是对现有教育模式的改革与创新，也是对未来教育发展的探索与洞悉。站在教育改革的潮头浪尖，不仅需要敢破敢立的勇气和胆略，还需要具有洞察教育发展大势的清醒与自觉。展望未来教育的发展，教育国际化的滚滚洪流已势不可当，它必将成为下一轮教育领先发展的重要指针和核心要素。而人民对优质教育的迫切需求，也需要我们用教育的大智慧去协调和兼顾质量与公平、质量与效率之间的关系。为此，我真心希望在中国教科院的带领下，中国教科院各教育综合改革实验区一起分享智慧、共同创造智慧，将教育综合改革实验向深处拓展，向广处延伸。同时也希望通过本书的出版刊印，让青羊区细微的教育实践，能为其他区域的教育改革提供一丝启迪、借鉴与思考。

谢　强

2012 年 12 月

前　言

实验是教育改革与发展的重要方式。《国家中长期教育改革和发展规划纲要（2010—2020年）》指出，要鼓励地方和学校大胆探索和试验，加快重要领域和关键环节的改革步伐。近年来，成都市坚持通过教育实验的方式进行改革创新。2007年6月，国务院批准成都市为“国家统筹城乡综合配套改革试验区”。2009年4月，教育部与成都市签署了共建“统筹城乡教育综合改革试验区”的协议。两个试验区在成都市的建立，为青羊区教育的发展提供了极其难得的机遇，同时，也为青羊教育的改革创新提供了一个平台。2009年6月，中国教育科学研究院（前身为中央教育科学研究所，

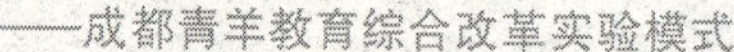

以下简称“中国教科院”）成都青羊教育综合改革实验区成立。青羊实验区在成都市城乡统筹的背景下，提出了“城乡统筹、质量领先”的教育发展模式。本书正是这一艰苦探索过程的阶段性总结。

本书按照中国教科院为教育综合改革实验区确立的“院区共建、科研引领、创新发展、整体推进”的十六字工作方针，分四个篇章探讨了青羊实验区面临的新需求、进行的新谋划、取得的新发展和实现的新突破。作为对区域教育综合改革的行动研究和实践反思，本书在每个章节遵循“问题—举措—成效”的逻辑线索，深刻剖析青羊实验区各项教育改革的现实基础和理论依据，系统梳理青羊实验区采取的各项教育改革思路和策略，认真总结青羊实验区各项教育改革举措的最终成效。

《国家中长期教育改革和发展规划纲要（2010—2020 年）》颁布以后，青羊实验区便启动了《成都市青羊区中长期教育改革与发展规划（2010—2020 年）》的研制和实施工作。2011 年 4 月，青羊区的教育规划正式发布后，区域教育综合改革的顶层设计开始深化到学校层面，青羊实验区不失时机地在全区的学校推进五年发展规划的研制、评审和实施工作，使科学发展和顶层设计的理念和方法深入到区域和学校教育管理者的工作方式之中。

本书按照区域教育综合改革的启动背景、顶层设计、重大战略和主要工程，分为“院区共建篇”、“整体推进篇”、“科研引领篇”和“创新发展篇”四个篇章，详细描述了“城乡统筹、质量领先”的成都青羊教育综合改革实验模式。青羊实验区的教育综合改革鲜明地体现在四个“新”上，所有的改革发展都围绕着青羊实验区的现实问题，创造性地提出适应本地实际的路径和策略。

在推进区域教育综合改革的过程中，青羊实验区提出了“教育现代化、教育均衡化、教育特色化、教育国际化”的发展战略，从宏观上拓展教育管理者和实践者的视野，引领区域教育综合改革稳步有序推进。在落实区域教育发展的战略目标和战略举措的过程中，青羊实验区不断创新现代学校制度，在全区学校中组建了民主管理委员会；青羊实验区不断探索学有良教的机制，通过《青羊区教师发展标准》及其实施方案提高全区教育人才队伍的质量；青羊实验区极为重视区域教育的科学发展，通过构建区域教育质量监测体系保障区域教育发展水平；青羊实验区还极为重视课堂教学的质量，通过构建现代课程提高学生的综合素质。

从总体上看，青羊教育综合改革实验的模式注重发展规划的制订和重大项目的落实，在某种程度上具有理性主义改革模式的特征，然而，青羊实验区始终坚持体制机制和改革内容的创新，在科学性和灵活性、稳定和权变之间取得了较好的平衡。

作为我国西部地区的县级区域，青羊实验区在教育综合改革模式的探索上具有鲜明的区位特征和区位优势。教育改革的模式不可以复制，在我国差异性显著的西部地区推行教育改革更难以复制现行的模式。这既是青羊实验区教育综合改革面临的重大挑战，也是青羊实验区实现创新发展的强大动力。

院区共建篇

新需求：青羊实验区教育综合改革的概述

第一章

青羊实验区概况

凤舞金沙、浣花濯色滋养着温婉与柔情；司马抚琴、杜甫放歌铸就着人文与开拓；文翁倡教、苌弘化碧催生着理性与深刻。中国教育科学研究院（前身为中央教育科学研究所，以下简称“中国教科院”）青羊教育综合改革实验区位于人杰地灵的四川省成都市青羊区。青羊实验区教育占地利之优势，承历史之渊源，扬人物之风流，蕴文化之厚重，拥有一大批特色鲜明、享有盛誉的学校，成为西部教育发展高地。2009 年 6 月 20 日，中国教科院与青羊区人民政府正式签署“院区共建协议”，青羊区正式成为中国教科院在西部地区建立的首个教育综合改革实验区。

第一节 青羊实验区的政治、经济和社会发展概况

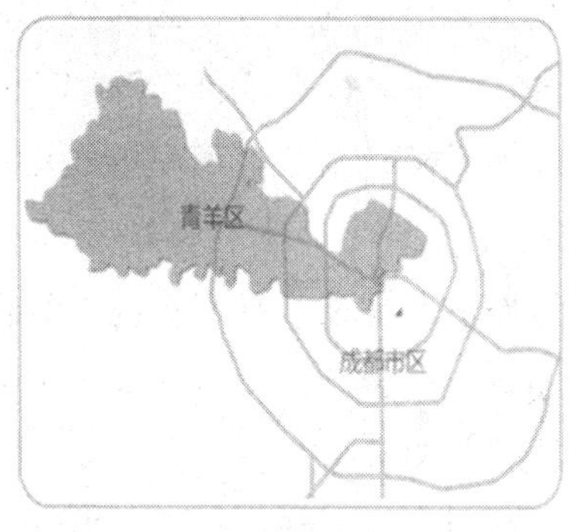

▲ 青羊区在成都市的位置图

青羊区位于成都市区的中西部位，东经104°03′，北纬30°41′，辖区幅员面积66平方公里，东西长约16公里，南北宽约8公里，地形呈不规则的长条形。青羊区东与锦江区毗邻，南与武侯区相望相连，西南与双流县相望，西与温江区接壤，西北与高新区西区相望，北与金牛区相邻相望。"成都原点"在其区域文武路与锣锅巷交叉路口的人行道上。青羊区是成都市的政治、经济、文化、金融中心，区域内政治、经济、教育相对发达，历史文化积淀深厚，区域基础教育结构完整、水平较高。

一、青羊实验区的政治发展概况

从人类文化史上看，政治与教育的关系是教育的基本社会关系之一，教育与政治的关系问题，是教育基本理论中的重要内容，也是教育实践活动的主要理论依据和前提之一。教育与政治按照各自不同的基本规律运行着，政治对教育及社会各个领域产生着各种各样的影响。从目前的教育实践看，政治对教育性质、教育目的、教育制度、教育方针、教育内容仍然起着决定作用，对教育的发展也起着至关重要的作用。因此，深刻揭示青羊实验区的政治发展情

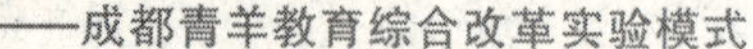

况，对青羊实验区的教育综合改革具有重要的理论意义和实践意义。

青羊区集中了四川省乃至西南地区重要的党政军机关办事处，占地利之优势。四川省委、四川省政府、成都市市委、成都军区等省级机关、军事机构均位于青羊区。青羊区是成都市二元结构特点较为突出的老城区，区内较发达的城区与欠发达的农村并存。近年来，青羊区按照成都市委“城乡统筹”、“四位一体”科学发展的总体战略，全区上下坚持以科学发展观为统领，加快实施“城乡统筹”、“四位一体”科学发展总体战略，以经济建设为中心，以项目攻坚为重点，以改善民生为根本，以党的建设为保障，扎实推进经济、政治、文化、社会和生态环境建设，确保了区域发展的新跨越。青羊区呈现出经济快速发展、区域竞争力明显增强、城市影响力日益提升、社会大局和谐稳定的良好局面。目前，青羊区成为了“全国基础教育综合改革实验区”、“全国社区教育示范区”、“国家社区卫生服务示范区”、“全国中医药特色社区卫生服务示范区”、“全国科普示范城区”、“全国统筹城乡公共文化建设实验区”、“中国人口早期教育暨独生子女培养示范区”和“全国残疾人社区康复示范区”等。青羊实验区政治发展的文明、理性和高雅，铸就了教育发展的主体精神和主体意志，弘扬了教育的精神，提升了青羊实验区教育综合改革的意义和层次。

二、青羊实验区的经济发展概况

社会物质生产的发展既为教育发展提供了条件，又对教育不断提出新的要求，成为推动教育发展的根本性社会动力。经济投入、经济效益都关系到教育的生存与发展，教育发展的资金，一是来自自身的办学收费和其他收入，二是来自政府的财政拨付，还有一些是来自企业的投资和社会的捐赠，这些无一不与济发展水平和富裕程度有关。可以说，在某种程度上经济对教育起着决定性的作用。

青羊区是成都乃至川西的政治、经济、文化中心，地域经济发达。青羊区1993年被四川省政府确定为“四川省集体经济综合试验区”，被成都市政府确定为“成都市综合配套改革试点区”，在改革开放、经济发展方面开拓进取，勇于实践，形成了较好的体制优势和政策优势。

青羊区从建区之初提出的“一个工业区、三个小城镇、五条专业街、六个商贸设施、七个市场”的产业规划，到后来“五区两线”（即工业集中发展区、中央商务核心区、文化旅游区、高尚住宅区、青羊新区五大区域，光华大道、成温邛公路青羊段两线）、“五区一带”（“五区”同“五区两线”的“五区”，“一带”指生态休闲带）产业发展战略的制定和实施，再到实施“优二强三”（即做“优”工业高端，做“强”现代服务业高端）产业发展战略，加快建设三大总部集群、着力建现代服务业“6+2”产业格局（即金融商务、文化旅游、商贸流通、创意与设计、房地产服务、新型社会服务“6大行业”，都市文化旅游和特色商业街区“2大特色”）、大力发展以航空工业为主导的高新技术产业，青羊区逐步形成了现代服务业、都市型工业和文化旅游业三大支柱产业，区域核心竞争力不断增强。近年来，青羊区的经济发展呈现出以下几个特点。

（一）经济总量进一步扩大

2011年，青羊区实现地区生产总值（GDP）584.54亿元，同比增长13.1%。其中，第一产业实现增加值0.08亿元，同比下降25.4%；第二产业实现增加值129.41亿元，同比增长13.1%；第三产业实现增加值455.05亿元，同比增长13.2%。人均生产总值达到70501元，较2010年提高10009元。

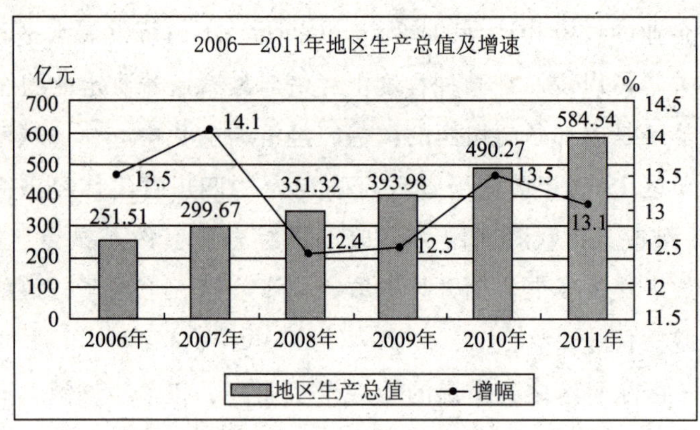

青羊区近五年的经济发展情况①

（二）经济结构不断优化

2011 年，青羊区紧扣“转型发展”，大力实施“优二强三”产业发展战略，以服务业为主体的城市产业体系不断完善；在工业方面，进一步大力推动“园区、产业、企业”转型发展，积极推进提升龙头企业规模，培育高新产业集群，实现主导产业从粗放式经营向精深加工转型，传统制造向高新技术产业转型；在服务业方面，充分发挥青羊区政策优势、区位优势、基础优势和资源优势，推进现代服务业提档升级，青羊区三次产业结构逐步趋优。三次产业结构比由 2010 年的 0.02∶22.33∶77.65 调整为 0.01∶22.14∶77.85，第二、第三产业增加值占 GDP 的比重接近 100%，其中，第三产业比重达 77.85%，比上年提高 0.2 个百分点。第二、第三产业分别拉动 GDP 增长 2.9、10.2 个百分点，对 GDP 增长的贡献率分别为 22.3%、77.7%。

---

① 成都市青羊区统计局. 2011 年成都市青羊区国民经济和社会发展统计公报［EB/OL］.（2012－04－17）［2012－11－01］. http：//www.chengdu.gov.cn/GovInfoOpe.ns2/detail_allpurpose.jsp？id＝906WQdtBmO0mXYSPg7NY.

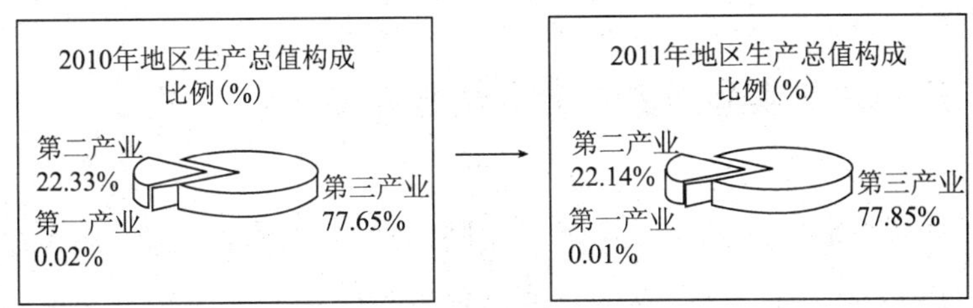

青羊区经济结构的变化情况①

(三) 民营经济稳步提高

2011 年，青羊区民营经济实现增加值 268. 78 亿元，同比增长 16. 5%。其中，第一产业实现增加值 0. 003 亿元，同比下降 66. 2%；第二产业实现增加值 64. 53 亿元，同比增长 12. 9%；第三产业实现增加值 204. 25 亿元，同比增长 17. 6%。民营经济占 GDP 的比重为 46. 0%，比上年提高 1. 7 个百分点。

教育的发展和教育的正常运转都是建立在经济基础之上的，经济对教育的投入，直接影响了教育的生存和发展状况，投资的多少、时间以及投资的年限等都制约着教育的发展，经济的保证以及经济自身的发展，对教育有着极大的促进作用。青羊区经济的迅速发展使政府可以有更多的资金用在教育上，从而加快了青羊教育的发展步伐。从另一个方面看，青羊经济的发展，要求教育对经济的适应，要求更多懂经济的人才，这为青羊教育进一步提供了不竭的动力。

① 成都市青羊区统计局．2011 年成都市青羊区国民经济和社会发展统计公报［EB/OL］．(2012 - 04 - 17)［2012 - 11 - 01］．http：//www. chengdu. gov. cn/GovInfoOpens2/detail_allpurpose. jsp？ id = 906WQdtBmO0mXYSPg7NY.

三、青羊实验区的社会发展概况

社会发展情况制约教育事业发展的规模和速度，制约着人才培养的规格和质量，制约着课程的设置及教学内容，引发着教育结构和教育制度的变革。青羊区委、区政府团结和带领全区人民，抓住成都市全面实施城乡一体化战略的机遇，充分发挥市场配置资源的基础作用，以“五区两线”建设为重点，全面推进“三个集中”（即工业向集中发展区集中、农民向城镇和新型社区集中、土地向适度规模经营集中）和“三个转变”（即需求结构上的转变、产业结构上的转变、要素投入上的转变），加强了规范化服务型政府建设，极大地促进了社会的全面、协调、可持续发展。

（一）充分就业持续加强

青羊区全面实施就业优先战略，着力提高就业培训质量、层次和就业率，加大农民工、大学生、困难群众等重点人群的就业推动力度，在实现城乡居民充分就业和城乡公共服务方面再上新台阶。2011 年，农村富余劳动力向非农产业转移就业新增 2477 人；劳务转移输出规模 12218 人，其中输出规模 6205 人；劳务收入 14027. 6 万元，其中输出收入 7128. 8 万元；劳务外派 26 人；就业服务管理机构有组织劳务输出 241 人；本地生源高校毕业生就业率 93%，有就业意愿的困难家庭高校毕业生就业率 100%；促进高校毕业生参加就业见习 170 人；动态消除零就业家庭；开发公益性岗位 1160 个；开发企业岗位 58000 个；城镇新增就业人数 15375 人，“4050”等援助对象再就业 3836 人；培训农民工 11700 人，中、高级技能培训 4300 人；在岗培训 3000 人；农村劳动力技能培训 7900 人；品牌培训 800 人；为农民工及城镇失业人员发放培训券 10000 人，培训合格率90%以上，培训后转移就业率80%以上；创业培训583人；创业培训合格率80%以上，创业成功率50%以上；小额担保贷款3570万元；发放青年创业小额贷款30万元；促进高校毕业生实现创业62人。

（二）居民收入快速增长

抽样调查显示：城镇居民人均可支配收入24846元，同比增加3721元，增幅为17.6%，较上年提高4.48个百分点。居民收入中人均工资性收入16709.4元，同比增长12.46%；经营净收入2233元，同比增长44.85%；财产性收入1609.7元，同比增长53.56%；转移性收入7072.5元，同比增长19.7%。农民人均纯收入15885元，同比增加2593元，增幅为19.5%。其中人均工资性收入7874.4元，同比增长20.7%；财产性收入4160.21元，同比增长8.91%；转移性收入1831.28元，同比增长13.34%；经营净收入2018.61元，同比增长51.44%。

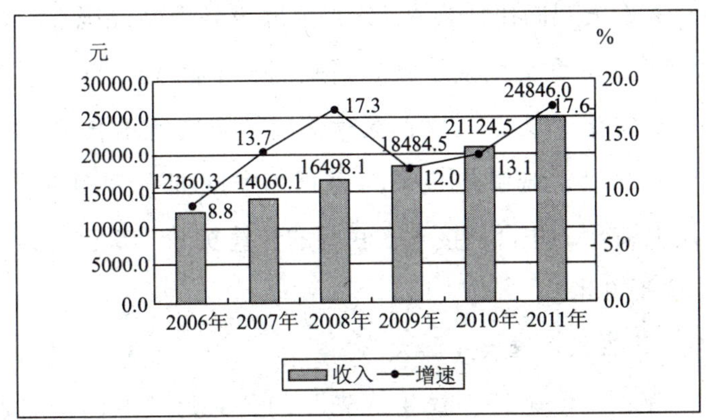

2011年青羊区城镇居民可支配收入及增速情况①

---

① 成都市青羊区统计局.2011年成都市青羊区国民经济和社会发展统计公报［EB/OL］.（2012－04－17）［2012－11－01］. http://www.chengdu.gov.cn/GovInfoOpens2/detail_allpurpose.jsp? id=906WQdtBmO0mXYSPg7NY.

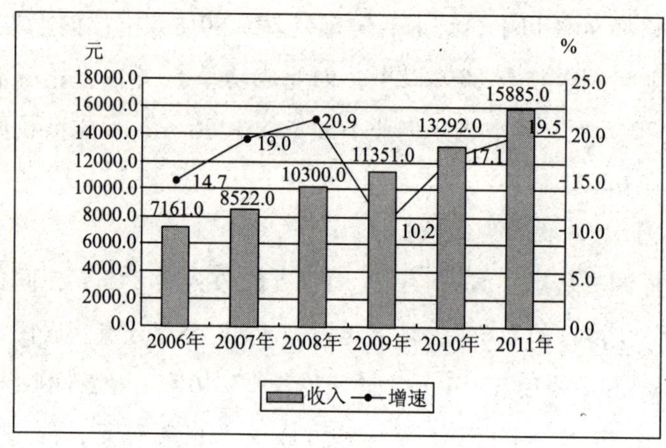

2011 年青羊区农民人均纯收入及其增长情况①

（三）居民消费结构升级加快

抽样调查显示，全区城镇居民人均消费性支出 20968.6 元，同比增长 20.53%。在城市居民消费分类中，食品消费同比增长 21.5%；交通和通信消费同比增长 21.4%；居住消费同比增长 43.3%；衣着消费同比增长 4.5%；家庭设备用品及服务消费同比增长 85.2%；教育文化娱乐服务消费同比下降 13.1%；杂项商品和服务消费同比增长 39.7%；医疗保健消费同比增长 73.8%。抽样调查同时显示，城镇住户平均每百户家庭拥有家用汽车 31.11 辆，家用电脑 85.19 台，接入互联网的计算机 85.19 台，人均居住面积 27.3 平方米。

（四）民生投入进一步加大

2011 年，全区坚持“民生优先”的公共财政取向，加大民生投入。用于教育上的投入 73914 万元，较上年同期增长 20.18%；

---

① 成都市青羊区统计局 . 2011 年成都市青羊区国民经济和社会发展统计公报［EB/OL］.（2012－04－17）［2012－11－01］. http：//www.chengdu.gov.cn/GovInfoOpens2/detail_allpurpose.jsp？id＝906WQdtBmO0mXYSPg7NY.

用于支持社会保障和就业上的投入24409万元，较上年同期增长21.58%；用于医疗卫生方面的投入17051万元，较上年同期增长44.82%；用于文化体育与传媒方面的投入3514万元，较上年同期增长9.16%。

（五）社会保障全面发展

到2011年年底，在全区参加基本养老保险人数13.13万人；参加城镇职工基本医疗保险人数17.53万人；参加失业保险人数11.13万人；参加工伤保险人数11.13万人；参加生育保险人数14.42万人；参加城乡居民养老保险人数2.22万人；参加城乡居民医疗保险人数13.83万人；参加大病互助补充保险人数21.1万人。

青羊区在社会各方面的全面、协调、可持续发展为青羊实验区的教育综合改革提供了良好的发展环境。

第二节　青羊实验区的教育发展概况

青羊实验区以“城乡统筹、质量领先”为主题，在“率先基本实现教育现代化”上“做精、做亮、做强”，追求区域教育优质、深度均衡发展，成为率成都之先、率四川之先、率中西部之先的领跑示范区，在西南地区发挥着重要的辐射和示范作用，为西部和全国教育现代化做出了自己的贡献。

目前，青羊实验区共有中小学、直属单位61个，其中完全中学4所，职业中学1所，初级中学7所，九年一贯制学校2所，小学35所，幼儿园89所，直属单位9个。中小学学生人数有55671人。

一、教师队伍优良

青羊实验区现有在编中小学教师3672名，幼儿园教师98名，职业高中在编教师66名。青羊区有特级教师37名，高级职称教师515名；本科以上文凭教师3285名，占教师总数的80.2%；骨干教师1140名，占教师总数的28%。其中，在职的特级教师22名；全国优秀教师3名，其他省优秀教师6名；市专家2名，区专家10名；市学科带头人32名，市优秀青年骨干教师123名；区学科带头人340名，区特级教师50名，区名师99名。高级职称教师723名，占教师总人数的18.78%；中级职称教师2288名，占教师总人数的59.43%。拥有硕士研究生学位的教师有93名，占教师总人数的2.42%；拥有大学本科学历的教师有3268名，占教师总人数的84.88%。

二、教育资源优质

经过长时间的积累，青羊实验区优质学前教育资源居成都市之首。区内共有6所省级示范园，市一级幼儿园以上20所，还有一批发展较好的民办园；义务教育阶段名校汇集，小学阶段拥有成都市实验小学、泡桐树小学、草堂小学、金沙小学等成都市知名学校；初中阶段则有树德实验中学、石室联合中学、青羊实验中学等一批名校。2006年，成飞中学等4所市属高中下放到区，进一步完善了区内教育结构。省级重点中等职业学校青苏职业中专学校是区内唯一一所公办职业学校。区内有西南财经大学、四川师范大学西教区等10所大专院校及国家级重点示范性中学石室中学和树德中学等名校。

三、发展平台优越

成都教育身处改革的激流之中。2007年6月，国务院批准成都市作为“国家统筹城乡综合配套改革试验区”后，成都教育乘势而为，开启了教育体制改革创新之路。2009年，成都市又成为全国“教育综合改革实验区”和“灾后重建教育综合改革实验区”。同年4月5日，教育部与省政府、市政府在成都共同签署了共建统筹城乡教育综合改革实验区合作协议。

作为教育改革与发展领头羊的青羊也把教育改革作为了促进青羊教育发展的突破口。青羊区教育发展长期在四川乃至整个西南地区处于领先地位，青羊教育敢试敢闯，其一系列改革经验与实践在全国都具有示范作用。1996年，青羊区被中国教育学会确定为全国首批教育改革实验区，对区域教育均衡发展进行探索；2001年，被教育部确定为全国社区教育实验区，进行创建学习型组织、促进全民学习活动开展方面的尝试；2003年，被教育部和中国教科院确定为中西部地区唯一的全国现代学校制度研究实验区，承担实行政校分开，教育局聘任校长（民主管理委员会公推直选校长），学校领导班子由校长组阁等方面的实验；2006年，首批通过四川省义务教育示范县评估验收；2007年，被确立为“国家统筹城乡综合配套改革试验区”；2008年，四川省与教育部共建“国家职业教育综合改革试验区”；2008年，成为“全国基础教育综合改革试验区”、被表彰为首批“四川省义务教育示范区”和全省唯一的“全国社区教育示范区”、“四川省基础教育工作先进城区”。教育科研成果在县级单位评选中连续多次位列全省第一；2009 年，教育部、四川省政府和成都市政府共同签署了教育综合改革试验区的战略框架协议。长期以来，青羊教育在进行多种改革实验的过程中，青羊区的社会经济的改革和发展也取得了新的进展，在西南地区发挥着重要的辐射和示范作用。同时，也对教育提出了新的需求，青羊教育改革面临新的机遇与挑战。

2009 年 6 月 20 日，中国教科院与青羊区政府正式签署“青羊教育综合改革实验区”合作协议，双方本着“院区共建、整体推进、科研引领、创新发展”的精神，围绕“城乡统筹、质量领先”的主题，在“率先基本实现教育现代化”上“做精、做亮、做强”，追求区域教育优质、深度均衡发展，成为率成都之先、率四川之先、率中西部之先的领跑示范区，在西南地区发挥着重要的辐射和示范作用，为西部和全国教育现代化做出自己的贡献。

▲ **中国教科院与青羊区人民政府签署合作协议**

青羊教育依托中国教科院的优质资源，将教育改革发展与实验区工作整合为一，整体推进，确定了青羊教育发展的“做精、做亮、做强”的指导思想，“均衡、现代、为民”的核心理念，形成了“四大战略”（深层次的均衡发展战略、长期性的内涵发展战略、多样化的特色发展战略、全方位的协调发展战略）、“九大工程”（创新人才队伍建设工程、教育信息化建设工程、现代学校制度建设工程、素质教育区域推进工程、学校特色发展工程、教育国际化工程、区域教育集团发展工程、终身教育工程、区域教育质量监测体系工程）的实施策略。

第二章

青羊实验区教育综合改革的历程

中国教育从 1977 年拨乱反正、恢复整顿开始，历经 20 世纪 80 年代的全面开展教育体制改革，到 20 世纪 90 年代，教育发展取得了巨大成就。青羊教育综合改革实验区的设立，以及青羊教育具备的区域领先地位，客观上要求青羊教育“先行先试”，为全市、全省乃至中西部地区的教育改革和发展探索路径、积累经验、做出表率，将青羊建设成为中西部地区基础教育的质量高地和首善之区。青羊教育综合改革有着自己特殊的历史背景，经历了不平常的发展历程。三年来，青羊实验区历经了开始创建、稳步推进和创新发展三个不同的阶段。

第一节　青羊实验区的开始创建阶段（2009.6—2010.7）

2009年6月20日，中国教科院青羊教育综合改革实验区合作协议签署仪式在青羊区政府机关礼堂隆重举行。中国教科院院长袁振国，《人民教育》杂志社总编傅国亮，《中国教育报》总编辑刘仁镜，中国教科院副院长田慧生，四川省教育厅厅长涂文涛，成都市人民政府副市长傅勇林，成都市教育局局长周光荣，成都市教育局副局长娄进，青羊区区委书记屈建宏，青羊区区委副书记、区长谢强，青羊区政协主席桂建梅，青羊区人大主任宫宝林等领导出席了合作协议签署仪式。中国教科院院长袁振国与青羊区区委副书记、区长谢强签署青羊教育综合改革实验区合作协议，并为实验区揭牌，青羊区区委书记屈建宏开通实验区网络平台。中国教科院青羊教育综合改革实验区合作协议签署仪式的圆满完成，标志着中国教科院青羊教育综合改革实验区正式落户成都青羊，从此拉开了中国教科院青羊教育综合改革实验区的序幕，青羊实验区进入了开始创建阶段。

▲ 中国教科院院长袁振国（前排中间）一行在中共青羊区区委副书记谢强（前排右一）的陪同下参观校园

在青羊实验区的开始创建阶段，青羊实验区成立了由区长任组长，教育、财政、人事、发改等各部门一把手为成员的工作领导小组，确立了“政府主导、部门联动、教育推进、社会参与”的方针，各部门从自身职能出发，为教育改革发展提供鼎力支持。青羊实验区本着“院区共建、整体推进、科研引领、创新发展”的精神，不断探索，稳步推进中国教科院青羊实验区的教育综合改革。

一、成立规划工作组，研制中长期教育改革与发展规划

为进一步把握青羊教育所处的大环境和青羊教育现状，将青羊教育教育综合改革工作推向深入，在中国教科院青羊教育综合改革实验区开始创建阶段的初期，青羊教育综合改革实验区就迅速成立了由中国教科院教育政策研究中心牵头的规划工作组，启动了《成都市青羊区中长期教育改革与发展规划（2010—2020 年）》研制项目，开展了《成都市青羊区中长期教育改革与发展规划（2010—2020 年）》的研制工作。

2009 年 7 月中下旬，中国教科院规划项目指导组一行开展实验区教育发展规划系列高端访谈调研工作，分别与成都市人民政府副市长傅勇林、四川省教育厅领导、成都市教育局领导、青羊区政府领导及相关部门领导、青羊区教育局班子进行了深度访谈，为客观、科学制订青羊教育发展规划做了充分的准备。2009 年 9 月中旬开始，规划项目指导组全体成员赴青羊区开始为期两周的调研，深入青羊区 20 余所各级各类学校，与校长、一线教师及家长代表进行深度座谈，并抽样发放了学生问卷、家长问卷 2 千余份。

经过调研，专家组明确了规划研制所需解决的具体问题，进一

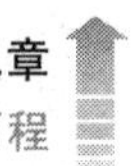

步总结了青羊区教育发展的亮点、经验与存在的问题，为下一步规划的制订奠定了坚实的基础。

二、建立工作模式，全面介入实验区工作

伴随实验区工作的深入开展，中国教科院与青羊区教育局逐步统一了认识，明确了实验区以科研为先导，围绕“城乡统筹、质量领先”的发展主题。与此同时，青羊实验区积极创新工作模式，中国教科院派驻常驻专家工作组，在中国教科院实验区办公室的统一协调下开展工作，健全了实验区与青羊区各项工程相融合的工作机制，开始整体推进青羊实验区工作。

为了更加有效地推进实验区工作，2009 年 10 月 20 日，青羊实验区专家工作组与青羊区教育局领导班子及各业务部门负责人共同研讨了实验区年度工作方案，初步拟定青羊实验区“制订青羊区中长期教育改革与发展规划”、“建立青羊区教育质量监测体系”、“加强青羊区地方培训能力建设”、“建设青羊区教科研管理机制”、“推动教育集团化办学”、“加快教育信息化建设步伐”、“提升青羊区素质教育与学校文化建设经验”、“形成青羊区教育现代化指标体系”、“推进国际教育交流与合作”和“设计青羊区全国教育规划重点课题”等青羊实验区年度十大工作重点。为保证各项工作的顺利开展，青羊实验区确立了以下保障措施。

（一）加强组织领导，健全工作体系

在开始创建阶段，青羊实验区成立了以中国教科院和青羊区政府、教育行政部门、业务部门的相关领导为主要成员的实验区工作领导小组、专家顾问组；青羊实验区依据青羊区教育发展的需求，

成立实验区专家工作组，分阶段组成不同的项目指导组，以青羊实验区专家组与项目指导相结合的方式开展业务工作；依托专家工作组及地方业务骨干，成立日常工作组，在日常沟通、宣传报道、科研引领诸方面齐头并进，建立健全工作体系。

（二）建立信息报送机制

在开始创建阶段，通过青羊实验区专家组简报、专项工作总结、网站及媒体宣传等渠道，青羊实验区建立了与教育部相关司局、中国教科院领导班子及相关科研部门、青羊区委区政府的定期汇报机制；建立了专家工作组与青羊区教育局领导的定期沟通机制，落实联系人员；建立了与青羊区教育局相关科室的联系与合作机制。这些机制的建立，使得社会各界能够及时了解问题，熟悉青羊实验区的工作动态。

（三）建立与学校校长、教师业务骨干联系的机制

在开始创建阶段，青羊实验区成立了学校校长论坛、教师业务骨干沙龙，每月定期约请若干校长、教师进行会议沟通，多方了解各个学校的情况，获取最鲜活的信息，及时总结各学校的经验亮点；青羊实验区还设计了校长、教师在专家工作组指导下的专项主题活动，互通有无，取长补短，保证校长办学水平及教师业务水平的整体提升。

（四）成立研究写作小组，保证科研成果、宣传报道及时推出

在开始创建阶段，为保证青羊实验区工作能及时充分地在相关媒体上得到反映，青羊实验区以专家工作组为主体，结合区教育局、青羊区教育科学研究院（以下简称“青羊区教科院”）、骨干学校的相关人员，成立研究写作小组，定期沟通、学习，梳理经验，形成研究及报道文字并及时推出，在若干重要工作方面积累材

料，备日后出版专著或丛书。

（五）立足中国教科院，促进互动，切实发挥实验区的基地作用

在开始创建阶段，青羊实验区借助国家级教育研究机构的优势，集全所资源，依靠中国教科院专家团队，解决青羊实验区教育的实际问题；实验区专家工作组将谋划好中国教科院专家群体、各科研部门与青羊教育互动的结合点，既带动青羊区教育发展，又在工作过程中逐步建立全国教育信息反馈机制和推广机制，为国家教育政策的制定、执行和调整提供可靠根据，切实发挥教育综合改革实验区的作用。

三、明确工作思路，实现工作的重点突破

在开始创建阶段，青羊实验区工作与教育现代化工作的整合成为必然，二者是一体的，教育现代化是实验区工作始终的主线。2009 年 4 月，青羊区出台《成都市青羊区深化城乡统筹推进教育现代化纲要》，旗帜鲜明地提出到 2010 年率先基本实现教育现代化，确立深层次的均衡发展、长期性的内涵发展、多样化的特色发展、全方位的协调发展等“四大战略”，并积极推进配套“九大工程”。从 2009 年 10 月 21 日开始，青羊实验区专家工作组与青羊区教育现代化工作领导小组下属的九个工程项目组开始进行分批座谈研讨，论证推进实验区教育综合改革的重点项目，确立了能回应研究界热点问题。

在青羊实验区的创建阶段，各级领导给予了深厚的期望和深切的关怀。中国教科院院长袁振国在中国教科院与青羊区政府正式签署“青羊教育综合改革实验区”合作协议仪式的致辞中谈到，建立

教育综合改革实验区，对于充分发挥教育科学研究的作用，总结区域教育改革的成功经验，推动区域教育改革深化，提升区域教育质量，形成具有中国特色、地区特点的教育改革发展模式，具有十分重要的意义。中国教科院在教育部的正确领导下，立足于国家发展战略，立足于教育部中心工作，立足于全国性、全局性的指导需要，深化改革，整合资源，突出重点，着力服务国家重大决策，着力探讨以点带面、推动区域教育整体发展的发展模式。近年来，青羊区锐意改革创新，敢为天下先，在统筹城乡教育发展方面取得了突出的成效，产生了巨大的影响力，正在全力向“质量高地、首善之区”努力率先基本实现教育现代化的方向迈进；相信青羊实验区的建立，一定会产生更大的动力、更大的活力，在青羊区全体教育工作者的共同努力下，本着“院区共建、整体推进、科研引领、创新发展”的精神，成为领先全国的教育示范区。

在中国教科院与青羊区政府正式签署“青羊教育综合改革实验区”合作协议的仪式上，成都市人民政府副市长傅勇林代表成都市人民政府向中国教科院和青羊区人民政府签署教育综合改革实验区的合作仪式表示最热烈的祝贺；也向中国教科院长期以来对成都教育、青羊教育所给予的大力支持、指导、帮助，表示最诚挚的谢意。傅勇林在致辞中说，中国教科院是我们国家最高教育综合研究机构，它所承担的任务对整个中国教育的发展有着重要的作用，这种高端的教育资源以及它所汇聚的全国最优秀的教育科学专家能够亲自来指导青羊教育，这说明中国教科院对青羊教育的重视，青羊区也将肩负着更为重要的历史责任。傅勇林用“入乎其内，出乎其外”八个字与大家共勉。“入乎其内”，即要借助这个制度平台、资源平台、智力平台，探索青羊教育发展的深刻内涵，准确把握教

育规律，解决战略性、战术性问题；“出乎其外”，即指青羊教育在深刻转型的时期，要回归历史、回归前贤大德，寻求当下所急需的文化智慧、教育智慧，以这些年来的均衡化发展为精神财富、制度资源，以现代化的局长、校长、老师，培育真正意义上具有世界眼光的、具有现代品格的未来成都人。

四川省教育厅厅长涂文涛代表四川省教育厅向教育综合改革实验区合作协议的签署表示热烈的祝贺。涂文涛在致辞中指出，中国教科院与青羊区人民政府举行“推进城乡统筹共建青羊教育综合改革实验区合作协议”的签字仪式，这是继教育部、四川省、成都市签订共建城乡统筹共建教育综合改革实验区的框架协议之后四川教育的又一件大事；新中国成立60周年以来，四川省的教育事业在教育部、省委、省政府的领导下，实现了历史性的跨越，取得了辉煌的成就，四川教育已经站在了一个新的历史起点上；青羊教育历来是四川教育的排头兵，为全省乃至全国的教育发展提供了不少有益的经验，希望青羊区以此为契机，牢牢抓住体制、机制创新这个关键，以提高素质为核心，以素质教育为主体、以队伍建设为根本，精心地组织教育综合改革实验，全面提升教育发展的整体水平，为四川省统筹推进城乡教育的发展，加快推进教育现代化的步伐发挥示范和表率作用；希望中国教科院、《人民教育》杂志、《中国教育报》继续加强对四川教育、对青羊教育的具体指导，提供全方位的帮助；四川省教育厅也将关注实验区的建设和发展，给予必要的支持，以实际行动来推进实验区的共建工作，不断地开创四川省统筹城乡教育发展和推进教育现代化工作的新局面，努力为四川加快恢复重建、建设西部经济发展高地做出教育战线更大的贡献。

在开始创建阶段之后，中国教科院的领导一如既往地给予了青羊实验区极大的关怀，专家们也给予了青羊实验区无私的帮助。2009年6月20日上午，中国教科院院长袁振国为青羊区教育局班子、全体校级干部、区教育局机关干部做了题为《区域推进教育现代化的战略思考》的主题报告。2009年6月20日下午，举行了青羊教育综合改革实验区发展规划研讨会，中国教科院的领导、专家和青羊教育局的领导共聚一堂，为实验区未来的发展出谋划策。在这次会议上，中国教科院的领导和青羊教育局的领导初步商定，在今后的5年里，中国教科院和青羊区将在青羊教育现代化配套机制建设、推进教育高位均衡、促进教师专业化发展、探索素质教育成功经验、建立适应区域教育发展的教育科研管理机制、建立教育质量监测体系、建立教育综合改革实验区联席会制度、制订教育科研发展规划及科研成果评奖、增设有特色的合作内容等九个方面开展长期合作。双方力争通过卓有成效的密切合作，将青羊建设成为中西部地区基础教育的质量高地和首善之区，顺利完成“做精、做亮、做强，率先基本实现教育现代化”的宏伟目标。

▲ 中国教科院院长袁振国做主题报告

中国教科院教育督导评估研究中心对青羊实验区的工作给予极大的关注。2009年11月5日下午，中国教科院教育督导评估研究中心刘芳主任、信息中心冯杰主任一行到青羊实验区指导工作，并与教育局领导班子、各业务科室负责人及青羊实验区专家工作组共同研讨教育信息化建设、教育现代化评估等当前两项重点项目工程。

中国教科院国际比较教育研究中心也非常关注青羊实验区的发展情况。2010年6月7日，青羊区教育局携手中国教科院在泡桐树小学绿舟校区举办了“中英气候变化教育——气候课堂”项目（成都青羊）教师培训会。中国教科院国际比较教育研究中心主任王素和青羊区教育局副局长杨昭涛出席了本次活动。全区各中小学地理、科学教师参加了本次培训。

中国教科院实验区办公室对青羊实验区进行了许多针对性的指导。2010年3月24日至26日，应青羊教育局李泽亚局长邀请，全国教育科学规划领导小组办公室副主任、中国教科院实验区办公室主任刘贵华教授及中国教科院实验区办公室蒋峰老师赴青羊实验区调研指导工作。2010年3月25日上午区，在教育局举行的座谈会上，青羊区教育局党委书记、局长李泽亚，副书记古红云，副局长徐江涌，副局长杨昭涛等领导班子成员，各业务科室负责人及实验区专家工作组悉数出席。接下来的两天时间里，在青羊区教育局副局长徐江涌的陪同下，刘贵华主任、蒋峰老师及实验区专家工作组一同赴树德实验中学、东城根街小学、泡桐树小学绿舟校区、成都市实验小学红碾分校（现明道分校）、岳家桥小学进行参观、调研。随后，刘贵华主任及蒋峰老师一行先后与教育局领导班子、实验区专家工作组进行了座谈，并深入到5所学校了解实验区情况。

第二节　青羊实验区的稳步推进阶段（2010.8—2011.7）

中国教科院各实验区之间多种形式的交流已经成为有效推动实验区工作的重要措施。为了加强实验区建设，更加有效地推动实验区各项工作的有力开展，2010 年 8 月中旬，中国教科院根据《中国教科院教育综合改革实验区管理办法》关于“建立实验区间轮换、交流制度”的有关规定，着手对各实验区专家组组长、成员进行相应的调整。2010 年 8 月底，经中国教科院领导班子同意，并在中国教科院教育综合改革实验区办公室的领导下，青羊实验区专家组完成了人员轮换工作。中国教科院青羊实验区紧紧围绕“城乡统筹、质量领先”的战略目标，以四大重点项目为抓手，围绕着以下重点工作，努力推进实验区各项教育事业的科学发展，积极探索区域教育综合改革的“青羊模式”。从此，青羊教育综合改革实验区进入了稳步推进阶段。

一、规划先行，通过顶层设计科学谋划区域教育发展

（一）研制并颁布实施青羊区中长期教育改革和发展规划

《成都市青羊区中长期教育改革与发展规划（2010—2020 年）》（以下简称《青羊教育规划》）的研制工作，是中国教科院青羊实验区成立后启动的第一个重大项目，意义深远。制订并实施《青羊教育规划》，是贯彻国家、四川省、成都市中长期教育改革和发展规划纲要精神的需要，是加强中国教科院青羊教育综合改革实验区

建设的需要，也是青羊加快教育发展、稳步推进教育改革的需要。

2011 年 3 月，《青羊教育规划》研制工作在经历了大规模调研、初稿撰写、修改完善、征求意见和最终定稿几个阶段后，提交青羊区委、区政府审议，并于 4 月正式发布。《青羊教育规划》明确了青羊区未来十年教育发展的战略目标和教育工作的指导方针，提出了各级各类教育的发展目标和定位，确立了教育体制改革的重点领域，建立了教育改革与发展的保障机制。规划描绘了青羊区未来十年的教育发展蓝图，是指导教育改革与发展的行动指南，是统领教育工作的纲领性文件。

（二）开展学校五年发展规划的研制、指导和评审工作

学校五年发展规划研制工作，是继《青羊教育规划》后，稳步推进青羊实验区建设的另一重要抓手。青羊区教育局领导班子和中国教科院青羊实验区专家组经认真商议后一致认为，制订科学、合理的学校五年发展规划，既是贯彻落实国家、省、市、区中长期教育改革和发展规划、应对教育外部挑战的必然要求，也是促使每一所学校都按照教育规律办学，办出特色、办出水平，出名师、育英才的内在需求。为此，青羊区教育局印发了《关于制订“学校五年发展规划”的指导意见》，并将 2011 年确定为“学校规划年”。

青羊实验区非常注重制订学校五年发展规划的培训，以保证制订学校五年发展规划的高起点。2011 年 3 月 18 日，青羊实验区召开了学校五年发展规划工作部署暨培训会，在部署学校发展规划专项工作的同时，青羊实验区邀请了中国教科院基础教育研究中心主任陈如平研究员做了题为《学校发展规划的编制要点》的辅导报告。为推进各项工作的落实，青羊区教育局要求各学校应遵循民主性、前瞻性、可行性和效益性的基本原则，系统开展五年发展规划

的研制工作：一是深入总结学校既有的优势和存在的不足，分析学校面临的机遇和挑战；二是按照时代性、创新性、操作性、评估性的要求，致力于促进学校的内涵发展和特色发展，提出学校的五年发展目标和年度发展目标；三是制订学校发展规划的实施策略，通过确立最有利于推动学校各项工作的若干重点发展项目，整合政府、学校、社会三方资源，集中力量加以突破；四是加强领导，整合资源，完善相关规章制度，建立起能够将规划落到实处的完整的保障体系。在随后的时间内，中国教科院青羊实验区专家组多次深入学校，帮助学校厘清思路，合理定位，明确目标，落实规划。

在学校初步制订出学校五年发展规划之后，青羊实验区适时地进行了学校五年发展规划的答辩。2011 年 12 月，青羊实验区举行了“质量领先　规划先行——青羊区学校五年发展规划评审答辩会”，特别邀请了中国教科院基础教育研究中心陈如平主任、中国教科院全国教育综合改革实验区办公室李晓强主任和中国教科院青羊实验区专家组成员担任评委，对全区 52 所中小学和幼儿园进行为期 2 天的评审答辩。评审结束后，青羊区教育局又紧接着举办了“学校五年发展规划评审答辩专家意见反馈会”，邀请陈如平主任对全区学校五年发展规划研制中出现的问题及时进行了指导。

二、突出重点，通过重大项目有序推进实验区工作

在稳步推进阶段，中国教科院青羊实验区在“城乡统筹、质量领先”的战略目标下，认真落实“院区共建、整体推进、科研引领、创新发展”的战略构想，以重大项目为抓手，稳步有序地推进实验区的重大项目。

（一）构建基础教育质量监测体系

在稳步推进阶段，中国教科院青羊实验区结合已开展的教育质量监测工作，努力构建符合青羊实际并具有青羊特色的基础教育质量监测体系。为构建青羊区基础教育质量监测体系，中国教科院青羊实验区深入开展了如下工作：成立青羊区基础教育质量监测中心，组建教育质量监测专业队伍；开展教育质量监测专业队伍培训，完善教育质量监测技术平台；初步搭建教育质量监测体系，并据此在全区范围内开展教育监测与分析工作；发布年度区域教育质量监测分析报告。

（二）研制区域教师专业发展标准

在稳步推进阶段，中国教科院青羊实验区全面落实青羊区教育人才队伍建设五年发展规划，努力建设一支高标准的教育人才队伍。为此，青羊区继续实施中国教科院教育综合改革实验区“区际教育人才队伍联动交流”项目，积极开展教师专业发展相关研究，正式启动《青羊区教师专业发展标准》研制工作，对校长、教师的职业发展和终身学习提出明确的要求。同时，进一步完善校长、教师轮岗机制，促进教育人才队伍的合理、有序流动。目前，中国教科院青羊实验区已经完成了《青羊区教师专业发展标准》和《青羊区教师专业发展标准实施方案》的初稿，将在专家论证的基础上经学校试点后在全区推行。

（三）大力开展国家级课题研究

在稳步推进阶段，青羊实验区努力推进科研引领下的区域教育科学发展，全面开展青羊实验区承担的国家社会科学基金“十一五”规划2010年度教育类课题“我国西部县级区域教育现代化行动研究”。2011年，各子课题组全面开展了相关研究工作，并形成阶段性研究成果。同时，这项国家级课题研究与《青羊教育规划》实施进程以及青羊区教育现代化建设的“九大工程”同步推进，相辅相成，共同推动青羊区教育事业的科学发展。

三、行政推动，通过机制创新提升实验区工作质量

（一）建立实验区工作定期报告制度

建立实验区工作定期报告制度，密切专家组工作与教育局常规工作的联系，是青羊实验区在促进科研引领和行政推动相结合道路上做出的积极探索。为深入推进实验区各项工作，在实验区专家组和教育局领导的共同协商下，双方围绕青羊区政府确定的“四大工程”和“九大战略”，建立了实验区工作的定期报告制度，该制度规定在每月月初召开全局机关和直属事业单位的工作推进会，由专家组和各科室汇报上月工作进展和下月工作安排，密切专家组工作与各科室常规工作的联系，稳步推进青羊区教育综合改革实验区建设。在稳步推进阶段，青羊实验区多次召开实验区工作推进会。在实验区工作推进会上，中国教科院青羊实验区专家组与青羊教育领导一起共同协商实验区工作的重大事项，实验区工作推进会有力地推动了实验区工作的开展。

（二）制订并发布年度推进行动计划

“科研引领、创新发展”是中国教科院为全国教育综合改革实验区提出的战略构想，也是区域教育实现内涵式发展的重要依托。为稳步推进青羊实验区工作，青羊实验区专家组经过多次内部讨论，决定遵循“有所为，有所不为”的工作原则，充分发挥自己的优势和特长，努力开展区域教育发展的战略性、全局性、前瞻性和

实效性问题研究，大力提高专家组服务地方教育发展的水平，努力打造科研院所与地方教育合作的“青羊模式”。

青羊实验区专家组经过多方协商，将创新的工作模式转化为《中国教科院青羊实验区2011—2012年工作行动计划》，确定了青羊实验区的四大重点项目。一是启动学校五年发展规划制订工作，促使每一所学校都按照教育规律办学，办出特色，办出水平，出名师，育英才；二是全面落实青羊区教育人才队伍建设五年发展规划，构建符合青羊教育实际的《青羊区教师发展标准》，为青羊区教师的发展提供基准和方向，促进全区教师队伍的建设和发展；三是结合青羊区已开展的教育质量监测工作，构建符合青羊实际并具有青羊特色的基础教育质量监测体系；四是以青羊区承担的国家级课题“我国西部县级区域教育现代化行动研究”为切入点，全面实施青羊区九大工程，不断提高青羊区教育现代化水平。

（三）启动全新调研模式

在稳步推进阶段，为了大力推进青羊实验区教育的发展，经过长期的缜密思考和精心筹备，青羊实验区启动“一校一周、服务师生”全新调研模式。中国教科院青羊实验区专家组、青羊教育局相关领导、青羊区教科院全体干部及教研员组成调研组，对一所学校开展为期一周的集中调研工作。2011年9月13日，青羊实验区调研组在树德协进中学开展了为期一周的“一校一周、服务师生”调研活动。中国教科院青羊实验区专家组组长刘光余博士、成员潘亦宁博士和孟照海博士，青羊区教科院院长黎波以及中学部全体教研员参加了此次调研。调研组采用新的调研视导工具，通过查看资料，听取汇报，实地观察，与学校领导班子、教师、学生、家长座谈，发放调查问卷等诸多方式，全面深入地对学校教学工作的各个方面进行深度调研，并根据调研情况形成高质量的调研报告，以期达到全方位了解学校、全面服务师生、切实提高教学质量的目的。

通过教研人员“蹲点”式的科研引领方式，中小学教师在此种学徒制的一对一训练中提升了自己的业务能力和专业素质。创新调研模式的出发点和落脚点是提升学校教学质量和促进学校内涵式发展。在此过程中，知识创新与教学实践实现了完美的结合，青羊的优质教育资源也因此而绽放光彩。

（四）创新培训模式

提高教育质量、促进教育均衡、推进教育内涵式发展的切入点和落脚点是提高教师和校长的质量。2011 年 9 月以来，青羊实验区不断创新干部教师队伍培训模式，提高干部教师培训的针对性。2011 年 9 月 9 日，清华大学—成都青羊国际创新教育方略与领导力提升高级研修班在清华大学隆重开班。青羊教育系统一行 68 人在清华大学接受了为期一周的培训，认真聆听了知名学者的知识引导，深切感受了知名学府的文化熏陶，极大改变了自身的观念结构。为期一周的培训开阔了青羊实验区的干部教师们的视野，拓展了青羊实验区的干部教师们的眼界。在十四门课程的学习中，青羊实验区的干部教师学会了以人为本的管理模式，学会了全新的思维方式，培养了强烈的公民意识，深刻地感受了“变”、“博”、“精”、“和”的教育理念。

青羊实验区不仅支持校长和教师的高端培训，而且还重视受培训人员的知识交流和经验分享。2011 年 11 月 3 日，青羊区召开了全区教育系统校级领导会议，学习交流清华培训班学员的经验。清华培训学习学员共分五个小组，分别向与会同志交流并分析了学习经验。教育局局长李泽亚、副局长姚敏、纪委书记任焰、副调研员

钟家强及全体科室成员参加了会议，中国教科院青羊实验区专家组组长刘光余博士、成员潘亦宁博士、孟照海博士应邀出席了会议。

四、服务实践，通过专题调研推进区域教育发展

（一）走进基层校园，把握学校发展脉搏

走进基层校园，给这些基层校园提供相应的指导，是青羊实验区专家组服务教育实践，助推实验区发展的有效举措。在稳定发展阶段，青羊实验区专家组主动走进学校，为学校的发展服务。

1. 指导苏坡小学特色发展项目

2011 年 10 月 11 日，为深入推进青羊区学校实现特色发展，中国教科院青羊实验区专家组组长刘光余博士和成员潘亦宁博士、孟照海博士亲临苏坡小学，具体指导学校五年发展规划和特色发展项目。专家组在发言中指出，学校的特色文化建设应该从物质文化、制度文化和思维认知三个方面入手，将主文化渗透到硬件建设、教育管理、课程设置和教育评价中，使其成为学校的精神品质。学校特色项目的总结和提炼需要从三个方面入手，一是要明确学校的特色是什么，二是要明确学校在教育理念、教育管理、课程设置、课堂教学和教育评价等方面如何体现了这些特色，三是展示学校特色发展取得了哪些成果。

2. 指导现代课堂课题研究

2011 年 10 月 13 日下午，由青羊区教师学习与资源中心和青羊区物理教学委员会主办，石室联合中学（西区）承办的青羊区“构建物理现代课堂的实践研究”主题研讨会，在石室联合中学（西区）隆重举行。中国教科院青羊实验区专家组刘光余博士、潘

亦宁博士、孟照海博士，成都市教科所物理教研员卢山、郑其武两位专家，青羊区教育局副调研员钟家强、青羊区教师学习与资源中心主任黎波、青羊区教育局中教科副科长王晋嘉，青羊区初中全体物理教师、中学各科主题研修班学员、中学各科教研员等参加了这次主题研讨活动。刘光余博士在点评中指出，青羊区教师学习与资源中心勇于面对当下课改的热点和难点问题，体现了强烈的使命感和责任感，同时，要根据《青羊教育规划》的要求，积极探索符合青羊教育发展实际和需求的现代课堂模式，以现代课堂为载体，为青羊区乃至成都市的教育现代化做出自己的贡献。

（二）进行专题调研，提高服务教育发展的水平

推进义务教育均衡优质发展，提升农民工子女受教育的水平是区域教育现代化的重要内容，也是转变教育发展方式，实现教育内涵式发展的重要依托。《国家中长期教育改革和发展规划纲要(2010—2020年)》明确提出“把促进公平作为国家基本教育政策”，“把提高质量作为教育改革发展的核心任务”。[①]成都市青羊区将“高位均衡、优质发展”作为今后十年重要的教育工作方针，积极推进“四大战略”和“九大工程”，努力确保成都市青羊区的教育发展处于“全国领先、西部一流”。

为了客观、准确、全面地了解成都市青羊区义务教育的质量和均衡状况，客观、准确、全面地了解农民工子女受教育的状况，找准青羊区今后教育改革发展的着力点和突破点，成都市青羊区教育局决定依靠中国教科院青羊教育实验区专家组的力量，组建教育考

① 中华人民共和国教育部．国家中长期教育改革和发展规划纲要(2010—2020年)［EB/OL］．(2010-07-29)［2012-11-20］. http://www.gov.cn/jrzg/2010-07/29/content_1667143. htm.

察团赴重庆市沙坪坝区实地调研义务教育发展状况，走进区内涉及农民工子女的主要学校，调研农民工子女受教育的状况，为青羊区教育决策提供依据和参考。

1. 赴重庆考察义务教育发展情况

2011 年 10 月 17 日，由中国教科院青羊实验区专家组组长刘光余博士、成员孟照海博士，青羊区教育局副局长杨昭涛，青羊区教育局督导室副主任杨莉，青羊区教育局统筹办何红枚、王科组成的教育考察团一行六人抵达重庆市沙坪坝区进行调研。重庆市沙坪坝区教育委员会副主任马骁以及督导室相关人员，全程陪同青羊区教育考察团考察了重庆大学城第二小学、重庆大学城第一中学和重庆市第七中学、重庆市树人小学及其附属幼儿园 5 所中小学校和幼儿园。2011 年 10 月 18 日上午，青羊实验区教育考察团听取了重庆市沙坪坝区教委副主任马骁对沙坪坝区推进义务教育均衡发展的情况介绍。马骁从中小学布局调整、薄弱学校建设、教师素质提升、农民工子女教育和义务教育均衡发展的难点等方面介绍了“沙区经验”。专家组在深入调研的基础上，及时撰写了《区域义务教育发展状况调研报告——以成都市青羊区和重庆市沙坪坝区为例》，为区域教育决策提供了科学依据。

2. 赴西安考察义务教育发展情况

为进一步了解成都市青羊区教育在西部同类区县中的位置，2011 年 10 月 19 日，由中国教科院青羊实验区专家组组长刘光余博士、成员孟照海博士，青羊区教育局副局长杨昭涛，青羊区教育局督导室副主任杨莉，青羊区教育局统筹办何红枚、王科组成的教育考察团一行六人抵达西安市碑林区对西安交大幼儿园、西安交大附属小学、西安交大附属中学进行考察，并与西安市碑林区教育局副局长薄权利及相关领导举行了会谈，对西安市碑林区义务教育发展状况进行了实地调研。

3. 深入调研农民工子女教育状况

为深入了解青羊区内农民工子女的教育状况，同时配合中国教科院“农民工子女教育”项目，青羊实验区专家组对区内涉及农民工子女的主要学校进行了调研。此次调研共用时两天，调研组成员由中国教科院教育政策研究中心张智博士，青羊实验区专家组刘光余组长、成员潘亦宁博士、孟照海博士以及青羊区教育局统筹办、中教科以及小教科的相关同志组成。调研学校包括成都市文翁实验学校、成飞中学、苏坡小学、成都市实验小学明道分校以及黄田坝双语学校。

在稳步推进阶段，青羊实验区继续得到了中国教科院领导和专家们的大力支持。为了提高《青羊区教师发展标准》（以下简称《标准》）的研制水平和质量，2011 年 6 月 22 日，青羊实验区召开教师专业发展标准专题研讨会。应青羊实验区的诚挚邀请，中国教科院教师发展研究中心主任于发友研究员和北京市海淀区教育管理与人才服务中心主任赵殿涛亲临青羊参加研讨会，对《标准》初稿进行了具体的指导，并就青羊实验区工作提出了建设性的意见和建议。青羊区教育局副局长姚敏，中国教科院青羊实验区专家组李晓强副研究员、刘光余副研究员、潘亦宁副教授，青羊区教育局人事科科长王婉，青羊区人才服务中心副主任（主持工作）曹桥，青羊区教师学习与资源中心主任黎波、副主任刘大春以及项目组核心成员参加了研讨会。青羊区教育局人事科科长王婉主持会议。

为进一步促进青羊实验区工作向更高层次迈进，2011 年 11 月 16 日，由中国教科院和青羊区人民政府主办、青羊区教育局承办的中国教科院教育综合改革实验区第二届联席会议在青羊实验区隆重举行。本届联席会议以“全面加强区际联动，深化综合改革实验”为主题，旨在全面总结第一届联席会议以来各实验区主要工作进展、典型经验与做法，深入探讨下一阶段各实验区的发展思路、工作重点以及重大举措。同时，通过交流研讨，形成进一步加强区际联动的共识，在推动实验区整体建设的同时，深化区域教育综合改革实验。

中国教科院党委书记徐长发、副院长田慧生，中国教科院教育综合改革实验区办公室主任刘贵华、高等教育研究中心主任张男星，成都市青羊区人民政府区长谢强、副区长赖石梅、副区长邱颖，杭州市下城区人民政府副区长洪明，大连市金州新区管委会副主任兼教育文化体育局局长秦淑华，青羊区人民政府办公室主任何媛，青羊区教育局党委书记、局长李泽亚，下城区教育局党委书记周培植、局长邵伟华、副局长郑宏尖，金州新区教育文化体育局副局长张慧歧、副局长宫学莉，深圳市南山区教育局副局长王水发等领导出席联席会议。中国教科院驻青羊、下城、金州新区、南山等四个实验区的专家组全体成员以及青羊区教育局领导班子全体成员参加了联席会议。四川省教育科学研究所所长吉文昌、成都市教育科学研究院院长李全作为特邀嘉宾列席本次会议。

▲ 中国教科院党委书记徐长发在第二届实验区联席会上讲话

为了进一步促进青羊实验区的发展，2011 年 11 月 17 日上午，“中英国际气候课堂教育论坛”开幕仪式在成都市城市名人酒店隆重举行。英国大使馆文化教育处教育参赞帕特里克·霍根（Patrick Horgan）、文化领事保罗·米德尔顿（Paula Middleton），英国文化协会气候课堂全球项目负责人克里斯·帕尔默（Chris Palmer），印度尼西亚教育部科技教育开发与授权中心培训项目总协调员艾莉·赫利安尼（Elly Herliani），中国教科院副院长田慧生，中英气候课堂项目中方负责人、中国教科院国际交流处处长王素，教育部环境与可持续发展教育中心负责人刘健，国家督学、四川省人民政府教育督导团总督学刘东，四川省教育科学研究所所长吉文昌，成都市人民政府副市长傅勇林，成都市教育局副局长崔昌宏，成都市教育科学研究院院长李全，成都市青羊区人民政府区长谢强等出席开幕式。成都市青羊区教育局领导班子全体成员，中国教科院青羊实验区专家组全体成员，全国中英气候课堂项目学校代表，青羊区全体中小学校校长共 200 余人参加了开幕式。为期三天的中英国际气候课堂教育论坛取得了圆满成功。中外参会代表们围绕“青少年与气候变化”、“如何在学校成功开展气候课堂项目”、“气候变化教育教学方法”、“教学示范”、“本土资源的开发”、“利用社会资源”等六大议题，开展了广泛的交流和深入的研讨。同时，通过此次论坛，提高了教育工作者乃至广大公众的气候变化意识和认知，推动了气候变化教育与素质教育的有效融合。

进行课题研究是推进青羊实验区工作的重要方面。2011 年 12 月 20 日下午，由中国教科院成都青羊教育综合改革实验区承担的国家社会科学基金“十一五”规划 2010 年度课题“我国西部县级区域教育现代化行动研究”开题会在成都市城市名人酒店隆重举行。中国教科院领导对此次开题活动给予了高度重视和大力支持。

中国教科院院长袁振国出席开题会并出任专家评审组组长。全国教育科学规划领导小组办公室常务副主任曾天山，全国教育科学规划领导小组办公室副主任、中国教科院教育综合改革实验区办公室主任刘贵华，四川省教育科学研究所所长吉文昌，成都市教育科学研究院院长李全担任专家评审组成员。四川省教育厅副厅长何绍勇，四川省教育厅基础教育处处长杨秀军，成都市教育局副局长左华荣、副巡视员施兴国，成都市青羊区区委副书记、区长谢强，青羊区区委常委、宣传部长李勇等领导出席开题会。青羊区人民政府副区长赖石梅主持会议，中国教科院院长袁振国做了总结讲话。袁院长在简要回顾《国家中长期教育改革和发展规划纲要（2010—2020年)》研制过程后指出，在我国提出到2020年要基本实现教育现代化的背景下，西部地区教育现代化区域推进及其研究具有重大的现实意义。针对国家提出的这一宏伟战略目标，区域、特别是西部地区如何采取有效措施贯彻落实，都需要做进一步的研究和论证。此次青羊实验区由政府领导直接领衔国家级课题研究，力求以“在研究中行动、在行动中研究”的方式，不仅体现了课题研究的最大亮点，而且必将有力地推动青羊实验区的教育现代化建设和整体教育事业发展。从这个意义上来说，这次的课题开题会已经超出了课题研究的范畴，更多的是一次教育工作动员会和部署会，充分体现了课题研究与教育工作相结合的指导思想。同时，袁院长指出，教育现代化是一个推进目标，而不是终极目标。如何不断推进教育的现代化，以教育改革促进教育发展，是今后的工作重点和努力方向。最后，袁院长建议，围绕教育现代化的相关研究应体现适度超前的原则，贯彻国家优先发展教育的战略思想。此外，课题组应充分结合省情、市情、区情开展教育现代化研究，在城镇化、国际化的背景下进行西部地区教育现代化发展模式的实践探索。在中国教科院领导的大力支持下，此次青羊实验区举行的国家社会科学基金“十一五”规划2010年度课题开题会取得了圆满成功。

▲ 中国教科院副院长曾天山在指导国家级课题研究

第三节　青羊实验区的创新发展阶段（2011.8—　）

2012年是中国教科院青羊教育综合改革实验区成立的第三个年头，青羊实验区进入了创新发展阶段。在中国教科院和青羊区政府的亲切关怀和大力支持下，在青羊区教育局领导和实验区专家组的直接参与下，青羊实验区的各项工作在创新发展阶段取得了重大进展。

一、创新机制，不断完善实验区工作模式

在创新发展阶段，在青羊区教育局和实验区专家组的共同努力下，青羊实验区不断创新工作机制，加强行政力量和科研力量的统

筹协调。在创新发展阶段，青羊实验区已经形成了较为完善的实验区工作模式。

在整个区域层面，2012 年上半年，青羊实验区进一步完善了每月一次的实验区工作推进会，围绕区域推进教育现代化进程中的重大问题，加强实验区专家组与教育局各科室的紧密联系，通过集体讨论总结上一个月的工作要点和规划下一个月的主要任务，扎实有效地稳步推进实验区各项重点工作。

在常规工作层面，青羊实验区还进一步创新了实验区办公室的工作机制，青羊区教育局选派了一名优秀的科员在实验区办公室协助专家组办公，负责专家组与各科室的联络和协调。这种新型的工作机制不仅更加有效地发挥了专家组的科研引领作用，而且更加有效地提升了教育局工作人员的科研意识和科研能力，为青羊实验区教育人才队伍建设开辟了新的途径。

在学校层面，青羊实验区专家组创新了与学校的合作模式，加强了与学校的深度合作。这种新型的合作模式一方面为学校提供了具体、细致和有效的科研指导，另一方面为教育局提供了及时、准确和明晰的政策反馈，对于提高区域教育决策科学化水平和破解学校发展的难题具有重大意义。在创新发展阶段，实验区从区域层面、常规层面和学校层面都进行机制创新，为各项工作的有序开展提供了制度保障。

二、注重内涵，大力提升区域课堂教学质量

在实验区工作进行到创新发展阶段时，一切容易改革的方面都取得了成功，为进一步深化青羊区的教育综合改革，走出发展的

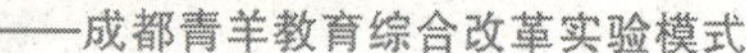

“深水区”，青羊区教育局领导和专家组进行充分沟通，确定了内涵发展的思路，决定立足课堂，关注教师教学质量的提高，提升青羊教育的品质。

为了进一步促进青羊实验区课堂教学质量的提高，青羊实验区适时地召开了课堂教学研讨会。2012 年 4 月 6 日，青羊区举办了“共同的课堂　共同的未来——全球化背景下的课堂教学研讨会暨青羊区教育学术节启动仪式”，青羊实验区邀请到教育部基础教育课程教材发展中心主任田慧生、中国教科院副院长刘建丰、美国哥伦比亚国际文化发展中心主任杜卫等国内外专家学者为青羊区的课堂教学进行把脉。青羊区的中小学教师还与国外同行围绕共同的课堂，展现了各自精彩的教学活动。以课堂为纽带，以教师交流为载体的活动形式，使青羊区的教育国际化逐步走向深入，也使青羊区的中小学呈现出崭新的面貌。

为深入贯彻落实《国家中长期教育改革和发展规划纲要（2010—2020 年）》的要求，坚持把全面实施素质教育作为教育改革发展的战略主题，把提高质量作为教育改革发展的核心任务，2012 年 5 月 29 日至 30 日，中国教科院教育综合改革实验区高质量课堂教学展示与研讨会在青羊区召开。中国教科院院长袁振国、党委副书记史习琳以及杭州下城、大连金州、深圳南山和宁波鄞州实验区的教育局领导和教师、教研员代表来到青羊，在语文、数学和英语三门学科上同台竞技，相互交流。青羊区中小学教师积极参与听课、评课和议课，交流和分享兄弟实验区教师和教研员的课堂教学理念和做法。青羊实验区教育局积极承办的这些大型区际交流活动，使青羊区中小学教师不出家门便可以接触许多新的教育观念，对于青羊区教师进一步转变心态，增强教育开放和提高教育质量，

发挥了重要作用。

三、科学发展，精心设计教育质量监测体系

中共中央政治局委员、国务委员刘延东同志2011年在中国教科院成立大会上强调“强国必先强教，强教必兴科研”。会后，青羊实验区积极贯彻落实刘延东同志讲话的精神，通过机构创新成立了国内首个县级层面的教育科学研究院，并决定依托科研的引领，进一步促进青羊区教育事业的科学发展。

为进一步促进青羊实验区的创新发展，在中国教科院和实验区专家组的支持下，青羊实验区在青羊区教科院成立质量监测中心，通过科学的监测报告和咨询报告为区教育发展提供参考。为此，青羊实验区从硬件设施、经费投入和人员配备上给予区教科院大力支持，教育局领导也召集有关科室在区教科院现场办公，及时解决了质量监测中心建设中的重大问题。

四、促进成长，科学实施区域教师发展标准

教育发展的关键在人才。在创新发展阶段，青羊实验区在推进“城乡统筹、质量领先”的发展过程中，极为重视教育人才队伍建设。在稳步推进阶段，青羊实验区便启动了区域教师发展标准和实施方案的研制工作，在全国区县级层面上走在了前列。2011年年底，教育部发布幼儿园中小学教师专业标准（征求意见稿）后，青羊实验区加快了区域教师发展标准的研制和实施工作。

2012年4月6日，青羊实验区邀请到教育部基础教育教材发展研究中心主任田慧生，中国教科院副院长刘建丰和教师发展研究中心单志艳副研究员在泡桐树小学举行了《区域教师发展标准》研究

的开题仪式。由李泽亚局长牵头的这项研究工作，为推进区域教育人才队伍建设提供了强大的智力支持。课题组听取了各位专家的点评和指导，进一步明确了下一步的工作重点和努力方向。

在推进教育人才队伍建设的过程中，青羊实验区还充分利用国际教育资源。2012 年 4 月 18 日，青羊区教科院和教育局干部人事科还邀请实验区专家组一起，与美国“教师无国界组织”创始人弗里德进行充分交流，就教师发展标准以及青羊区新教师、骨干教师、特级教师和教育家型教师的成长机制等问题征求了弗里德的意见和建议，为区域教师发展标准的研制和实施开拓了国际视野。

五、加强交流，深入推进实验区区际联动

目前，中国教科院已经在全国成立了 6 个教育综合改革实验区和 1 个教育现代化项目实践基地。这种“6 + 1”的模式为区域和全国探索教育综合改革的成功经验提供了有效支撑。作为中国教科院教育综合改革实验区的一员，青羊实验区充分利用这一平台，加强与兄弟实验区之间的区际联动，有力地促进了青羊实验区的创新发展。

2012 年 4 月 9 日，青羊区教育局局长李泽亚、副局长杨昭涛和专家组组长刘光余博士等人员赴宁波北仑区参加教育现代化经验交流会。在大会上，青羊实验区向兄弟实验区介绍了自己在推进区域教育现代化方面的成功经验，并与其他实验区就共同关心的问题进行了充分交流，青羊教育改革发展的模式获得其他实验区的高度认可。2012 年 3 月，宁波市北仑区还派出 10 位名优校长和教师赴青羊区中小学挂职锻炼，学习青羊区的教育发展经验。

2012 年 4 月 22 日，青羊区教育局副局长杨昭涛和专家组组长刘光余博士等人参加了杭州下城区国家级课题的结题会议，学习了

杭州下城区在推进区域教育生态化方面的成功经验。

2012 年 5 月 7 日，“文化育人 智慧办学——上海—成都校（园）长高峰论坛”在成都市树德实验中学和成都市泡桐树小学举行。中国教科院青羊实验区专家组组长刘光余博士，青羊区教育局副局长、泡桐树小学教育集团书记校长杨昭涛，青羊区教育科学研究院院长黎波，泡桐树小学书记、校长陈杰，上海市嘉定区教师进修学院院长凤光宇，上海市名校长工作室校长代表，蒲江的校长代表以及青羊区各中小学校长和教师参加了这次论坛。

2012 年 6 月 26 日，青羊区教育局局长李泽亚、副局长杨昭涛和专家组组长刘光余博士等人，参加了在重庆市九龙坡举行的教育综合改革成立仪式。这是中国教科院在西部建立的第二个教育综合改革实验区，也为成渝教育区际创造了便利条件。

六、总结经验，系统梳理区域教育发展成就

实验区工作进行到创新发展阶段，是教育综合改革结出硕果的时候，也是总结反思的时候。在创新发展阶段，在实验区专家组的直接参与下，青羊实验区认真梳理和总结三年来的教育改革发展成就，围绕区域推进教育现代化这一总体战略部署，分别针对四大战略和九大工程提炼青羊区教育综合改革的模式。

2012 年下半年，中国教科院将在北京举行实验区联席会，这是将各个实验区教育综合改革发展的经验推向全国的良好时机。为做好实验区改革发展经验的宣传推广工作，根据中国教科院的安排，结合青羊区承担的国家级课题“我国西部县级区域教育现代化行动研究”，青羊区教育局领导和实验区专家组以及各科室负责人参加了青羊区教育综合改革经验的总结梳理和任务分工会议，这次会议推动了各科室认真总结提炼教育发展的经验。

在总结青羊区教育综合改革发展经验的过程中，实验区专家组还编撰了《工作简报》和《信息专报》两份系列报告，分批推出青羊区教育综合改革的重大项目和成功经验，上报中国教科院以及成都市和青羊区政府的相关领导，及时总结改革发展中的成就和经验。

中国教科院领导和专家的关心和支持带领青羊实验区走进了创新发展阶段，领导和专家的关心和支持为青羊实验区的创新发展提供了不竭的动力。应青羊区委、区政府领导的盛情邀请，中国教科院领导先后多次亲赴青羊实验区指导工作，极大地推进了实验区的教育改革和发展。

青羊实验区明确了“教育国际化”的重点工作后，通过驻区专家组积极与中国教科院进行联系与协调，得到了中国教科院领导的大力支持。2012 年 2 月 27 日至 28 日，中国教科院院长袁振国、党委副书记史习琳莅临青羊实验区，视察指导实验区工作，并出席青羊区举办的教育国际化论坛。中国教科院院办、党办主任于发友和国际交流处处长王燕陪同视察。

▲ 中国教科院党委副书记史习琳在实验区教学研讨会上致辞

2012 年 2 月 28 日上午，袁振国院长一行出席了青羊区举办的“责任·创新·合作——全球化背景下的学生素质培养国际论坛”，袁振国院长在大会上做了热情洋溢的致辞。袁院长结合大会主题，从时代要求、教育使命以及成都市和青羊区的成功经验三个方面，阐述了推进教育国际化进程中的重大问题。袁院长在致辞中指出，改革开放 30 多年，中国综合国力显著增强，在国际事务中逐渐展现出“负责任大国”的形象。然而，担负大国“责任”需要转变发展方式，需要通过“创新”创造性解决国内国际的问题。在现阶段，创新活动愈发重视“合作”，协同创新已经成为破解各种难题的重要途径。袁院长在论述“责任、创新、合作”的内在逻辑关系后，指出所有这些活动归根结底都取决于人的培养，因而只有通过教育体制、内容和方法的改革，培养具有全球视野的现代人才，才能适应时代的要求。袁院长指出，在这方面的实践中，成都市和青羊区做出了许多有益的成功探索。

成都市确立了“立城优城、全域开放”的兴市战略，将“充分国际化”作为一项重大战略任务，在教育国际化方面形成了“立足校情、融入课程、坚守理性”的发展思路。青羊区作为成都市的核心城区，在“五新青羊”的战略目标下，切实担负“头雁高飞”的使命，大力推进“青年酷派 绿色校园行动”以及“中英气候课堂”两大环保项目，取得了丰硕的成果。这些活动都是对时代要求和教育使命的积极回应。

2012 年 4 月 6 日，应青羊区委、区政府领导的盛情邀请，中国教科院副院长刘建丰、课程教学研究中心研究员郝志军、教师发展中心副研究员单志艳一行三人赴青羊实验区指导工作。2012 年 4 月 6 日上午，刘建丰副院长一行出席了青羊实验区举办的“共同的课

堂 共同的未来——全球化背景下的课堂教学研讨会暨青羊区教育学术节启动仪式”，刘建丰副院长在大会上做了热情洋溢的致辞。刘院长指出，《国家中长期教育改革和发展规划纲要（2010—2020年）》明确提出，百年大计，教育为本。教育是民族振兴、社会进步的基石，是提高国民素质、促进人的全面发展的根本途径，教育寄托着亿万家庭对美好生活的期盼。青羊区举办的此次课堂教学研讨会，为我们搭建了一个交流课堂教学思想、切磋课堂教学技能的国际平台。在贯彻落实《国家中长期教育改革和发展规划纲要（2010—2020年）》的背景下，此次会议的召开恰逢其时。刘院长在致辞中进一步强调，各位教育同仁因“共同的课堂 共同的未来”而走到一起来，共同交流，相互切磋，具有十分重要的意义。为提升青羊教育在全国的影响力，2012年5月9日，青羊区还邀请到中国德育杂志社常务副社长蒋建华博士赴青羊区进行实地调研，指导青羊区总结改革发展经验。

▲ 中国教科院副院长刘建丰在学术节启动仪式上致辞

2012年5月29日至30日中国教科院教育综合改革实验区高质量课堂教学展示与研讨会在青羊实验区成功召开，中国教科院院长袁振国、党委副书记史习琳、院办和党办主任于发友、实验区办公室主任李晓强等领导，杭州下城区、大连金州新区、深圳南山区、宁波鄞州区和成都青羊区专家组全体成员，以及各实验区教育局分管领导、教师和教研员代表参加了大会。5月30日上午，中国教科院院长袁振国，出席了中国教科院教育综合改革实验区高质量课堂教学展示与研讨会的总结表彰大会。袁振国院长在发言中指出，此次活动把五个实验区的优质力量集中起来进行展示，充分体现了五个实验区在语文、数学和英语等学科教学中取得的成就。袁院长表示，中国教科院将推进五个实验区继续整合资源、优化资源，整体创新，加强区际联动，制度化推进课堂展示活动，为中国的教育改革积累实践经验和发挥示范作用。

为了进一步深化青羊实验区的创新发展，2012年5月17日，青羊实验区还邀请中国教科院信息中心主任马晓强博士和实验区专家组对质量监测中心的建设进行具体指导。目前，青羊区已经初步确立教育质量监测的核心理念、总体框架和工作机制。青羊区教育科学研究院为质量监测中心专门配备的功能室正在建设之中，青羊区中小学学业质量和学业负担监测报告也已经启动。青羊区教育监测中心围绕着青羊区教育发展中的重大问题及时发布监测报告，为区域教育决策提供参考。

在中国教科院和青羊区委、区政府的领导下，在青羊实验区专家组和青羊区教育局的密切配合下，中国教科院青羊实验区在区域教育发展和学校教育发展等方面不断改革创新，锐意进取。在具体的日常工作中，青羊实验区不断创新工作机制，积极探索实验区工作的新模式，通过走进基层和专题调研提高了专家组服务决策和指导实践的能力和水平。在科研引领和行政推动的完美结合下，在领导、专家、学校、家长和社会的协同努力下，中国教科院青羊实验区的各项工作在稳步推进，青羊实验区的各项事业也步入了加速发展的快车道。

第三章

青羊实验区教育综合改革的主题

我国是一个传统的农业大国，农村和农民都占绝大多数，在我国不断实现社会主义现代化的进程中，“农业、农民、农村”问题成为制约我国发展的最主要的问题。但是长期以来，我国在计划经济体制下，采取“城乡分治，一国两策”的做法，片面追求城市化增长，并由此形成了城乡二元结构。城乡的分割，阻碍了经济的健康、持续发展。

城乡统筹是打破旧的城乡二元结构，加快农村和农业的发展，使农民富裕起来的重要途径。城乡统筹，有利于维护社会的公平和正义，有利于实现城市和农村之间的和谐发展，是构建社会主义“和谐”社会不可或缺的一部分。

“城乡统筹”明确了青羊教育综合改革的实施策略。我国由于经济发展的不均衡，导致了教育发展的不均衡，特别是城乡二元结构的存在更是加剧了这种不均衡的态势。青羊区虽然是成都市的中心城区，但是客观上也存在着城乡二元结构，教育发展较不均衡。青羊实验区通过“城乡统筹”的教育综合改革实施策略，力图消除城乡二元结构，在区域内实现教育均衡发展，尤其是实现义务教育的均衡发展，最终使人民群众享受到同等的义务教育，实现人们对教育公平的诉求，促进社会公平的实现。

提高质量是教育内涵发展的需要，也是“百年树人”的需要。可以说，提高质量是教育的根、教育的本性。教育的本体是人，提高教育质量在本质上是促进人的发展，促进人的健康、和谐、多元、多彩的成长。据此，“城乡统筹、质量领先”就成为了青羊实验区教育综合改革的主题。

“质量领先”规定了青羊教育综合改革的核心任务。教育均衡发展不是同等发展，不是以降低教育质量为代价的发展。教育发展的核心任务仍然是提高教育质量。青羊实验区的“质量领先”规定了教育综合改革的核心任务，是要在均衡发展的同时提高教育质量。为此，青羊实验区实行名校集团战略，使全区学校尽可能地享受到同等优质的教育资源。名校集团战略的实施并不是将优质教育资源进行简单的扩散和稀释，而是将优质名校的教育理念和教学方法进行传播与共享，从而在实现均衡发展的同时，实现全区教育质量的整体提升。

“城乡统筹、质量领先”是青羊实验区积极探索的主题，也是青羊教育努力的方向。青羊实验区在三年的艰苦探索中，逐步形成并完善了自己的教育发展模式。

第一节　城乡统筹　促进教育均衡发展

成都市是典型的“大城市带大农村”城市，虽然城乡之间地理距离很近，但经济社会落差很大，城乡发展不平衡，二元结构问题非常突出。传统农业的发展已经不能适应新的社会发展的潮流，城乡矛盾日益尖锐。这势必要求转变传统的农村发展模式，走一条城乡统筹发展的新道路。

成都市青羊区经济发展速度呈“中心城区—近郊区县—远郊县市”逐级梯度下降趋势，形成了经济发展水平在成都平原地区由内向外逐渐推移、梯度下降趋势的三个圈层结构。城乡二元结构所带来的经济和社会发展的不平衡，导致了青羊区教育发展的城乡不平衡。青羊实验区教育发展水平呈现出与经济发展水平相似的梯度性差距。“城乡失衡”、“区县差距”、“校际不均”的现实，严重影响了青羊区的教育公平，阻碍了青羊区的教育可持续发展。于是，“教育城乡统筹”就成为了青羊实验区教育综合改革的主题之一。

一、追求公平是教育城乡统筹发展的价值观

公平是一个社会和谐的基本要求，教育公平一直被视为实现社会公平的“最伟大的工具”①，是社会公平的重要内容。马克思曾经提出了一个基本观点：教育是“人类发展的正常条件”和每一个

① 朱家存. 教育均衡发展政策研究［M］. 北京：中国社会科学出版社，2003：20.

公民的“真正利益”。[①] 可以说，教育公平是社会公平在教育领域的延伸，是达到社会公平的重要手段和途径。

中华人民共和国成立以后，教育得到了很大的发展，并经历了由非均衡发展到均衡发展的过程。从“十五”计划开始，我国把实现教育公平作为一个重要的指导思想，均衡发展是当今教育政策变革的主要内容和主流话语，也是当今教育价值观的主要导向。教育均衡发展并不是平均发展，如何既保持教育的竞争力又将教育的差距限制在一个规定的范畴，既承认客观差距的合理性又采取“保底”措施以保证教育整体水平的不断提高，这应该成为我们的基本认识和追求目标。世界银行在 1980 年的政策报告中认为，当入学率低于 30% 时，政府便会把关切的重点放在兴办更多学校、接纳更多学生入学上，以扩大进入教育系统的机会。但是，当入学率增长到超过 70%—80% 时，关切的重点便会转移到最大限度地提高内部效率、并确保资源分配的均等上。目前，我国已经摆脱了教育资源严重匮乏的状况，大规模“普九”的历史任务基本完成，教育发展实现了历史性跨越。教育发展的重点，由“普及”转向“均衡发展”。

纵观当代资本主义国家的发展历程，无论是“二战”后初期的“福利国家”，还是目前流行的“社会投资国家”，教育公平都是国家政策的重要方面，都对社会的公平与正义起到了很大的推动作用，是世界各国提高国家竞争力和整体人民素质的一种战略性选择。

基于对世界各国教育公平发展趋势的判断，基于对我国教育均

---

① 郭彩琴．论马克思恩格斯的教育公平观［J］．马克思主义研究，2007(1)：55 - 59.

衡发展的认识，基于对成都市二元结构给成都市到来的教育问题的考量，在成都市统筹城乡经济社会发展的大背景下，从 2003 年开始，成都市把大力推进城乡教育一体化的突破口确定在了“创新市域统筹的教育公共治理制度”上，追求教育公平，为构建和谐社会服务。

二、一体化发展是教育城乡统筹发展的方法论

“城乡一体化”是为破解城乡二元结构提出的新发展观，反映了现代化与城市化进程中对于城乡关系变化的新认识。城乡教育一体化的教育发展观，是指导城乡教育发展的世界观和方法论的集中体现，是运用马克思主义的立场、观点、方法认识和分析我国教育现代化建设的丰富实践，深化对我国城乡教育发展一般规律认识的成果。

“城乡教育一体化”发展，同推进人的全面发展，推进经济、文化的发展和改善人民物质文化生活，是互为前提和基础的。城乡教育一体化发展越充分，人的发展就会越全面，社会的物质文化财富就会创造得越多，城乡人民群众的生活就越能得到改善，而物质文化条件越充分，又越能推进城乡教育一体化发展。社会生产力和经济文化的发展水平是逐步提高、永无止境的历史过程，城乡教育一体化发展程度也是逐步提高、永无止境的历史过程。这两个历史过程应相互结合、相互促进地向前发展。

创新是一个民族进步的灵魂，是一个国家兴旺发达的不竭动力，也是成都市经济社会持续健康发展的源泉。世界在变化，我国改革开放事业在前进，成都市教育现代化建设在推进，人民群众的

伟大实践在发展，迫切要求我们以马克思主义的理论勇气，总结实践的新经验，借鉴当代人类教育文明的有益成果，在教育理论上不断扩展新视野，做出新概括。成都市在城乡教育一体化实践基础上的教育理论创新是成都市教育发展和变革的先导。通过教育理论创新推动着成都市教育制度创新以及其他各方面的创新，不断在实践城乡教育一体化中探索前进。

经验表明，一个国家、一个地区坚持什么样的教育发展观，对这个国家、地区的教育发展会产生重大影响，不同的教育发展观往往会导致不同的发展结果。城乡教育一体化的教育发展观，首先，是发展，核心是以人为本，基本要求是全面协调可持续，根本方法是统筹推进。为了“深入推进城乡教育一体化，努力实现成都教育现代化”的发展战略，成都市着力把握教育发展规律、创新教育发展理念、转变教育发展方式、破解教育发展难题，提高教育发展质量和效益，实现了成都教育又好又快的发展。统筹推进城乡教育一体化教育发展观的核心是以人为本。经济社会在发展，社会在进步，人民群众的教育利益需求也在发展。实现群众的教育愿望，满足群众的教育需要，维护群众的教育利益，是一个动态的不断发展的过程。用心体察群众教育愿望和教育利益要求的变化，使成都市的教育政策、教育制度安排更全面、更准确地反映群众教育利益，更有力地体现群众的教育利益。成都市始终把实现好、维护好、发展好最广大人民的教育利益作为一切工作的出发点和落脚点，尊重人民主体地位，发挥人民首创精神，保障人民各项教育权益，走城乡教育一体化发展之路，促进人的全面发展，努力实现发展为了人民、发展依靠人民、发展成果由人民共享。最后，又好又快发展是成都市统筹推进城乡教育一体化教育发展观的本质要求。成都市正

面临着重要的战略机遇期，又处于经济社会快速发展阶段，以“统筹城乡综合改革试验区”为契机，按照“全域成都”的理念，坚持又好又快发展，是落实城乡教育一体化教育发展观的必然要求，是调动各方面积极性的有效途径，是紧紧抓住发展机遇，实现城乡教育一体化、教育现代化的必由之路。又好又快发展是有机统一的整体，既要求保持教育的平稳快速发展，防止大起大落，更要求好中求快，注重优化教育结构，努力提高教育质量和效益。最后，调整教育结构和转变教育发展方式是成都市统筹推进城乡教育一体化教育发展观的必然要求。保持成都市教育的良好发展势头和发展后劲，必须坚持以统筹推进城乡教育一体化教育发展观为指导，着力提高教育质量和教育效益，努力实现教育发展速度与教育结构、教育质量、教育效益相统一；教育发展与人口总量、结构变化相适应；与经济结构调整相衔接，与建设“世界现代田园城市”的城市功能定位、布局相匹配；教育发展是均衡发展，教育资源配置城乡一体化。

成都市城乡教育一体化的根本方法是统筹推进。用适合成都市市情的方式，加快改变农村教育面貌，正确处理城市和农村、城镇居民和农民的关系，加大以城带乡的力度，使稳妥推进城镇化和扎实推进城乡教育一体化成为成都市教育现代化进程的双轮驱动，从而逐步解决城乡二元结构矛盾。成都市按照“全域成都”的理念，加大“市域统筹”的力度。具体表现在以下几个方面：第一，统筹推进成都市教育现代化的总体布局。统筹推进各级各类教育，以“世界现代田园城市”为标杆，推进成都市教育均衡化、优质化、国际化、全民化、信息化。坚持教育优先发展，扬长避短，优化教育结构；拓展教育资源，优化资源配置。第二，统筹推进城市化进程中的教育发展。教育既要适应和服务城市化进程，适应和服务建设“世界现代田园城市”的要求，又要坚持促进教育公平。在城市化进程中，努力避免形成新的教育资源供给不足、教育不均衡和不公平。在保障进城务工人员子女接受义务教育的基础上，积极探索破解进城务工人员子女在成都市接受学前教育和高中阶段教育的难题。第三，统筹推进投入体制机制改革。探索“市域”内形成教育投入不断增长的长效机制，统筹安排各级各类教育投入的合理分配，促进均衡发展。第四，统筹推进教育国际化。积极探索、开拓引进优质教育资源的渠道，开展多层次、宽领域的教育交流与合作。

三、集团化发展是教育城乡统筹发展的着力点

自2009年以来，青羊实验区认真贯彻落实《中华人民共和国教育部、四川省人民政府、成都市人民政府共建统筹城乡教育综合改革试验区合作协议》精神，按照城乡统筹、“四位一体”科学发展总体战略要求，把学校集团化发展作为教育城乡统筹的着力点。青羊实验区以名校为核心学校，组建名校教育集团。采取紧凑型、松散型和混合型三种不同的体制，主要采取“合并重组”、“名校复制”、“捆绑发展”、“以城带乡”、“自愿联盟”等发展模式，推进“城乡学校互助共同体”建设，着力促进城乡学校的均衡发展。青羊实验区制订了《青羊区教育集团发展实施方案》，到2011年，全区形成了八个优质教育集团：小学为成都市实验小学、泡桐树小学、草堂小学、金沙小学、东城根街小学等五大集团；初中为树德实验中学、石室联合中学、青羊实验中学等三大集团。青羊实验区

通过学校的集团化发展，实现了三个方面的“满覆盖”（标准化建设满覆盖，优秀师资满覆盖，特色发展满覆盖）。“三个满覆盖”的实现，打破了长期以来存在的城乡教育二元结构，缩减了涉农学校、薄弱学校与传统名优学校的校际差距，基本消除了因学校办学条件和质量差而被动择校的现象，有力地推动了城乡教育的统筹发展。

青羊实验区的教育城乡统筹发展破解了城乡教育的二元结构，实现了“两消除、两享受”的目标，即消除学校之间的配置差距，消除学校之间的发展差距，全区所有儿童都能平等地享受义务教育，平等地享受优质教育资源。目前，青羊实验区基本消除了因学校办学条件和质量差而被动择校的现象，人民群众从教育均衡发展中得到了实实在在的利益。

第二节　质量领先　追求教育高位发展

教育是立国的根本，是促进社会经济的繁荣与建设进步的动力。E化时代的来临，经济自由化、企业全球化的网络新经济已是阻挡不住的潮流，因此人才网络已成为企业间竞争的关键因素，竞争的范围也由国内区域性延伸成为全世界。在知识经济与技术经济主导的时代中，高质量的人才已成为各企业争相延揽的对象，而高质量的人员有赖于优质教育的培育，也更凸显出教育对人才培育的重要性。

世界先进各国为确保21世纪的竞争优势，纷纷提出教育革新计划来提升国民的素质，如美国布什总统在2002年签署生效的

《不让孩子落后法》（No Child Left Behind Act）揭示“促进全民教育卓越”（Promoting Educational Excellence for All Americans）的愿景；英国在首相布莱尔（Tony Blair）上任后，为提升中小学学校教育质量、提高学生学业成就标准，推动灯塔学校（Beacon School）计划的教育改革措施。2005 年，英国又提出 14—19 岁青少年教育与技能白皮书（14—19 Education and Skills），对教育的内涵与质量做更进一步的规范。日本在 2001 年提出迈向 21 世纪教育改革七大战略计划——彩虹计划（the Education Reform Plan for the 21st Century—the Rainbow Plan），能达到孕育人性丰富的日本人、施展每个儿童的才能、新时代新教育的营造与修订教育基本法等目标。世界上先进国家的教育改革，无不以追求卓越的教育质量为终极目标。

学校教育质量的范畴相当宽广，有关中外学者对教育质量内涵，可以从向度、特质和指标三方面来看。

一、教育质量的内涵解读

（一）教育质量的向度

学者富勒（Fuller）的研究认为，教育质量向度包括：第一个层面指向教育经费的预算，从政府到地方，包括学校对每位学生教育经费支出的计算、学校总体教育经费的支出，甚至相关人文活动的预算。

第二个层面则是基础收支项目，这方面涉及学校创校的规模计划，包含学校、班级的大小，教学资源如教材、教具，设施设备的课桌椅、教学媒体、建筑质量、图书馆、科学实验室社设备等。

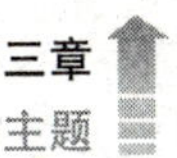

第三个层面指向人力资源管理方面的预算，包括教师进修、工作经验、社会背景、薪资水平、教师聘任与雇用人员的比率。

第四个层面指对于教师实际情境或班级组织，包含教学方案时间多寡、家庭作业流畅度、让学生自我积极学习时间多寡、对学生期望。

第五个层面指出学校管理，包括校长素质、班级教室使用次数、学生负担、学生重读情形所带来的质量评价。

（二）教育质量的特质

依照海尼曼（Heyneman）关于经济合作与发展组织（OECD）国家教育指标的研究，教育质量的指标分为教育资源/历程指标（Resource/ Process Indicator））、环境指标（Context Indicator）、结果指标（Outcome Indicator）。由于年代不同，教育指标的构成有所不同。

在教育资源历程指标中包括：财政资源、教育参与、教育历程与人员、教育研发经费，这都与教育质量有关，就如教育经费占国民生产总额比率、公私立教育经费支出、对每位学生的支出、分配于经常门与资本门经费、分配于不同等级的教育经费比率等，如果经费愈多，学生教育资源就愈多，反之则否。教育历程与人员指标包括教师教学科目数、教学时数、师生比、教师教育程度等。这也与教育质量有关，若教师教育程度高、教学科目少、师生人数比率愈小，对学生的表现将有正向效果。

其次是环境指标，包括人口、社会经济指标。最后是结果指标，包括学生成就、学校系统成果。如中等教育毕业生数、大学毕业生数、科学与工程毕业人数与劳动力市场结果等，都显示出教育育质量的特质与内涵。

（三）教育质量的指标

教育质量指标是反映效率表现的变项，是学校在输入、输出的过程中，所表现的重要评价，教育质量的定义亦因人而异，因此每一个研究用以描述教育质量的指标也不相同。奥克斯（Oakes）认为，教育质量指标是统计测量的方法，用来评估教育系统预期的结果或描述系统的特征。

有关教育质量指标内涵的建构，通常由领导者与成员实务工作者，基于学校本位观点，考虑学校教育质量的目标，及未来发展方向所提出。因此教育质量指针是确认学校整体教育系统质量高低的标准，而教育质量指针的主要功能在掌握学校发展及整体计划现况运作情形，以作为改善学校状况或学校教育工作决策的依据。

二、质量领先的实践探索

几年来，青羊实验区以开放的教育胸襟、国际的教育视野、融合的教育理念、多元的教育方法，以智慧教育为追求，努力实现学有良师、学有良校、学有良风的“学有良教”发展目标，践行着质量领先、追求教育高位发展。

（一）学有良师

陶行知先生说，人类不重师，则世界不得太平。“良师”是“良教”最核心的要素，包括两个部分——“智慧校长”与“智慧教师”。智慧校长，就是通过自身多元的教育实践，能精炼学校发展理念、凝聚教职员工心神、引领教职员工行为、增强教育教学质量、提升学校办学品质的人。智慧教师，就是通过自身多元的教育实践，使学生在理智、才智、心智等诸多方面得到一定提升的人。

简而言之，这样的校长和教师既能“慧心”，又能“慧行”，还能“慧德”。

1. 智慧校长

智慧校长应该具备五大要素：宽广的胸襟、广阔的视野、学习的热情、专业的精深、超凡的魅力。青羊实验区构建了“智慧校长的分层培养模式”，实施了“四大培训计划”——“珠峰计划”是针对特级校长的高级研修、“成长计划”是针对骨干校长的突破培训，“磐石计划”是针对新任干部的提高培训，“源泉计划”是针对后备干部的资格培训。在全球28个国家或地区建立了智慧校长学习成长平台。不久前，青羊区的十多位校长访问了台北市的南港国小、中伦高中等学校，受益颇多。

2. 智慧教师

“智慧教师”有两个层次：一个是培养好智慧教师，一个是使用好智慧教师。①如何培养好智慧教师？要构建标准、搭好平台。青羊实验区精心研制了《青羊区智慧教师发展标准》，将智慧教师的成长分为4个阶段：合格教师、骨干教师、精英教师、智慧教师。逐步搭建了覆盖区内、省外、境外的三层“智慧教师培养平台”。62所国际姊妹学校为教师学习交流提供了充分的条件。②如何使用好智慧教师？青羊区秉承“区管校用”和“人尽其才”的原则使用好智慧教师，实行优秀队伍、优良的培训福利优先向薄弱学校倾斜的“双倾斜”政策。使用好智慧教师的另一个重要抓手就是制度改革、组织创新，我们成立了“青羊教育系统功勋教师联合会”，它是青羊教育的人才集聚地、名优导师团、精英成长营、高端服务队，肩负“智囊团”、“孵化器”、“成长营”的三大功能。目的是使青羊发展成为四川乃至全国颇具影响的“基础教育人才高地”。

（二）学有良校

苏霍姆林斯基曾说，学校教育的理想是培养全面和谐发展的人，社会进步的积极参与者。所以，要有“良教”还需要可持续地成熟一批批的“良校”。青羊明确了“良校”的一种方向——智慧学校。

青羊实验区在实践探索中，挖掘出了“智慧学校”的三个维度：它应该是更公正的学校，即可信任的学校，就是要为全体学生提供个人成功和职业成功所需要的信心。它应该是更高效的学校，即高质量的学校，就是要强调致力于学生、家庭和国家的教育公共服务的质量。它应该是更开放的学校，即倾听全球意见的学校，一方面体现在与家长建立密切关系，与经济界建立密切关系；一方面要求掌握外语和计算机与互联网通信技术，保持与社会环境和外部世界的联系。换言之，“智慧学校”就是要培养学生的理性智慧、价值智慧和实践智慧。

1. 通过“高位均衡化”构建更公正的“智慧学校”

均衡与公正是相应而生的，教育均衡化建设的目标指向就是更公正的学校、更公正的教育，这种教育均衡或者说教育公正是动态变化的。2011 年，青羊实验区的基尼系数平均值为 0.22，义务教育均衡总指数为 0.30，均衡化水平居全成都市前列。

2. 通过“全面现代化”构建更高效的“智慧学校”

现代化与质量、效率也是相应而生的，现代化的制度、现代化的人才、现代化的课堂都是一个指向——质量、效率。2009 年，青羊首批通过了成都市人民政府组织的教育现代化发展水平评估验收。

3. 通过“充分国际化”构建更开放的“智慧学校”

国际化与开放也是相应而生的，国际化带来的是开放的观念、开放的视野、开放的教学、开放的人才、开放的区域，带来的是国际合作、国际资源、国际对话。

（三）学有良风

《论语·子罕》中说道：“夫子循循然善诱人，博我以文，约我以礼，欲罢不能。”良教可以使人变得博学有礼，“欲罢不能”。有了“学有良师”、“学有良校”，还要有“学有良风”。具体地说，就是要用智慧文化建设助推智慧教师成长、智慧学校发展，最终达到智慧教育的发展目标。

这就要有“有为有位，德才并举”的用人智慧。为了达到这一用人智慧，青羊区主要做了三件事情：让善谋者有舞台、让慧行者有平台、让实干者有阵地。即让校长静心办学，让教师潜心育人。

整体推进篇

新筹谋：青羊实验区教育综合改革的规划

第四章

青羊实验区教育综合改革的环境分析

教育的发展从来都不是孤立的，而是与经济社会发展、历史文化背景以及国家政策密切相关的。青羊实验区成立后，为了对青羊教育有一个全面深入的认识，中国教科院组建了由中国教科院教育政策研究中心主任吴霓研究员任组长的调研项目组，自 2009 年 6 月下旬，开展了大量细致而又充分的准备工作，在专家论证的基础上，设计制定了调研工具。之后，项目组分别于 2009 年 7 月、9 月、10 月、11 月四次赴青羊实验区，开展对青羊教育了解把脉的广泛调研。这期间，项目组成员以高度负责任的精神和严谨求实的工作态度，走访四川省、成都市以及青羊区政府和教育部门的相关领导，深入学校与一线干部、教师、学生和家长交流，发放大量调研问卷，组织数场座谈会。工作期间，大家白天走访、座谈，晚上

集中研讨，通过这些大量而又细致的工作，充分了解了政府相关职能部门对青羊教育发展的期望，掌握了青羊发展现状的第一手资料。之后，规划项目组在北京召开了多次研究会议，对已有资料进行认真、仔细的研究和探讨，并数易其稿，并最终撰写形成了青羊区教育发展中长期规划总报告和各分报告。在《国家中长期教育改革和发展规划纲要（2010—2020 年）》已经实施之际，对青羊实验区教育综合改革的调研，能对青羊区在城乡统筹发展的大背景下积极、有效、科学的发展，为青羊实验区未来教育的健康发展，提供一个重要的参考依据。

第一节　青羊实验区教育综合改革的发展优势

青羊区地处成都市主城区，各项经济指标在成都市主城区都占优势地位，区域内有四川省和成都市各级党委和政府部门，教育发展受到重点关注。在国家、省乃至成都市的发展政策中，青羊区都具有有利的条件。这些都为青羊教育的发展提供了有力的保障。

一、难得的发展机遇

2006 年 12 月 8 日，国务院常务会议审议并原则通过《西部大开发“十一五”规划》。西部大开发的范围包括云南、贵州、四川等 12 个省、直辖市、自治区。该规划的目标是努力实现西部地区经济又好又快发展，人民生活水平持续稳定提高，基础设施和生态环境建设取得新突破，重点区域和重点产业的发展达到新水平，教育、卫生等基本公共服务均等化取得新成效，构建社会主义和谐社会迈出扎实步伐。西部大开发总的战略目标是：经过几代人的艰苦奋斗，到21世纪中叶全国基本实现现代化时，从根本上改变西部地区相对落后的面貌，建成一个经济繁荣、社会进步、生活安定、民族团结、山川秀美、人民富裕的新西部。

西部大开发在教育方面的重点工作是：要确保教育优先发展，在办好高等教育的同时，特别要加快少数民族地区和贫困地区教育的发展，提高劳动者素质。要千方百计使用好现有人才，采取积极措施从国内外引进人才，大力培养各类人才。在西部大开发的过程中，国家对于西部教育采取了一系列的支持性措施。

首先，加强教育科学规划，出台西部教育战略。2000年提出了《实施西部大开发教育方面的若干政策细则》；两期教育振兴行动计划、教育事业“十五”及“十一五”规划等都把西部地区放在重要位置；2004年，教育部和国务院西部开发办联合发布了《2004—2010年西部地区教育事业发展规划》，提出实现新跨越的战略目标与任务。

其次，实施重大工程项目，推动西部教育跨越发展。国家西部“两基”攻坚计划实现了西部“普九”的突破：农村寄宿制学校建设新增校舍面积近1200万平方米，“两免一补”政策广泛实施，农村中小学现代远程教育工程覆盖中西部36万所农村中小学校，使广大农村学生能够“进得来”、“留得住”并“学得好”。对“国家贫困地区义务教育工程二期计划”、“中小学危房改造工程”、“中西部农村初中校舍改造工程”，中央累计投入的360亿元中多数投向西部地区。职业院校基础能力建设工程，“西部一省一校工程”等，带动了西部地区高等学校的办学水平和科技创新能力的整体提

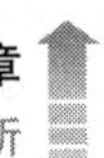

升。“农村义务教育阶段学校教师特设岗位计划”等，显著提高了西部地区特别是农牧区教师素质。

再次，重大政策倾斜，扶持西部教育加快发展。新增教育财政经费始终保持重点向农村特别是向西部地区农村倾斜。免费义务教育、中等职业学校的学生免费、贫困生资助等一系列惠民强教的政策均率先在西部地区实施。在高等学校设置、学位点审批、重点学科建设、重点实验室建设、教材建设等方面向西部地区高等学校倾斜，自 2001 年至今，西部地区普通高校招生计划和生源计划安排增幅达到 12. 3%，高于全国高校分省计划平均增幅近 8 个百分点。

最后，广泛动员，各方力量共同支持西部教育开发。积极开展东部地区学校对口支援西部贫困地区学校和西部大中城市学校对口支援本省贫困地区学校，东部各省市均与西部受援省建立了“县对县”的对口支援关系。在“对口支援西部地区高等学校计划”中支援高校已达到 64 所，使 37 所受援高校办学水平有了长足的发展。“春晖计划”、“长江学者奖励计划”、“西部人才培养特别计划”等措施，推动了海外留学人员特别是其中的优秀人才参与西部开发。2000—2008 年，联合国儿童基金会无偿捐赠 2850 万美元用于教育合作项目。

由此，我们看到西部大开发在政策上给予了西部地区教育一系列倾斜性优惠政策，这些举措无疑给位于西部地区的青羊教育创造了有利的发展环境。未来青羊教育借助有利的政策支持，通过自己的努力，必定能够实现跨越式的发展。

二、良好的经济基础

青羊区具有雄厚的产业基础，服务业的发展以“骡马商圈”、

"太升路商圈"和"光华·金沙商圈"为载体，中西部区域金融中心、区域性商务中心和区域性商贸中心正在形成，服务业占GDP的比重达71.9%；都市型工业创造出"蛟龙模式"、"东区模式"、"绿地经验"，工业总部基地初具规模，航空工业基地、模具产业基地、税源总部基地加紧建设，良好的经济基础为青羊教育在西部脱颖而出创造了条件。

（一）四川省经济总量在西部处于领先地位

四川省的经济总量近年来继续不断扩大。2008年，尽管遭受汶川特大地震灾害和国际金融危机的双重冲击，地区生产总值仍跃上一个双千亿大台阶，达到12506.3亿元，经济总量始终在西部保持第一位。2009年，四川GDP总量14151.3亿元，在全国位列第九，其GDP增幅达到全国第四，为14.5%。

2010年四川与西部12省（市、自治区）基本情况比较

省别	国土面积（万平方公里）	人口总数（万人）	农（牧）民人均纯收入（元）	职工平均工资（元）
四川	48.50	7620.72	5086.90	33112
内蒙古	118.30	2307.17	5529.60	35507
广西	23.63	4397.03	4543.40	31842
重庆	8.24	2699.40	5276.70	35326
西藏	122.84	283.78	4138.70	54397
贵州	17.61	3357.13	3471.90	31458
云南	39.40	4362.67	3952.00	30177
陕西	20.56	3446.21	4105.00	34299
甘肃	45.50	2405.26	3424.70	29588
青海	72.20	528.45	3862.70	37182

续表

省别	国土面积（万平方公里）	人口总数（万人）	农（牧）民人均纯收入（元）	职工平均工资（元）
宁夏	6.64	597.01	4674.90	39144
新疆	166.00	2080.22	4642.70	32361
平均数	57.45	2840.42	4392.43	35366
四川在西部12省中的排序	4	1	3	7

数据来源：国家统计局网站。

四川省与西部12省（市、自治区）地方财政情况比较（单位：万元）

省别	2009年财政收入	2009年财政支出	2010年财政收入	2010年财政支出
四川	11745927	35907175	15616727	42579806
内蒙古	8508588	19268365	10699776	22735046
广西	6209888	16218218	7719918	20075907
重庆	6551701	12920928	9520745	17090353
西藏	300894	4701322	366493	5510362
贵州	4164761	13722654	5337309	16314792
云南	6982525	19523395	8711875	22857234
陕西	7352704	18416388	9582065	22188283
甘肃	2865898	12462817	3535833	14685810
青海	877381	4867457	1102153	7434033
宁夏	1115755	4323624	1535507	5575285
新疆	3887848	13649125	5005759	16989126
四川在西部12省中的排序	1	1	1	1

续表

省别	2009年财政收入	2009年财政支出	2010年财政收入	2010年财政支出
平均数	5046989	14665122	6561180	17836336
四川	11745927	35907175	15616727	42579806

数据来源：国家统计局网站。

从以上两表的统计结果来看，四川省是西部，乃至全国的人口大省，其经济总量、政府财政收入及支出在西部12省（市、自治区）中都名列第一，具有雄厚的经济发展基础。

（二）成都市经济发展在四川省内占据领先地位

成都市位于四川省中部，四川盆地西部，东北与德阳市、东南与资阳市毗邻，南面与眉山市相连，西南与雅安市、西北与阿坝藏族羌族自治州接壤。2009年，成都市总人口1139.6万人，在全国特大城市中居第四位；人口密度为每平方公里920人，加上流动人口，中心城市区域每平方公里已超过2万人，是全国人口密度最大的城市之一。

在推进城乡一体化的进程当中，成都市推出了"三个集中"、"三大工程"战略（即农业产业化经营工程、农村发展环境建设工程和农村扶贫开发工程），联动推进新型工业化、新型城镇化和农业现代化，着力提高城乡一体化发展水平。2011年，全市实现地区生产总值6854.6亿元，比上年增长15.2%。其中，第一产业实现增加值327.3亿元，增长3.7%；第二产业实现增加值3143.9亿元，增长19.8%；第三产业实现增加值3383.4亿元，增长12.4%。第一、第二、第三产业比例关系为4.8：45.8：49.4。城市居民人均可支配收入20835元，增长11.7%；农村居民人均纯收

入 8502 元，增长 15.1%。年末城乡居民储蓄存款余额 5071 亿元，增长 19.8%。

在四川省 21 个地州市中，成都市的国内生产总值位居第一，人均国内生产总值仅次于攀枝花市，名列第二，这为成都市教育的发展创造了有利的经济基础。

成都在四川省的各项指标排名

指标 城市	辖区面积（万平方公里）	人口数（万人）	国内生产总值（亿元）	人均国内生产总值（元）
成都市	1.20	1404.76	5551.33	41253
自贡市	0.40	267.89	647.73	23613
攀枝花市	0.70	121.41	523.99	43959
泸州市	1.20	421.84	714.79	16698
德阳市	0.60	361.58	921.27	25335
绵阳市	2.00	461.39	960.22	20053
广元市	1.60	248.41	321.87	12313
遂宁市	0.50	325.26	495.23	14498
内江市	0.50	370.28	690.28	18022
乐山市	1.30	323.58	743.92	22490
南充市	1.20	627.86	827.82	13212
眉山市	0.70	295.05	552.25	18586
宜宾市	1.30	447.20	870.85	19499
广安市	0.60	320.55	537.22	15588
达州市	1.60	546.81	819.20	14623
雅安市	1.50	150.73	286.54	18881
巴中市	1.20	328.38	280.91	8717
资阳市	0.80	366.51	657.90	16644

续表

指标 城市	辖区面积 （万平方公里）	人口数 （万人）	国内生产 总值（亿元）	人均国内生 产总值（元）
阿坝州	8.30	89.87	132.76	14662
甘孜州	15.30	109.19	122.83	11659
凉山州	6.00	453.28	784.19	17560
成都在四川的排名	并列第7	1	1	2

数据来源：四川省统计局网站。

（三）青羊区经济指标在成都市占据优势地位

青羊区位于成都市区的中西部位，全区幅员面积66平方公里，辖14个街道办事处，74个社区居委会；截至2011年年末，全区共有户籍人口194122户、567889人，全部为非农业户口。青羊区的前身西城区于1953年5月20日正式建置，后区域屡有变更。1990年9月，成都市辖区行政区划调整，以原西城区13个街道办事处和原金牛区苏坡、文家两乡行政区域组建新的青羊区，形成城乡一体的格局。2004年7月，统筹城乡发展，开展撤乡建街道、撤村建社区工作，苏坡、文家两乡政府建制撤销，改设街道办事处，随之两乡的农业户口转为城镇居民户口，实现一元化管理。

青羊区在成都市的各项指标排名

地区 指标	青羊区	锦江区	金牛区	武侯区	成华区	青羊区排名
幅员面积（平方公里）	66	61	108	122	108	4

续表

指标＼地区	青羊区	锦江区	金牛区	武侯区	成华区	青羊区排名
人口密度（人/平方公里）	8499	944	6618	7401	5905	1
地区生产总值（亿元）	490.27	431.30	502.40	471.30	390.00	2
人均地区生产总值（元）	60490	62784	43929	45210	42676	2
城镇居民人均可支配收入（元）	21125	21148	20304	24210	21105	3
农村居民人均纯收入（元）	13292	13320	13015	13365	12411	3
地方财政收入（万元）	300243	285219	269530	312724	300258	3
地方财政支出（万元）	305570	298607	327563	360521	278035	3
教育事业财政投入（万元）	61501	49711	66717	59551	49502	2
各类中小学校数（含职教）	50	45	81	81	45	3
在校学生数（万人）	6.00	6.99	11.00	8.60	7.62	5

数据来源：《成都年鉴2011》。

在成都市的五个主城区当中，青羊区的人口密度位居前列，地区生产总值位于全区第二，人均地区生产总值仅仅位于锦江区之后，位列第二。青羊区在成都市五个主要城区中学生人数为第五位，而教育事业财政投入名列第二位，这说明青羊区在教育投入方面较其他区处于领先地位。这些都为青羊区教育的发展创造了有利的经济环境，为青羊教育在西部崛起奠定了有利的经济基础。

三、更高的发展平台

2007年6月7日，国务院批准成都市为“国家统筹城乡综合配套改革试验区”。在全国范围内，同时获批的城市仅有成都市和重庆市。成都市“国家统筹城乡综合配套改革试验区”将重点在统筹城乡规划、建立城乡统一的行政管理体制、建立覆盖城乡的基础设施建设及其管理体制、建立城乡均等化的公共服务保障体制、建立覆盖城乡居民的社会保障体系、建立城乡统一的户籍制度、健全基层自治组织、统筹城乡产业发展等重点领域和关键环节率先突破，通过改革探索，加快经济社会快速健康协调发展。

2009年4月5日，教育部与成都市签署了共建“统筹城乡教育综合改革试验区”的协议。成都教育综合改革试验区对于加快四川灾区重建，充分发挥教育在城乡统筹中的作用，具有重要意义。根据合作协议要求，成都教育综合改革试验区要坚持把教育放在优先发展的战略地位，通过改革试验，在统筹城乡教育、灾后教育重建、现代教育服务体系等方面，探索新的发展模式，努力提高成都城乡教育的现代化水平，把成都建设成灾后学校恢复重建和教育科学发展的示范。

根据成都市制定的实施方案，成都教育综合改革试验区将按照城乡统筹、“四位一体”的科学发展总体战略要求，坚持“全域成都”理念，统筹推进城乡教育体制机制改革，把成都建设成灾后学

校恢复重建和教育科学发展的样板，把成都建设成中西部地区教育环境最佳、教育水平最高、教育品质最优的城市，力争中西部第一，走在全国前列。

两个试验区在成都市的建立，为青羊区教育的发展提供了极其难得的机遇，同时也为青羊教育的改革创新提供了一个平台，借助两个试验区的改革力度，青羊教育必定会在改善城乡教育均衡、提升区域教育品质方面大有作为。

四、优越的地理环境

青羊区是成都市、四川省，乃至西部的政治中心，四川省、成都市的党委与政府机关大多坐落在青羊区的行政区域范围之内。此外，成都军区很多部队机关单位也都位于青羊区的行政区域内。这就使得青羊教育成为成都市、四川省的焦点，其教育环境、质量如何，直接关系到成都市和四川省的形象。青羊教育的发展必定会成为成都市、四川省，乃至西部教育发展的焦点。

区域政治中心的地位既给予了青羊教育一定的压力，同时也给予青羊教育更多的机遇，这种特殊的环境为青羊教育发展提供了一个良好的平台，有效的利用这个平台，抓住有利的政治环境，争取有利的外部环境资源的支持，必将会有力地促进青羊教育的快速发展。

五、丰富的历史文化

青羊区有着深厚的历史文化底蕴。区域内有太阳神鸟之巢金沙遗址、中国诗歌文化中心杜甫草堂、道教圣地青羊宫、第一都市禅林文殊院、古风悠扬的宽窄巷子、浪漫温润的琴台故径、民族之魂的“辛亥秋保路死事纪念碑”、民俗文化聚集地“锦绣工场”以及商代船棺遗址等，成为名扬中外的历史文物、名胜古迹、旅游景点的密集区和重要的宗教文化分布地区。宽窄巷子、文殊院、锦绣工场等文化旅游产业重点项目建成开街，丰富的旅游资源使得青羊区文化旅游业极具竞争力的产业优势和经济优势。同时，区域内还有西南财经大学、四川师范大学西教区等10所大专院校及国家级重点示范性中学石室中学和树德中学等名校，有四川科技馆、四川博物馆、四川美术馆市体育中心、市文化宫等文化体育设施，有省医院、市三医院等知名三甲医院。可见，教育外部资源也很丰厚。

青羊区还具有良好的发展环境。区域内交通四通八达，成都地铁1、2号线均贯穿区境；人居环境优美，有浣花溪风景区、天府广场、人民公园、文化公园、百花潭公园、浣花公园、绿舟公园、东坡体育公园等一批园林景点；开发建设的“光华东坡高尚文化居住区”、“清波高尚生态居住区”、“金沙古蜀川西民居高尚居住区”，已成为“新成都生活样板区”。

青羊区丰富的历史文化资源和发展环境为青羊区教育的发展提供了丰厚的教育教学的环境、氛围和资源。有效地利用本土资源，对提升青羊教育的品质、打造青羊教育的品牌、开拓青羊教育的资源都大有益处。青羊教育的发展应当借助青羊区独特的历史文化资源，大力提升教育内涵发展质量，形成独具风格的青羊教育特色与品牌。

第二节　青羊实验区教育综合改革的影响因素

青羊教育具有良好的基础，但也有各种不利条件的限制。首先是青羊区地处我国西部地区，经济发展相对滞后，影响了对教育的资金投入；其次青羊区又是成都市的中心区域，辖区内有大量的流动人口，其子女就学问题压力较大；青羊区具有明显的城乡二元结构，教育均衡发展有待提高；最后是青羊区经济发展的总体定位对教育提出了较高的要求。

一、相对较低的教育投入水平

从四川省省域范围看，人口多、底子薄、不平衡、欠发达仍然是最大的省情，结构性、体制性矛盾仍然突出，发展中还面临着不少困难和问题。四川省经济发展粗放型特征明显，还处于低水平上的增长阶段。从经济发展总体水平看，四川省人均生产总值同经济发达地区相比还有相当大的差距。例如，2010 年，上海市人均 GDP 达 76074 元，排名第 1 位；北京市人均 GDP 为 75943 元，排名第 2 位；而且人均 GDP 排名前十位的省（市、自治区），都超过了 30000 元，四川省在全国的排名仅处于第 25 位，人均 GDP 为 21182 元，还没有达到全国平均水平。四川省社会经济发展的相对滞后，表现在以下几个方面：①经济增长的资源和环境约束加剧，煤电油气运偏紧，土地和资金供需矛盾突出；②工业化水平低，自主创新能力不强；③城镇化水平较低，区域发展不平衡，二元结构特征明显；④就业再就业和社会保障压力大，社会保障体系不够完善；⑤城乡居民增收难度较大，农村消费不足，部分群众生活面临不少困难。社会经济发展的相对滞后，必然影响对教育的投入，最终也会影响教育的发展水平。

另外，由于成都市的经济发展在四川省处于领先地位，导致成都市往往很难获得省级财政教育经费倾斜性的投入，甚至还出现省级财政教育经费投入少于其他地区的现象。因此，作为成都市的核心区域，青羊区也相应会受到这些环境因素的制约和影响。

二、流动人口子女的入学压力

成都经济区是西部地区产业基础最好、科教水平最高、经济实力最强、发展潜力最大、辐射带动最广的区域。由此，也成为流动人口较为集中的内陆城市之一。截至 2008 年，成都市已经登记的流动人口超过 216 万，登记出租房屋 22 万余户。据预测，2013 年成都市的流动人口将突破 500 万，其中五城区和高新区的流动人口将突破 400 万。

随着城市化进程的加快，流动人口尤其是农民工子女进城入学的需求将越来越大。青羊区在解决农民工子女入学问题上，曾创造性地实行"一站式"解决方案，取消了农民工子女定点学校，根据农民工实际居住地情况，结合周边学校学位余缺，按照"相对就近"的原则安排农民工子女入学。这些措施，在很好地满足农民工子女入学需求的同时，也带来了相应的压力和负担。面对未来的发展，青羊教育必须积极应对，妥善安排和解决农民工子女进一步的入学需求问题。

三、典型的城乡二元格局

成都市和中西部的很多城市一样，是典型的大城市带大郊区。1000 多万人口中有 600 多万农村人口，城乡二元结构矛盾十分突出。“国家统筹城乡综合配套改革试验区”落户成都，也是力图通过改革创新，大胆实践，深化探索，在规划设计、产业布局、城乡经济互动、社会保障制度等方面大力推进城乡统筹，把城市基础设施、公共产品和公共服务向农村延伸，并把成都的经验推而广之，促进四川省乃至全国二元结构难题和“三农”问题的解决。

从青羊区的区域范围来看，全区在经济发展和社会发展方面都存在着区域性不均衡的现象，切实消除城乡二元结构的体制性障碍，保证城乡一体化发展的任务依然艰巨。即使教育部门针对一些涉农学校给予了优惠措施，加强了硬件建设，但涉农地区整体的经济与社会环境制约了学校的发展、也在无形中对学生的学业成绩产生了影响。如何突破区域经济造成的学校间发展不均衡的现象，突破教育外部环境对涉农地区学校发展的制约，是今后教育改革与发展中必须面对和解决的问题。

第五章

青羊区中长期教育改革与发展规划的研制

教育发展规划制订的过程就是一个知识冲突不断地产生与消解的过程。在教育发展规划制订过程中存在着三类非常重要的主体，即规划决策者、规划研究者与规划评价者。这三类主体在教育发展规划制订过程中所承担的角色与职责是不同的。其中，起主导与支配作用的主要是规划决策者与规划研究者。在教育发展规划制订过程中存在的知识冲突主要是由于规划决策者与研究者对于理论知识与实践知识、规范知识与实证知识、战略知识与策略知识、显性知识与隐性知识的选择、表达与应用的不同而产生的。根据对理论知识与实践知识、规范知识与实证知识、战略知识与策略知识、显性

知识与隐性知识的选择、表达与应用的不同，可以把知识冲突分为选择性冲突、表达性冲突与应用性冲突三种形式。知识冲突在教育发展规划制订过程中的存在不仅是必然的，而且也是必须的。它的存在不仅有利于赋予教育发展规划以更多的合理性与进一步重构教育发展规划的合法性，而且也有利于保障与提高教育发展规划的有效性。[①]

第一节　青羊区中长期教育改革和发展规划的背景与过程

教育发展规划的制订，尤其是区域教育发展规划的制订必须充分了解区域经济社会的发展状况、历史文化背景以及各级政府的教育政策等。因此，区域教育发展规划的研制首先便是研制区域教育发展的背景，其次是合理严谨的研制过程是教育发展规划科学性的有力保障。

一、青羊区中长期教育改革和发展规划研制的背景

自20世纪90年代行政区划调整正式建区以来，青羊区全面贯彻党的教育方针，积极推进城乡教育一体化发展，率先在成都市通过教育现代化验收。教育体系更加完善，教育普及程度大幅提高，素质教育深入推进，教育质量不断提升，教育公平迈出重大步伐。

① 苏君阳. 知识冲突与教育发展规划的制定［J］. 北京师范大学学报：社会科学版，2006：6.

在市委、市政府建设世界现代田园城市的战略构想下，青羊区制定了“全面城市化、率先现代化、加速国际化”的发展战略，并努力建设“世界现代田园城市示范区”。面对前所未有的机遇和挑战，必须清醒地认识到，青羊教育还不完全适应经济社会发展和人民群众接受良好教育的要求；教育现代化尚未完全实现，教育发展水平与发达地区中心城区相比，仍存在一定的差距。

2007 年 6 月 7 日，国务院批准成都市为“国家统筹城乡综合配套改革试验区”，根据统筹城乡综合配套改革试验的要求，先行先试，加快建立统筹城乡发展的体制机制，尽快在城乡规划、产业布局、基础设施建设、公共服务一体化等方面取得突破，促进公共资源在城乡之间均衡配置，生产要素在城乡之间自由流动，推动城乡经济社会发展融合，为全国深化体制改革、推动科学发展和促进社会和谐提供经验和示范。2009 年 4 月 5 日，教育部与成都市签署共建“统筹城乡教育综合改革试验区”的协议，将教育现代化确定为成都市教育发展和统筹城乡综合改革实验所要实现的核心目标。与此同时，国土资源部、人力资源与社会保障部等国家部委先后与成都市签订了部、省、市三级联动合作的协议，共同推进成都试验区的改革创新。2009 年 6 月 20 日，中国教科院与青羊区政府正式签署“青羊教育综合改革实验区”合作协议，围绕着“城乡统筹、质量领先”的主题，追求区域教育优质、深度均衡发展。

二、青羊区中长期教育改革和发展规划研制的过程

中国教科院青羊教育综合改革实验区成立以后，实验区专家组开展了“青羊区中长期教育发展规划”研制项目工作，最终形成了

详细的项目研制计划。在中国教科院教育政策研究中心主任吴霓研究员的带领下，项目组对青羊教育进行了仔细深入的调研，并广泛征求了社会各界的意见，并形成了详细的调研报告。2010 年，青羊实验区专家组对前期调研结果进行了认真梳理，经过反复论证修改，最终形成了《青羊教育规划》（讨论稿）。经过教育局党委扩大会议的多次讨论，形成《青羊教育规划》（征求意见稿），并向全区教育系统征求意见。2011 年 5 月，成都市青羊区委、区人民政府印发了《青羊教育规划》并正式向社会发布。

第二节　青羊区中长期教育改革和发展规划的内容与特色

教育发展规划的核心在于内容与特色。规划内容是否合理直接决定了规划能否得到落实，而规划的特色则彰显了该区域自身特有的发展需求。青羊区中长期教育改革和发展规划承接国家、省、市教育发展规划的政策指导，又恰到好处地体现了青羊区自身发展的需求与青羊教育的特点。

一、青羊区中长期教育改革和发展规划的主要内容

《青羊教育规划》除序言和实施外，共分四大部分、十九章、六十四小节，共一万两千余字。第一部分为总体战略，提出了青羊教育未来十年的工作方针和战略目标。工作方针即育人为本、高位均衡、改革创新、优质发展。战略目标即到 2015 年，将青羊区建成中西部具有示范意义的教育强区；到 2020 年，青羊教育发展水

平进入全国一流行列。

第二部分为发展任务，提出了青羊各级各类教育的发展目标和措施，即全面普及学前教育；深入推进义务教育均衡优质发展；推动普通高中特色化发展；大力提升中等职业学校办学水平；加快发展继续教育；关心和支持特殊教育。

第三部分为体制改革，提出了青羊教育体制改革的重点领域，即加快人才培养体制改革、办学体制改革、管理体制改革，建设现代学校制度，扩大教育开放。

第四部分明确了青羊教育改革与发展的保障措施，即建设高素质教育人才队伍，保障教育经费投入，提高教育信息化水平，严格依法治教。同时，为推进规划实施，2011 年，拟重点实施“九大工程”，即创新人才队伍建设工程、教育信息化工程、现代学校制度建设工程、素质教育区域推进工程、学校特色发展工程、教育国际化工程、区域教育集团发展工程、终身教育工程以及区域教育质量监测体系工程。

二、青羊区中长期教育改革和发展规划研制的特色与亮点

（一）方法科学、专家指导

规划研制项目组通过问卷、访谈、座谈会等多种形式，面向政府领导、校长、教师、学生等不同群体，开展了广泛的调查研究；中国教科院领导高度重视，中国教科院 20 余位专家参与指导和规划研制工作。

（二）论证充分、汇聚民意

规划文本经过反复修改，多次推敲，并多次召开意见征求会，

充分听取人大代表、教育专家、校长代表的意见和建议。同时，也就规划文本向政府各职能部门征求意见。

（三）目标明确、适当超前

规划提出了青羊教育发展的中长期战略目标，振奋人心。同时，也提出了各级各类教育的发展目标，立足区域实际情况，脚踏实地。

（四）措施具体、保障有力

规划以九大工程具体推动规划实施，具有较强的可操作性。同时，也保持了政策的连贯性和系统性。此外，还建立了科学、合理的保障措施，保证规划切实落到实处，真正推动青羊教育发展。

总之，《青羊教育规划》描绘了青羊区未来十年的教育发展蓝图，是指导教育改革与发展的行动指南，是统领教育工作的纲领性文件，必将对青羊区教育事业的科学发展起到重要的推动作用。

第三节　青羊区中长期教育改革和发展规划的目标与任务

作为教育综合改革实验区，成都市教育要在城乡教育一体化、城乡教育均衡发展、优质教育资源满覆盖、素质教育和教育现代化等方面取得突破性进展，为全国创造经验。其中，青羊教育的发展特色则成为成都乃至西部地区的重要标志。探索并构建区域教育快速、协调、可持续发展并独具特色的青羊教育发展体系，使之成为成都乃至中西部教育最发达、质量最好、现代化程度最高、城乡发展最均衡协调的区域，乃至对全国均具有重大的影响，是青羊教育中长期发展的奋斗目标。

一、率先实现中西部地区的教育现代化

推进教育现代化，首先必须依托经济的发展，只有当经济的发展程度到达一定的水准，才能顺利实施教育现代化。成都市2008年人均生产总值（GDP）达30855元，已大大超过我国推进教育现代化的发达地区当年启动时的水准，为成都市推进教育现代化建设提供了有力的保障。在中西部地区，成都市已经提出从初步实现教育现代化，到率先基本实现教育现代化，再到率先全面实现教育现代化的发展目标。青羊区作为成都市的核心区域，将承载实现这一目标的重要责任，即要在成都市教育现代化发展中保持领先位置。青羊区教育现代化发展的核心，即是在教育发展过程中，通过教育思想、教育体制、教育内容及方法、办学条件、师资队伍、教育管理的现代化建设，逐步率先实现学前、初等、中等、职业、成人、社区教育水平达到现阶段的现代化标准，同时，教育决策、发展战略、投入机制、教育环境等与经济社会发展相适应，符合教育现代化的建设要求。

二、促进城乡教育一体化高位均衡发展

成都市作为教育部、四川省教育综合改革试验区，其中一个重要的实验就是要在城乡教育一体化方面取得突破性进展。青羊实验区必须在成都市率先取得重要突破，成为城乡教育体制和机制一体化高位均衡发展的区域，为全国创造经验。青羊实验区城乡教育高位均衡发展的核心，就是坚持“城乡居民子女人人享受优质教育”

的目标，用统筹城乡发展理念，推进城乡教育一体进程。坚持以一个标准配置城乡教育软硬件设施，以一个标准衡量城乡教师、校长的工作，最终实现城乡一个标准评价学生的培养质量；坚持构建城乡一元的公共教育体制，构建和完善统一的城乡学校建设标准、师资配置、课程设置、办学质量等；坚持在建立法规、制度、投入等三方面的保障机制上下工夫，达到统筹城乡教育事业发展的一元标准。通过改革创新，促进教育各个板块的协调发展，最终实现惠及于民、惠及于生。

三、加快名校集团化发展进程

实施名校集团化战略，是破解“上学难”特别是“上好学难”问题的一条成本最低、风险最小、成效最大的重要路径，也是青羊区特色推进优质教育均衡化、平民化、普及化的一条成功之路。在成都市的统一规划下，结合青羊区域实际，组建并健全、规范、发展以名校为龙头的优质名校教育集团，对集团内学校统一调配、统一管理，实现优质教育一体化办学。通过名校集团化，实施优质名校三进三促：推进优质名校进新区，促进新区发展；推进优质名校进园区，促进产业发展；推进优质名校进远郊，促进涉农地区教育发展。

加快名校集团化进程，实施名校集团的四个延伸。推动名校集团向学前教育延伸，统筹本市居民子女和进城务工人员子女接受学前教育需求，调整建设规划，完善配置标准，通过城区名园的集团化发展，使得学前教育得到高质量的发展。推动名校集团向农村教育延伸，深化义务教育段城乡学校互助共同体建设，完善区域内城乡学校互助共同体工作规划，建立有效管理机制，加强城乡学校互助共同体考核，促进城乡教育的高质均衡发展。推动名校集团向弱势群体教育延伸，把帮助和扶持新建学校、薄弱学校迅速提升软实力，作为名校集团化办学的重要内容，促进学校教育质量的整体均衡发展。推动名校集团向高中阶段教育延伸，通过与区域内优质高中协作、托管，促进区域内高中教育的特色化发展。

第六章

青羊实验区学校五年发展规划的研制

从学校变革内在需要的立场看，学校发展规划具有重要的价值，是促进学校发展、促进校长和教师成长、促进学校系统整体变革的重要改革实践。学校发展规划的研制过程，乃是一个研究自己的学校、形成办学指导思想和具体目标、对学校变革的时空与实践进行具体策划、执行中不断调整的过程。学校发展规划的价值实现，需要观念、思维方式、精神状态等内在条件的支持。①

① 李家成．论学校发展规划在学校变革中的价值实现［J］．当代教育科学，2004（16）：30－32．

第一节　青羊实验区学校五年发展规划研制的背景

学校的发展必须要有明确的目标、准确的定位，并且形成鲜明的办学特色。科学地制订学校发展规划是学校健康发展的保障。2010年，国家出台《国家中长期教育改革与发展规划纲要（2010—2020年)》，紧接着，省、市、区发布了各自的教育发展规划，提出了未来十年教育发展的目标。作为具体承载教育发展的学校，要适应各级政府对教育发展的要求，必须制订出科学合理的发展规划。

一、青羊实验区学校五年发展规划是时代发展的需要

百年大计，教育为本。教育是民族振兴、社会进步的基石，是提高公民素质、促进人的全面发展的根本途径。自20世纪90年代行政区划调整正式建区以来，青羊区全面贯彻党的教育方针，积极推进城乡教育一体化发展，率先在成都市通过教育现代化验收。教育体系更加完善，教育普及程度大幅提高，素质教育深入推进，教育质量不断提升，教育公平迈出重大步伐。在市委、市政府建设世界现代田园城市的战略构想下，青羊区要践行“全面城市化、率先现代化、加速国际化”的发展战略，努力建设“世界现代田园城市示范区”，关键靠人才，核心在教育。

面对前所未有的机遇和挑战，青羊区清醒地认识到，青羊教育还不完全适应经济社会发展和人民群众接受良好教育的要求；教育现代化尚未完全实现，教育发展水平与发达地区中心城区相比，仍

存在一定的差距。在青羊经济社会发展全局中，必须坚持把教育摆在优先发展的位置。按照“面向现代化、面向世界、面向未来”的要求，坚持育人为本，全面实施素质教育，统筹推进体制机制改革，促进教育的高位均衡和优质发展。

二、青羊实验区学校五年发展规划是贯彻国家、省、市教育规划的需要

未来几年，是青羊区全面建设小康社会、加快经济社会发展的关键时期。特别是适应转变经济发展方式调整经济结构的新形势、迎接国内外日趋激烈竞争的新挑战、满足人民群众美好生活的新期盼，都对加快教育改革和发展提出了更高的要求，教育在现代化建设整体格局中的基础性、全局性、先导性战略地位更加突出。

《国家中长期教育改革和发展规划纲要（2010—2020 年）》出台以后，教育部部长袁贵仁表示，如果说教育公平主要解决的是“有学上”，那么教育质量主要解决的是“上好学”，这两件工作应当是下一个时期，今后十年工作的两大重点。而学校的远景发展目标，正是要解决“上好学”这个教育质量问题。

《成都市中长期教育改革和发展规划纲要（2010—2020 年）》提出：2015 年，成都率先在中西部基本实现教育现代化；到 2020 年，率先在中西部全面实现教育现代化，建成高水平学习型城市和教育强市，使成都教育发展水平和人力资源开发水平达到中西部第一，全国一流。而实现这些的基石就是学校的发展，学校也需要从规划中找到自身的定位和发展方向。

《青羊教育规划》设定了 2020 年的目标：基础教育普及程度和

质量达到国内发达地区中心城区水平，公平优质的教育惠及全民。其中重点为“公平优质的教育惠及全民”，这就需要既在区域层面加快学校建设的步伐，更在学校层面全面跨入内涵发展的道路。

无规矩不成方圆，只有量体裁衣地进行学校发展规划，才能让广大人民对教育满意。所以，学校五年发展规划是时代发展的需要，更是对国家、省、市、区中长期教育改革发展纲要的贯彻实施。

第二节　青羊实验区学校五年发展规划研制的过程

制订学校发展规划要遵循前瞻性、可操作性、讲求效益、坚持标准等原则。学校发展规划是多方参与、注重不同群体声音、自下而上、面向实际展望未来、注重可持续发展以及共同合作的结晶。学校发展规划的制订能够调动参与者的积极性、获得广泛的认同，其意旨是解决学校发展中的具体问题，满足学校发展、教师专业发展、学生发展的现实需要。①

一、青羊实验区学校五年发展规划研制的启动阶段

（一）青羊实验区学校五年发展规划全面启动

青羊实验区教育局为全面贯彻全国、四川省、成都市中长期教育改革和发展规划纲要，深入推进中国教科院青羊教育综合改革实验区建设工作，将全面启动“学校五年发展规划”，并将2011年确

① 楚江亭．关于制定学校发展规划有关问题的思考［J］．教育理论与实践，2006（9）：26－28.

定为“学校规划年”。

青羊实验区在2011年3月18日召开学校五年发展规划工作部署暨培训会议。会议邀请了中国教科院科研处处长、研究员陈如平博士，中国教科院青羊实验区专家组组长、教育政策研究室主任李晓强博士来青羊实验区，就学校五年发展规划向全区学校作出指导。

李晓强主任指出，学校的发展规划目标应具备：时代性、创新性、操作性、评估性，并且要符合素质教育精神、体现办学特色的发展理念和发展目标，建立起能够将规划到落实的完整保障体系。

陈如平主任为青羊实验区中小学校长做了题为“学校发展规划的编制要点”的讲座。他概述了学校发展规划的历史，分析了学校发展的进行态势，总结了学校既有的优势和存在的不足及学校面临的机遇和挑战，并根据学校的实际情况，对学校的五年发展规划工作提出了具体的专业指导，强调“四大转型”，广泛发动师生、家长、社区成员及社会各界人士积极参与，努力追求办学效益的最大化和增值发展，不断提升教育教学质量。

青羊区教育局党委书记、局长李泽亚着重围绕《青羊教育规划》的总体目标和战略部署，详细阐述了青羊实验区学校五年发展规划的指导方针和基本原则。同时要求各学校深入研究，认真实施“四大战略”、“九大工程”；围绕既定的发展目标，选择最有利推动学校各项工作的若干重点发展项目，整合政府、学校、社会三方资源，集中力量加以突破，为青羊加快建设“世界现代田园城市示范区”奠定坚实基础。此次会议的召开，标志着青羊实验区学校五年发展规划全面启动。

（二）青羊实验区邀请专家进行学校规划的针对性指导

为了对各学校的规划研制工作进行针对性指导，2011年5月5

日，青羊实验区召开了“青羊区学校五年发展规划工作推进会”，部署学校规划指导工作。

青羊区教育局副局长杨昭涛首先向与会专家介绍了学校制订五年发展规划的背景。她指出，青羊实验区全面启动学校五年发展规划研制工作，是为了全面贯彻全国教育工作会议精神和《国家中长期教育改革和发展规划纲要（2010—2012 年）》，促使每一所学校按照教育规律办学，办出特色、办出水平，出名师，育英才。规划要求紧密围绕《青羊教育规划》的总体目标和战略部署，深入实施“四大战略”、“九大工程”，办好每一所学校，教好每一个学生，为青羊加快建设“世界现代田园城市示范区”奠定坚实基础。

各位专家纷纷就如何开展学校规划指导工作提出了各自的意见和建议，具体如下。

①指导工作要以指导规划研制这项工作促进学校的发展；要结合学校自身的实际情况对学校进行指导，推动学校的发展，不能仅仅停留在“规划”的层面。学校规划研制工作的核心人员是校长，校长必须对学校自身的情况有充分深入的认识，了解学校发展面临的突出问题。只有在充分认识自身情况的基础上，才能制订出合理的发展目标。

②学校发展规划的制订是全员参与的结果。规划初稿确定以后，应先在校内全面征求意见，尤其应重视不同意见。学校根据这些意见修改初稿后，再提交专家组，由专家组进行针对性的指导。

李晓强主任指出，学校要制订科学、合理、可行的五年发展规划，首先要对学校的办学历史和现状做全面深入的调研，并充分总结分析学校发展面临的问题和需求，这是一个重要的前提条件。各个学校所制订的规划在形式上可能有所不同，但都应包括三个方面

的内容，即学校发展的目标定位是什么；为实现这些目标，学校拟开展的重点工作和项目有哪些；学校拟采取哪些手段和措施，有效推进这些重点工作和项目。

此次会议还形成了学校五年发展规划指导工作方案。根据该方案，5 月 9 日至 13 日，青羊教育顾问团全体专家分成若干小组，对青羊实验区属各中小学、幼儿园进行了第一轮系统指导。在指导过程中，专家们帮助各学校进一步厘清思路，正确分析自身的优势与不足，准确定位学校的发展目标，科学制定学校的发展任务和重点工作。按照计划，专家团队对各学校规划的指导工作将在两周内完成。

随着指导工作序幕的拉开，中国教科院青羊实验区专家组也应部分学校的需求，奔赴部分学校进行规划指导工作。

二、青羊实验区学校五年发展规划研制的论证阶段

（一）青羊实验区专家组的指导

根据青羊实验区学校五年发展规划研制工作的总体安排和部署，结合各学校的实际情况和发展需求，从 2011 年 5 月中旬开始，中国教科院青羊实验区专家组相继到成都市泡桐树小学、成都市实验小学、成都市实验小学明道分校、成都市第五幼儿园、金沙小学清波分校、树德实验中学等学校调研，并就学校五年发展规划草案进行专题研讨，提出有针对性的意见和建议。在校园实地考察过程中，专家组详细了解了各学校的办学条件、教育教学现状以及取得的优势和存在的不足；在与学校领导班子进行研讨的过程中，专家组帮助学校明确自身在发展过程中面临的主要问题，进一步厘清发

展思路，并根据各学校的实际情况，对学校的发展目标进行准确定位，科学制定学校的发展任务和重点工作。在深入学校调研的过程中，中国教科院青羊实验区专家组还就各学校五年发展规划草案进行了具体的指导，对规划的各部分内容进行逐项拆解和解读，并就进一步完善规划文本提出了建设性的意见和建议。

为了扩大对青羊实验区各校园五年发展规划的指导，2011 年 10 月，专家组又相继走进成都市苏坡小学、新华路小学、泡桐树小学绿舟分校、光华小学、彩虹小学、中育实验学校、成都市第十一中学等学校，再一次指导学校修改五年发展规划。并根据各学校的具体情况，找准特色项目发展的突破口，深入探究特色教育的影响力。

凝炼学校的特色，推进学校的个性化发展，是实现学校内涵式发展的必然要求。在青羊实验区大力推进“一校一品，一校一景”的过程中，青羊实验区专家组走基层校园，积极识别和认真提炼学校发展的特色，站在科研的高度深入指导学校未来的发展，不断提高青羊教育的品质，着力打造个性和谐、富有创新的现代化优质教育。

（二）青羊教育顾问团的指导

青羊区教育局按照“做优一般学校、做强名校集团、做大教育产业”的发展思路，聘请了区内 14 名全国优秀教师、四川特级教师成立了专家顾问团。顾问团承担培养校长和指导骨干教师的教学和研究任务，每年对指导的学校校长以及骨干教师做出客观、公正的考核、评价，指导和培养学科骨干教师上好教学研究课。此次学校制订五年发展规划之际，教育局特邀请教育顾问团全体专家分组对青羊区属各中小学、幼儿园进行系统指导，帮助学校梳理思路，

确定未来发展的方向。

为了使对学校的五年发展更加深入，2011 年 5 月 13 日，青羊区中学专家顾问团团长、成都市教育学会会长张乃文以及专家团成员王绍华、戴高龄，在成都市树德协进中学与青羊区属各中学校长进行座谈，共同讨论学校五年发展规划的研制工作。各中学就“五年发展规划”编制思路、要点、形成过程进行了交流发言。指导专家张乃文、王绍华、戴高龄就各学校汇报的情况提出修正意见。他们指出，首先，要明确学校的发展思路，找准目标定位；其次，制订学校五年发展规划要重实际、有远见、细落实、抓措施、明特色，结合学校自身实际编制出具有指导性、纲领性、前瞻性的“规划”文本。

为了进一步指明学校发展规划的方向，2011 年 5 月 10 日，青羊实验区专家顾问团专家顾问苏文钰、青羊区教育学会会长张化冰等与区属各小学校长座谈，共同讨论学校五年发展规划的研制工作。在这次指导中，各位专家以一所学校的五年发展规划为例，为各学校解读五年发展规划制订的要求及精髓。专家们以新华路小学的规划为例，从学校发展规划制订过程中应重点关注的问题：目标任务的详细解读，学校优势、劣势具体呈现，学校特色鲜明的体现，学校规划目标的定位、定性表达等方面进行了详细解读和指导。并提出学校的发展规划目标应具备：时代性、创新性、操作性、评估性，并且要符合素质教育精神、体现办学特色的发展理念和发展目标，建立起能够将规划落实的完整保障体系。5 月 11 日，青羊实验区专家顾问团专家顾问冯梦月、刘大春等深入各小学指导五年发展规划的研制工作。专家们针对各学校五年发展规划制订过程中出现的问题，进行了集中讨论，并建议学校首先要高度重视、组织有力；其次要对顶层设计进行系统思考；最后，在规划的制订过程中要思路清晰，方法科学。

专家们的精心指导为学校发展规划的研制工作指明了方向。各学校按照专家们的意见，通过深入研究，多方求证，广泛征求教师、家长、学生意见，围绕着学校既定的发展目标，选择最有利推动学校各项工作的若干重点发展项目，整合家庭、学校、社会三方资源，集中力量加以突破，最终形成了各自的“五年发展规划”。

三、青羊实验区学校五年发展规划研制的总结阶段

为引导学校科学制订五年发展规划，全面实施素质教育，增强学校主动发展的意识和能力，整体提升全区教育品质，青羊实验区于2011年12月14至15日召开了全区学校五年发展规划评审会。

中国教科院基础教育研究中心陈如平主任、教育综合改革实验区办公室李晓强主任应邀作为本次评审会的特邀专家。青羊实验区专家组组长刘光余博士，成员潘亦宁博士、孟照海博士担任本次评审的专家。青羊区教育局李泽亚局长任评审组组长，杨昭涛副局长、任焰书记、钟家强副调研员任副组长，教育局各科室科长、直属单位负责人等为评审组成员。

此次学校五年发展规划评审会共历时两天，青羊实验区共52所公办中小学、幼儿园及职业中学的校园长参加了答辩。14日上午，杨昭涛副局长主持召开了评审会，青羊实验区专家组组长刘光余博士代表评审组向与会人员说明了评审的程序和规则。评审将遵循“民主性”、“前瞻性”和“可行性”原则，评审标准涵盖学校现状分析是否客观、发展目标定位是否恰当、规划措施是否可行、

重点项目是否合理、制订过程是否民主等多个方面。评审程序分学校汇报、专家提问和抽题回答等环节。评审组所有成员对答辩学校进行现场打分，并对各校园的五年发展规划提出指导性的意见。

为了进一步了解各校园五年发展规划的制订情况，2011 年 12 月 15 日，根据各校“学校五年发展规划”的答辩情况，召开了“中国教科院青羊教育改革实验区‘学校五年发展规划’评审专家意见反馈会”。中国教科院专家总结了本次评审答辩会的情况，并以民主性、前瞻性、可行性、效益性等原则出发，再次对学校进行了指导，引导学校明确了未来发展方向，帮助学校厘清了未来的发展思路。

陈如平主任以规范性、目的性、策略性、创新性、整体性为原则为学校的五年发展规划提出了具体措施，并导入了全新的教育思想。“学校五年发展规划”应该融入“微创新”的理念，将规划与学校特色、学校课程、学校活动有力结合，让规划“以小见大”，让理念充分融合。学校的五年发展规划可以采用“领域 + 工程 + 项目”、“策略 + 项目 + 措施”、“整体工作 + 特色项目”三种模式，使得发展规划系统而规范。

最后，青羊区教育局党委书记、局长李泽亚对该次活动提出了要求：各校必须高度重视规划，深入思考规划的目标、措施；认真反思规划的整体设计，在规划中应该重点囊括解决阻碍学校前行发展的具体措施和现有困惑；在接下来的时间里，各学校根据专家提出的意见和建议，进一步完善学校规划，立即修改调整各校规划，从而真正让“学校五年发展规划”服务于学校的长期发展，真正让“学校五年发展规划”提升全区的教育质量，真正让“学校五年发展规划”服务于学生的全面发展。

此次评审活动，使得青羊实验区各校更明确了“十二五”发展目标，明晰了学校前行的方向、措施，为青羊区的整体教育质量的深层次提升提供了基础，更是对青羊教育高位均衡和优质发展的有力探索。依据“学校五年发展规划评审活动”各专家的建议以及青羊区教育局党委书记、局长李泽亚的相关要求，青羊实验区各学校再次对规划进行了修改、论证。经过长达一年的专题调研、专家指导、评审答辩、多次修改，2012 年 2 月，《成都市青羊区学校五年发展规划》付梓并汇编成册。

第三节　青羊实验区学校五年发展规划研制的案例

歌德说：每走一步都走向一个终要达到的目标，这并不够，应该每一步都是一个目标，每一步都自有价值。这是对我们个人追求理想而说的，但反映到一个区域教育、学校教育中，也是如此。

《青羊区学校五年发展规划》正如青羊区学校教育的奋斗目标，一步一步地实现，在前进的步伐中实现价值。《青羊区学校五年发展规划》是在深度剖析学校自身发展的状况下，依据国家、市、区中长期教育改革与发展规划，广泛征求多方面意见，经过长期慎重地反复研究而形成的。

一、泡桐树小学五年发展规划（2011—2015 年）

在《国家中长期教育改革和发展规划纲要（2010—2020 年）》和成都市建设“世界现代田园城市”战略构想的指导下，根据

《青羊教育规划》，结合学校实际，特制订本规划。

前　言

2011年，是“十二五”的开局之年，是新世纪第一个十年向第二个十年迈进的新的历史节点。这一年，成都市泡桐树小学迎来了50周年华诞。站在这一重要战略机遇期，回顾50年风雨历程，泡桐树小学曾创造了一幕幕辉煌，以优异的教育质量和教育口碑享誉四方。漫长岁月沉淀留下的光荣业绩和优良传统是激励我们追逐荣誉和梦想的宝贵精神财富，同时，也在提醒我们不断更新理念，与时俱进。

历史的积淀与时代的机遇，为泡桐树小学迈入一个新的时代提供了有利条件，未来五年（2011.9—2016.6），学校将抓住发展的重要战略机遇期，在经济全球化、文化多元化、信息网络化的时代背景下，传承传统精华，确定新的发展定位与发展方略，努力探求现代小学教育发展的规律，全面推进学校的课程建设、教学改革、教师专业发展、管理体制改革、学校文化建设等工作，使学校的整体面貌、内在元素以及实践形态都取得显著进步与提升，打造一所走向国际并具有鲜明特色的现代化品牌小学。

五年发展，挑战与机遇并存，压力和希望同在。泡桐树小学将按照面向现代化、面向世界、面向未来的要求，不断创新，锐意进取，落实素质教育的工作方针，推动学校教育教学在新的起点上更加持续、健康、和谐地发展，为青羊区率先实现教育现代化做出更大的贡献！

第一部分　背景分析

（一）基本情况

成都市泡桐树小学，创建于1961年，2009年成立泡桐树小学教育集团。学校本部校区（南北两区）占地面积约 10088.49 平方米，建筑面积约 15473.44 平方米，现有 49 个班，教职工 141 人，学生 2610 人。

目前学校师资结构如下。

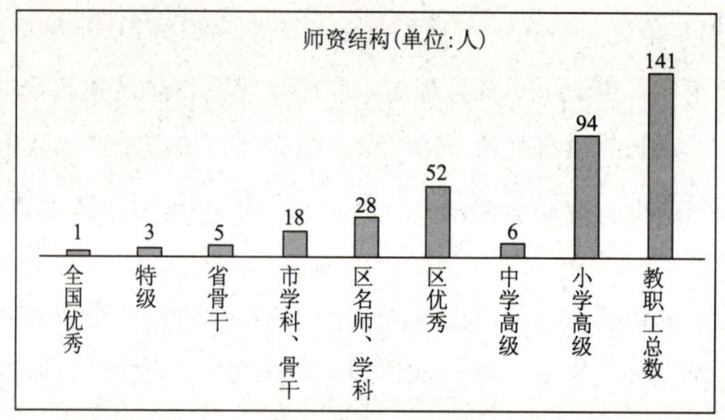

泡桐树小学师资结构

50 年来，学校素质教育硕果累累，在民乐教育、健康教育、电化教育、家校共育等方面取得了令人注目的成绩；多项教育科研成果在全国、省、市、区各级评比中获奖，其中，现代教育技术课题、心理健康教育课题、家校共育课题研究成果先后获得教育部全国教育科学研究优秀成果奖、四川省人民政府普教成果奖。

如今，学校致力于创建适合学生健康成长的和谐教育环境，创设“教育信息化”、“家校共育”、“心理健康教育”等特色教育，追求“为学生提供适合的和谐教育”，努力将泡桐树小学办成学生喜欢、家长满意、教师幸福、社会向往的学校。

（二）校情具体分析

学校对校情进行了具体分析，如下表。

泡桐树小学校情分析

分析项目	发展优势	发展劣势	未来机会	未来挑战
地理环境	城市文化中心，文化氛围浓郁	校园面积局限，安全压力大，教育空间受限	文化景点多，利于大课程的开发	户籍制度改革，城市空心化
学校规模	人数和班数减少，更利于优质办学	空间受限，人均教育资源仍然偏少	品牌化方向发展	保持办学优势难度增大
教师资源	结构比较合理，整体素质过硬	教师专业发展的高原现象突出	打造名师梯队，拓展校本培训路径	绩效工资制度背景下促进教师专业发展
学生资源	学生兴趣广泛，对新鲜事物接受能力强	学生责任感不强，自控力较弱，规则意识不高，身体素质有下降趋势	学校、家长关注学生的身心健康和综合素养	品行养成需要良好的环境、合理的制度和长久的时间
家长资源	家长教育资源丰富，注重子女教育，对学校教育的参与度高	对子女和学校的期望值高，易违背教育规律	正在形成系统、规范的家校共育教育体系	家长对学校教育日益增长的期望与学校现实发展之间的矛盾
课程建设	形成“无时不课程、无事不课程、无人不课程”的全纳入理念；资源丰富，大课程开发基础良好	校本课程的理论化和系统化意识较淡薄	学校、家庭、社会三结合，课程建设的前景美好	国家、地方、校本课程的有机融合

续表

分析项目	发展优势	发展劣势	未来机会	未来挑战
教育科研	实践性成果多，科研成果多次获政府奖项	教师的科研意识普遍较弱，科研成果提炼困难	学校已有大量实践性成果可待提炼	以重点课题为抓手，培养科研型教师
德育教育	形成了以“爱”为核心的德育价值观；有较大社会影响的德育特色教育项目	德育评价体系需进一步完善	市招标课题“基于网络环境下的学校、家庭、社区三结合，促进学生健康成长的机制研究”推动德育教育的实践创新	德育教育进一步的理性思考和成果提炼
课堂教学	课堂教学日常研究有体系，部分学科已形成教学特色并有区域影响力	“谐动课堂”的研究深度和理论提升不够	以省级课题“基于谐动课堂的小学学科教学模式研究”为契机，提升课堂教学品质	构建泡桐树小学课堂教学结构，形成泡桐树小学课堂教学特色

（三）三大矛盾

深入分析学校现状，结合国家对教育发展的要求，认为学校目前面临三大矛盾。

①户籍制度改革和城市空心化与学校发展方向之间的矛盾。

②绩效工资制度与教师专业发展的困境和突破之间的矛盾。

③校园面积局限与拓展教育空间深化素质教育之间的矛盾。

第二部分　总体战略

（一）办学理念

办学理念主要有三方面，即和谐教育、自主发展、成人成才，具体内容如下。

①和谐教育：是在全面了解学生的基础上，协调教育与社会、自然、人本身以及教育内部各要素之间的关系，促进学生全面和谐发展。泡桐树小学的和谐教育包括“六大和谐”，即和谐育人、和谐课程、和谐课堂、和谐研究、和谐团队、和谐文化。

②自主发展：以学生为主体，以教师为主导，自主学习，自主管理，自我完善，学思结合，知行统一，实现自主教育，促进师生主动、自由、全面、和谐地发展。

③成人成才：成人是指培养学生健全的人格、高度的社会责任感、强烈的创新精神以及合理的实践能力。成才，是指让学生的德、智、体、美等各项素养和能力得以完善，成为对社会有贡献的人才。泡桐树小学树德树人，让学生学会学习、学会实践、学会共处、学会做人，具备现代意识和国际视野，鼓励个性发展，成人成才。

（二）战略目标

到2016年，将泡桐树小学建成走向国际并具有鲜明特色的现代化品牌学校。

1．推进教育现代化

从教育的角度入手：优化现代化校园环境和硬件设备；创新学校现代化管理体系和运行机制；加强教师专业化发展，培养现代化教师队伍；从教育理念和教育内容等方面，大力推进课程的现代化改革；涵养具有优良传统和时代意识的现代化小公民。

2．凸显学校特色化

从人性的角度思考：教育科研引领，以教育信息化、家校共育、心理健康教育为主要特色品牌，创新其他特色教育，促进儿童个性、全面发展。

3．加快教育国际化

从社会的角度拓展：加强与国际知名学校、教育机构的交流与合作，探索学校国际化办学思路和运作模式，开发国际理解课程，培养具有国际视野的世界小公民。

（三）工作方针

16 字方针：科研引领、课程优化、项目推动、创新发展。

科研引领是学校发展的科学支持。以教育科研为引领，推动学校课程改革，提升教师科研积极性，为问题的正确解决和教育教学的发展方向提供科学的支持，促进教育创新和学校理性发展。

课程优化是学校发展的有效策略。根据“无时不课程、无事不课程、无人不课程”的课程全纳入理念，落实国家课程，结合地方课程，推动已有校本课程的教材化、特色化提炼，积极开发新的校本课程。

项目推动是学校发展的特色抓手。以教育国际化、教育信息化、家校共育、心理健康教育为重点项目，强化学校优势和特色，开发和完善“桐下读吧”、“谐动课堂”等新的特色项目，实现学校特色化品牌发展。

创新发展是学校工作的核心动力。大胆采用先进的教育理念和教育方法，适时更新教育内容，培养创新型人才，促进学校内涵发展，主动适应社会及时代变化，满足学生、家长和社会对优质教育的需求。

第三部分　发展任务

（一）完善和谐研究 加强教育科研

理念：专业研究彰显学术魅力。

1．重视教育科研引领，促进学校内涵发展

走科研引领学校内涵发展之路。核心关注教师理论学习与实践应用的转化能力，以科研带教研、教研促教改、课题出成果为主要方式，以学校重点课题研究为学术引领，大力支持教师个性化的自主科研项目，提升教师专业素养，促进学校内涵发展。

2．进行经典课例研究，指导教育教学实践

每个学科每学期开展一次“课题经典课例”研究，每周一次组内教研，每期形成“课题研究过程性”资料包，每学年进行一次阶段小结。特色项目每月一次教研活动，形成特色项目研究过程资料包，每期末进行特色项目阶段小结和理论提炼。

3．加强重点课题研究，促进学校特色发展

进行省级课题“基于谐动课堂的小学学科教学的模式研究”和市级招标课题“网络环境下社区、学校、家庭三结合促进学生健康发展机制研究”的全员实践研究，加强课题研究的日常化和有效性。逐步完成对“桐下读吧”、“白板技术与教学的研究”、“读写绘美术绘本研究”、“戴尔项目”等现有特色项目的课题申报工作。

到2016年，立项研究1—2项国家级课题，1—2项省市级规范课题，3—5项区级规范课题，科研骨干（区级及以上正式立项课题主研人员）占全体教师的30%。

4．注重科研成果推广，扩大学校社会影响

以省政府评奖、科研行政部门年度考核、学术研讨会、学术沙龙教师论文、成果集等多种形式进行科研成果的提炼和推广工作。

推荐重点课题参加四川省第五届普教成果（2013 年）评奖。五年内，主办或承办 1—2 次全国性的学术研讨会和 3—5 次省市级学术研讨会，每学期主办 1 次以上区级研讨会，每月定期举办 1 次教师或专家学术沙龙。拓展教师论文或科研文章的评奖、发表平台，至少建立 2 个长期友好合作平台。开发 10 种以上校本课程教材，其中正式出版 3 本以上校本教材和 2 本以上教师集体成果集，大力支持教师个人著书立说。

（二）坚持和谐育人 提高德育实效

理念：给孩子最美好的童年 给人生最坚实的起步。

1．形成自主教育体系

自主教育培养学生具有主人、主动、主见、主体的“四主”意识，逐步形成自主教育体系，具体如下。

一年级：我是学生——最基本的小学生常规，泡桐树小学学生宣言和规则的初步渗透。

二年级：我是“泡小”学生——熟悉泡桐树小学学生宣言，巩固小学生的各项行为常规。

三年级：我是有爱心的人——学习与人为善，和睦相处，善待身边的人。

四年级：我是有修养的人——有个人和集体荣誉感，能够为之而约束自己，能够为荣誉而努力。

五年级：我是热爱生命的人——了解生命的历程，加深对生命的认识，能掌握一些自救自护的技能，尊重所有形式的生命。

六年级：我是有理想的人——引导学生认清自己的理想，了解理想是有层次的，能够确定自己的理想，并为之而努力。

2．优化“三结合”德育模式

以成都市课题“基于网络环境下的学校、家庭、社区三结合，促进学生健康成长的机制研究”为研究核心，梳理学校、家庭、社区“三结合”德育制度，不断整合教育资源，拓展教育空间，完善共建机制，优化“三结合”的德育模式。每学期进行一次“三结合”共建活动。

3．创新特色德育活动

拓展家校共育活动，关注群体，引领成长；推进每月主题活动，发展个性，自主参与；创新学生自主活动，提升能力，适应社会，最终达到活动育人、和谐育人。

4．完善人文管理制度

①学校对教师实行双岗双责，教学岗位和德育岗位合二为一。

②加大德育干部和班主任队伍培训力度，形成有针对性的、系统的、分层次的德育队伍梯队。五年内，培养出5—8名区级优秀班主任、3—5名市级优秀班主任、1—2名国家级优秀班主任。

③德育部每天定时定岗进行早晨、中午、放学三轮巡查：早晨检查学生早读及卫生情况；中午对进餐规范和餐后保洁进行巡查；放学对教室清洁进行巡查。

④坚持每周一次的德育例会、每月一次的班主任培训、每期一次德育总结会，促进德育管理队伍的专业化发展。

（三）优化和谐课程 落实课改精神

理念：无时不课程，无事不课程，无人不课程。

1．加强课程制度建设

建立课程发展部，由一名副校长负责。进一步完善课程管理规章制度和规范课程的总体规划、实施。积极探索课程的评估机制。

2．优化三级课程结构

执行国家课程，整合地方课程，开发校本课程。通过对三级课程的优化，凸显学科特色，孕育优势学科，强化校本课程，构建“基础 + 个性 = 和谐课程”的泡小课程结构。

3．形成系列校本教材

整合学校、家长和社会的教育资源，开发适宜的校本课程，开设丰富的班级特色课程，创设各类自主选修课程等，尽可能大地为每一个学生的个性发展提供适合的教育。到 2016 年，形成 10 种以上系列校本教材（如竖笛、摄影、儿童阅读、绘本绘画、体育游戏教学、非遗传统文化、国际理解等），并择优正式出版。

（四）构建和谐课堂，促进减负提质

理念：构筑文化课堂，生成课堂文化。

1．聚焦日常课堂教学

聚焦日常课堂教学，细化备课、教学、作业布置与批改、学习辅导等教学环节的规范要求，鼓励老师进行教学改革实践，提高课堂教学的质量和有效性，上好每一节课，让师生“减负”落到实处。

2．完善课堂教学管理

落实“团队研究四个一”：每周开展一次教学研究，每学期围绕小课题开展一次经典课例活动，每位老师每期至少参与一次“谐动课堂”日常研究课，每位老师根据本学期小课题研究形成一篇反思或论文。每学年每个学科组在区级有成果研究展示，争取每学年 3—5 个学科参与市级展示或赛课，每学年争取 1—3 个学科参与省级、国家级赛课。

推行“课堂提升三开放”：行政听课日、专家听课日、家长听

课日。

3．形成谐动课堂模式

以省级课题“基于谐动课堂的小学学科教学的模式研究”为核心，每个学科组基于谐动课堂四要素“活动、互动、主动、和谐”，进行语文学科教学模式、数学学科教学模式、科任学科教学模式的研究，做好过程性记录，在学期末以团队形式进行一次经验交流，每位老师都形成一篇有关“谐动课堂”的研究论文。到 2016 年，形成“基于谐动课堂的各学科教学模式”，突显泡桐树小学课堂教学特色。

（五）建设和谐团队 促进专业成长

理念：以学习为生存方式，以研究为职业方式，以爱为教育方式，以和谐为发展方式。

1．提升教师专业素养

通过教师专业发展四途径，提升教师的专业素养：教师专业阅读——站在大师的肩膀上前行，建构合理的专业知识结构；教师专业实践——站在行动的肩膀上探索，学思并行，知行合一；教师专业写作——站在自己的肩膀上攀升，提升教育理解和反思能力；专业发展共同体——站在集体的肩膀上飞翔，打磨共同的愿景。

2．构建教师培训机制

（1）校本分层培训

入格教师：3 年内教龄的青年教师，抓好常规教学行为规范；合格教师：教龄 3—10 年的青年骨干教师，逐步形成自己的学科教学特色；优秀教师：具备较完备的理论素养和实践经验的教师，注重个性化的教学特色提炼；首席教师：已经形成特色的区域内有影响的名师和特级教师，建立名师工作室，发挥示范引领作用。

在5年内，培养出1—2名省特级教师，4—6名区特级教师，6名青羊名师。

（2）专家定向引领

学校要根据教师培训规划和学校发展需要，有计划地聘请在教育和学科教学领域内的知名专家，为教师开设专题讲座或主题报告；对教育科研、课堂教学和专业发展等，有针对性地进行跟踪指导；设立专家听课日，每周邀请1名专家对教师进行专业培训，促进教师专业成长。

3．制定成长评价体系

为了更好地促进不同层次教师的发展，激发潜能，根据每位教师个人发展需求和学校整体发展方向，到2014年，制定一套教师个人成长评价体系，推动教师成长和学校整体发展。

（六）培育和谐文化，形成文化校园

理念：用文化为学校立魂。

1．以和谐为核心，营造学校精神文化

提升师生内涵，奠基底气，树立正气，鼓舞士气，形成良好风气。内化“教育在我们之上”的教育信仰，贯彻“和谐教育、自主发展、成人成才”的办学理念和“成人成才，像泡桐树一样茁壮成长”的学校校训，加强教师文化建设，大力推进课程改革，构建充满人文的和谐的学校精神文化。

2．建设和谐校园，打造学校环境文化

（1）建设师生喜欢的和谐校园

蓝色海洋，魅力校园——通过净化、绿化、美化、艺术化、教育化，以蓝色为基础色，建设一所现代、博大、深邃，充满生机的魅力校园。

知识海洋，书香校园——通过建设和完善泡泡书吧、教师书吧、会议书吧、书香音乐厅、书香美术厅、书香科技厅、班级图书角、泡泡电子书吧等，营造浓浓的书香氛围。

爱的海洋，温馨校园——以“爱，使我们在一起”为主题，以生为本，尊师爱生，形成师生和谐、生生和谐的温馨校园。

信息海洋，数字校园——以信息化促进教育的现代化，凸显学校的特色教育，让师生为未来的数字化生存做好准备。

运动海洋，健康校园——以每天的常规锻炼和每年师生运动会为抓手，促进师生积极锻炼身体，拥有健康人生。

（2）统一学校的各类教育标识

根据泡桐树小学特色，完善学校文化系统，统一学校的各类教育标识。校园内各种符号、标志、标语、学校 LOGO、学生服饰等，均要体现学校的办学理念、办学特色和精神追求。

3. 加强制度建设，形成学校制度文化

根据“关注人的潜能发挥”的人本主义管理文化，按照“全方位”、“精细化”、“严要求”的总体要求，以“底线加榜样”为策略，以“教学相长”为途径，强化管理团队的学习，健全各项规章制度，落实细节管理，促内化自律，形成自我管理、自我激励的制度文化，形成泡桐树小学制度手册，营造和谐的校园氛围。

第四部分 特色项目

（一）教育国际化

1. 成立国际交流中心

整合资源，创设平台，扩大教育开放。民族的才是世界的，特色的才是国际的，培养具有国际视野的世界公民，探索学校国际化办学思路和运作模式，成立国际交流中心。

2．与友好学校加强合作

为了深度互动，更新模式，发挥办学优势，与已建立友好学校的英国莱特斯郡贝儿布鲁克小学和英国谢菲尔德市贝克小学、美国爱荷华州马赫西学校加强深度友好合作关系，建立每年互换师生交流制度，从课程、教学、教师教育、学校文化等多方面进行深度互动，并形成合作协议。

3．形成国际理解课程

不断创新机制，深化合作，拓展人才培养格局。聘请适合我校的外籍教师，逐步形成具有本土特色的国际理解课程，争取在2013年，建成落户美国本土的孔子课堂。

（二）教育信息化

1．完善多网合一的数字化校园

继我校传统优势项目“电化教育”、“教育信息化”之后，不断建设和完善学校教籍系统、学籍系统、监控系统、管理平台、远程录播系统等多网合一的数字化校园，实现“全面教育信息化”。

2．建设三网合一的数字化教室

2011年，在全校每间教室普及“交互式电子白板”。2016年，每班建设集电信网、广播电视网和计算机通信网为一体的“三网合一”的数字化教室。

3．优化校园网的教育教学功能

进一步优化学校门户网站教育和宣传功能，开发网站教学辅助互动功能，开发“空中课堂”专栏，开发“中英双语国际视窗”专栏，搭建学校、家庭、社区与世界各友好学校进行教育教学的沟通交流平台。

4. 进一步提升教师的信息化素养

加强教师信息技术的培训，更新观念，使所有教师能对各种先进教育教学手段自主熟练运用。

（三）家校共育

1. 理论学术化

不断提升学校家校共育的理论学术水平。通过搭建沟通交流平台，畅通家校共育渠道，创设系列共育活动，开发家校共育课程，构建家校共育机制，引领共育科学发展。2012 年，出版一本泡桐树小学家校共育校本教材，并逐年出版，形成家校共育系列教材。

2. 课程系列化

构建泡桐树小学家校共育课程系列，在原有优势共育课程“八大家长开放日”、“家长讲坛”、“亲子活动”的基础上，增设“班级特色课程”、“家长社团”等新的共育课程，逐步做到家校共育课程系列化。

3. 机制制度化

在学校、家庭充分合作的基础上，逐步做到学校、家庭、社区三方合作，共建家校共育研究中心，共筹家校共育研究基金，完善三级（校级、年级、班级）家长委员会，组建并完善各类家长社团和家长义工团队。

（四）心理健康教育

1. 目标

继学校传统优势项目“健康教育”、“心理健康教育”之后，结合心理学研究前沿“积极心理学”，通过实施积极心理健康教育，到 2016 年，形成积极心理教育办学特色，力争引领全国小学心理健康教育发展方向。

2. 队伍

建设一支以校长为核心、以专职心理教师为引领，以班主任为骨干，以全体教师为主力军的积极心理健康教育团队。

3. 途径

以积极心理健康课为主导，学科教学渗透为主阵地，整合家长、社区资源，开展心理辅导、心理游戏、学习力测试、个别学生成长档案、转学生跟踪辅导等专项研究为突破口。

第五部分 保障措施

（一）组织保障

成立学校发展规划管理领导小组，对学校发展规划具体实施实行监控，及时调整相关措施，并对学校发展规划的阶段性目标达成情况实行评估与验收。坚持“全员、全面、全程”管理，积极发挥学校成员的主体作用，使学校的发展规划成为全校成员的共同愿景。

学校发展规划管理领导小组

主 任：陈 杰

副主任：倖耀旭 校级家长委员会主席 社区主任

成 员：刘 钊 陈铁军 黄艺竹 张 经 何国强 陈命根
彭 静 刘静钰 曾 勇 吴 畅 范 煜
年级主任 学科组长

（二）制度保障

1. 形成“以人为本”管理文化

根据“关注人的潜能发挥”的人本主义管理文化，不断健全和完善学校管理制度、激励制度和亲情文化，实现“制度＋榜样、学习＋激励、情感＋自主”的管理文化。

2. 构建灵活高效的管理机制

加强各部门合作，构建“自上而下的理念＋自下而上的计划落实”相结合的高效管理模式，进一步探索年级主任责任制和学科组长责任制的双轨管理运行体制，增强团队合作，提高管理效益。

3. 深化管理制度和评估机制

以合理配置人才资源、提高教育质量为核心，推进用人制度和分配制度的科学改革，完善评价考核机制和科学合理的考核方案，努力实现“多劳多得、优劳优酬、责重酬丰、兼顾公平”的评估原则。

（三）队伍保障

1. 提升教育管理者素养

实现教育管理信息化；提升管理队伍的人文素养、专业水平和实践能力；借助名校优势，加强学校与社区及社会各界的互动，探索教育管理社会化。

2. 提升教师的专业素质

加强教师专业培训工作，以请进来、派出去为主要方式，以专家持续引领为主要手段，以学科研究和课堂教学为主要阵地，促进理论学习与教学实践的良性互动，学科教师整体专业素质达到同类学校领先水平。

3. 提升团队的幸福指数

结合教师个性发展，加强团队建设，做到四个统一：统一目标、统一思想、统一规则、统一行动，积极构建团队精神，从制度、精神、物质上给予保障，提升团队的幸福指数。

（四）安全保障

1. 加强安全工作管理

成立安全工作领导小组。制定学校各类人员安全责任制和各方面的安全措施，树立安全无小事的思想。

每学期定期采用多样化的教育形式，对学生进行安全知识、紧急情况处理方法、自救互救常识等教育。

2. 完善安全工作制度

完善重大事故报告制度和安全工作检查制度。进一步细化外出活动、学科教学、后勤工作、集会、不可预见灾害、周边环境、防病疫等安全保障制度。

（五）硬件保障

1. 提升硬件品质

针对学校校园面积窄、征迁难度大等缺点，以争取上级主管部门支持和社会力量有力补充为主要方式，在高、精、尖上做文章，丰富内涵，增加数量，提升硬件品质。到 2016 年，完成校园硬件改造，提升体育基础设施建设，做好信息技术设备、学校网站、OA 办公系统等的更新提升工程。

2. 完善专业教室

全面更新、完善各专业教室的硬软件设备，到 2016 年，建成功能完备、特色鲜明的图书馆、音乐、美术、舞蹈、科学、书画等专业教室，努力增加各专业教室的数量，提升质量。

（六）党建保障

抓好党建工作，利用信息网络技术实现电子党务，完善党的思想、组织、作风建设，深入探索党建工作与日常教育教学互融互动机制。

（七）依法治校

完善体现自身特色的学校章程和制度，依法治校。保证师生员工对学校重大事项决策的知情权和参与权，达到四川省“依法治校

示范校”要求。

二、青苏职业中专学校五年发展规划（2011—2015 年）

为了贯彻落实《国家中长期教育改革和发展规划纲要（2010—2020 年）》，结合《青羊教育规划》对学校发展提出的新要求，在认真总结“十一五”经验的基础上，大力加强学校内涵建设，不断提高教育现代化水平，努力建设“精品·特色·创新”型的现代化职业学校，特制订本规划。

学校概况

学校现有在编教职工 76 人，具有本科及以上学历 58 人，具备硕士研修学历（含在读研究生）者 9 人；“双师型”教师 6 人，区级及以上学科带头人、优秀班主任、优秀青年教师、优秀教师、优秀教育工作者 29 人。

学校在校生总数 1474 人，校园面积 25030 平方米，建筑面积 27832 平方米。目前开设有学前教育、酒店服务与管理、数字媒体、机械加工与制造、财经商贸等 5 个专业部 15 个专业方向，并开设有国际部。学校与新加坡物流管理学院、新加坡 SHRM 酒店管理学院、西南财经大学、成都大学、四川省广播电视大学、成都职业技术学院等高等院校开展了多种形式的联合办学。

“十一五”期间学校教育取得的成就

“十一五”期间，学校积极贯彻《国家中长期教育改革和发展规划纲要（2010—2020 年）》，践行《中等职业教育改革创新行动计划》，以德育为先、教学为主，深化教育教学改革，狠抓内涵建设，各项工作取得显著成效。

（一）发展思路逐渐清晰

在“十一五”期间，学校领导班子审时度势，及时调整办学思路，合理规划学校发展方向，形成了“以创促建、以创促发展”的跨越式发展思路，开创了学校快速发展的良好局面。

（二）“三自一主体”的德育模式初显特色

学校实践“三自一主体”（即自我教育、自我管理、自我服务、以学生为主体）的德育模式，以活动为载体，以“两操”（广播操、礼仪操）为突破口，以德育学分为标准，推行准军事化管理、劳动服务周、综合活动课，加强德育队伍建设，学生管理逐步实现“一日生活制度化，学生行动军事化，教学秩序规范化，课外活动课程化”。

（三）教学科研水平得到增强

学校坚持“知做合一，做为先”的教学理念，紧紧围绕社会需求制定具有本校特色的人才培养模式。在教学环境、专业设置、课程设置、教学方式等方面进行大胆改革创新，充分借鉴国外职业院校的理念和标准。学校与企业共同构建“基础教学＋项目实训＋商业实战”的课程模式，推进精品专业、精品课程、精品教材建设，增强了职业教育的针对性和适应性。学校还积极组织教师参加各级各类教科研互动和教学技能竞赛，共获得国家级一等奖 1 项、市级一等奖 2 项。学校立足校本，以课题研究和科研论文带动全校的教育教学改革，目前学校有市级立项课题 1 项、区级课题 2 项、校级课题 4 项，“十一五”期间参加各级各类论文竞赛获奖的论文有 80 余篇。

（四）师资队伍培养初见成效

“十一五”期间学校在师资队伍的建设上，采用“招、引、聘、

请、送、带”六种模式，开展内容丰富、形式多样的师资培训，改善了师资队伍的结构，提高了教师的整体素质。学校定期组织教师到企业参加实践锻炼，同时，引进企业高技能人才到学校担任实训指导教师，逐步壮大“双师型”教师队伍。学校还特别关注青年教师的发展，成立了“青年教师成长营”。

（五）专业建设有长足发展

学校以市场为导向，进行了专业调整，新增了国际物流和国际酒店专业，形成了学前教育、酒店服务与管理、数字媒体、机械加工与制造、财经商贸5个专业部15个专业方向的专业布局。学校重视对骨干重点专业的建设，其中酒店服务与管理、数字媒体、学前教育三个专业相继被评为成都市重点示范专业。

（六）办学条件进一步改善

2009年，学校搬入新校区，现有校园面积25030平方米，建筑面积27832平方米，固定资产总值4581万元。学校图书馆藏书3.1万册，并新建了校内酒店实训基地、早教实训基地、机电实训基地，新增了校园电视台、形体房、电子钢琴房、机房等功能室，教学和实训设施占地面积16329平方米，教学仪器及设备总值981万元。

（七）办学规模迅速扩大

“十一五”期间，学校不断拓宽办学渠道，以“全球视野”的教育眼光，通过与国际职业教育接轨，同行业、企业、院校合作，走校企合作、产教一体的多元化办学之路。学校在校生总数从700多人增加到1400余人，承担本区农民工再就业培训、职后培训、劳动就业技能培训总计5000人次以上。

（八）学校影响力不断扩大

学校被评为“成都市职业教育攻坚先进单位”，协办了全国职业教育美育研讨会、四川省职教教研工作会、成都市教育现代化工作现场会等各级会议，国家教育部鲁昕副部长和教育部职成教司王继平副司长先后莅临学校视察指导工作。学校还接待了美国休斯敦中学生代表团、上海市职业教育考察团、乌鲁木齐市财政会计职业学校、北京民族文化艺术职业学校等十多个代表团到校参观交流，影响力逐步扩大。

“十二五”期间学校发展面临的机遇与困难

（一）学校发展面临的有利因素

1. 党和政府高度重视职业教育的发展

党的十七大以来，党和政府先后出台《中等职业教育改革创新行动计划（2010—2012 年）》《国家中长期教育改革和发展规划纲要（2010—2020 年）》等纲领性文件，指出要把职业教育放在更加突出的位置抓紧抓好。

2. 省、市对职业教育高度重视

四川省和成都市相继出台了《关于实施职业教育三年攻坚计划的决定》，指出要实现高中阶段普通教育和职业教育协调发展，高中阶段教育职普招生比例达到 5.2∶4.8，成都市中职生在校规模将突破 25 万人。

3. 市、区教育局对职业教育高度重视

成都市教育局和青羊区教育局提出要加大对职业学校建设资金的投入，并出台了全覆盖的资助政策，对职业学历教育学生免除学费和补助部分生活费。

4. 学校办学实力增强，全体教职工信心百倍

全体领导班子和教职员工团结一致、信心十足、斗志昂扬，为学校乘势而上再创辉煌提供了内在动力。

5. 学校良好的区位发展优势

一是学校处于杜甫草堂、青羊宫文化圈等核心区域；二是周边旅游资源丰富、餐饮发达、商贸繁荣，市场人才需求量大；三是青羊区是国家教育改革示范区，学校发展可以获得更多的政策支持。

（二）学校发展的制约因素

“十一五”期间因各种客观原因，制约和影响了学校的发展。学校目前发展的主要制约因素主要有以下几个方面。

①基础设施薄弱，教室、实验室、学生宿舍无法满足学校发展的需求。

②校内外实训基地的硬件建设滞后，投入不足。

③机制创新、教育教学改革、人才培养等内部管理改革亟待加强。

④教师综合素质不强，师资配备不合理。

⑤现有的人事管理制度束缚了学校的发展。

“十二五”学校发展的指导思想及规划编制原则

（一）指导思想

以党的十七届六中全会精神和科学发展观为指导，坚持“以服务为宗旨，以就业为导向”的办学方针，坚持“以学生发展为本，构建和谐校园”的办学理念，按照“夯实规范塑品质，超常发展突特色”的办学思路，致力于将学校办成“精品、特色、创新”型的现代化职业学校。

（二）编制原则

编制原则主要有：①统筹规划、突出重点的原则；②实事求是、面向市场的原则；③面向社会、服务终身的原则。

“十二五”期间学校发展思路及重点工作

（一）发展思路

按照青羊区“全面城市化、率先现代化、充分国际化”的发展方针和建设“五新青羊”的发展思路，青羊区教育将建成为中西部地区有示范性的一流教育强区。据此，学校提出了创建“国家级示范性中等职业学校”的奋斗目标。围绕全面提升核心竞争力，学校以实施特色发展、内涵发展、服务终身发展为重点，着力培养学生的职业道德、职业技能和就业创业能力，力争在教学科研、专业建设、国际化办学等方面取得显著成效，促进学校教育事业全面协调可持续发展。

学校稳步推进“128”工程：即1个总体目标——将学校办成全国示范性中等职业学校；2项创建任务——创省级示范性职业中学，创建1个国家级重点专业；8大重点项目——心理健康教育基地建设、数字化校园建设、校园文化建设、精品课程建设、人才培养模式创新、实训基地建设、学生创业教育、学生社团建设。

其中，关于心理健康教育基地建设：到2015年，建成1个在全省有影响力的中职学生心理健康教育基地，帮助学生增强自我认识能力、社会适应能力和发展能力，促进全面健康发展。

关于数字化校园建设：在“十一五”校园信息化建设的基础上，建设青苏职业中专学校数字化校园，实现数据集中化、信息共享化、文件电子化。

关于校园文化环境建设：营造校园文化环境，挖掘学校文化底蕴，融入企业文化和地域文化，使学校逐步形成设施齐全，功能完备、环境优美的职教校园。结合学校文化定位，努力构建和谐校园，为师生提供良好的教育和学习环境。

关于精品课程建设：在整合各专业、各学科现有资源的基础上，充分发挥科研平台的作用，实施精品课程开发，建设3—4门省内领先的精品课程。

关于创新人才培养模式：拓宽学生就业与升学的途径，构建学生成才“立交桥”，形成就业、创业、升学、留学多元化格局。

关于实训基地建设：新建财经商贸模拟实战基地，将酒店实训基地、学前教育实训基地、数字媒体实训基地打造成生产型实训基地。

关于学生创业教育：将创业教育课程化，提高创业教育实效性，鼓励学生参加创业实践，实现创业教育特色化。

关于学生社团建设：整合校内外资源，打造一批多元化、个性化的学生社团，开展好社团活动，发展学生个性特长，锻炼和提升学生的综合素养。

（二）重点工作

“十二五”期间，为确保学校总体目标的实现，学校将围绕八大重点项目，完成以下十项主要工作任务。

1. 强化内部管理，提高管理效率

全面推行能级管理和目标管理，建立科学的考核评价体系，提高工作效率，确保工作质量；继续完善校部二级管理运行机制，实现管理重心下移，减少管理层级，提高管理效能；完善学校岗位聘用制，实行全员竞争上岗；干部管理实施“首问责任制”、“责任追究制”和“工作中心负责制”，提高干部的工作能力、管理能力和执行能力；健全教师管理制度，改革考评激励机制，重视团队考核；构建有职教特色的后勤服务保障体系，强化服务意识，提高服务质量。

2. 夯实学生规范，德育工作显特色

坚持“三自一主体”的德育管理模式，实行“三全德育”，以“德育目标层次化、德育途径系统化、德育方法多样化、主题教育序列化、素质教育课程化、习惯养成常态化”为方向，引导学生树立“上学如上班，上课如上岗”的职业意识，实现“每一个学生能生存、会生活、可发展、有特长”的育人目标，促进学生全面和谐可持续发展。继续开展好安全教育、创业教育、劳动服务周、综合活动课；以礼节礼貌为重点，以“三操”（广播操、礼仪操和太极操）为突破口，强化学生日常行为规范养成教育；打造全省有影响力的中职生心理干预中心。

3. 深化教学改革，教学工作塑品质

以教育部颁发的教学大纲为指导，适应市场人才需求，加大课程改革力度，建立适合行业企业人才需求的课程体系；改革教学内容，强化实践教学，提高实践课课时比例；推行工学交替、顶岗实习、半工半读等人才培养模式，进一步完善学分制、弹性学习制度；吸收行业、企业参与教学质量评估，建立多元化评价体系；改革教学方法和教学手段，在教学中充分运用现代教学手段，努力践行任务引领、项目导向、场景模拟等现代教学方法，逐步完善学校教学资源库；加强课程建设力度，每个专业打造2—3门精品课程，编写3—4本校本教材；改革教学质量评价制度，实现教考分离；推行“双证书”制度，学生毕业时同时持有学历证书和职业资格证书；以理实一体化为目标，推行教室革命，实现“教室车间化、车间教室化”。

4. 立足校本教研，培育学术团队

以校本教研为支点，推动教研组建设，促进教师专业化发展；

建立教师科研成长激励机制，提升教师科研意识；加强科研培训，精心培育学术团队，构建“带头人＋团队＋平台”的科研模式，形成以学术带头人为核心，多学科教师协同配合的科研团队。新培养10名学术带头人和学术骨干，完成国家级科研课题1个，市级以上科研课题2个，在各级各类刊物发表论文和获奖论文不少于100篇，自编校本教材不少于10本，每两年编印1本《教师论文集》。

5. 突出专业建设，提升学校办学实力

通过加强市场调研，调整、优化现有专业，积极开设适应新兴产业需求的新专业，构建科学合理的专业布局；确定学校优先发展专业，重点打造好学前教育、酒店服务与管理、数字媒体、财经商贸4个专业群，对重点专业加大资金投入和政策倾斜，到2015年努力建成1个国家级重点专业，2个省级示范专业和4个市级重点专业；与企业合作，加强校外实习基地建设，建成“学校车间”、“企业校区”，推动实训基地向生产型实训基地转变，将酒店服务与管理、学前教育等专业实训基地建成市级示范性基地，做大做强数字媒体基地，新建财经商贸基地，力争“选好一个专业，办好一个实体，创出一个品牌”。

6. 提高师资水平，优化人才队伍

加强师德建设，将师德表现作为教师考核和聘任的首要内容；加快“双师型”教师队伍建设，鼓励专业教师到企业兼职，聘任行业企业专家担任兼职教师，双师型教师比例达到80%；实施名师工程，打造名师工作室，造就一批教学名师；完善培养、培训体系，不断提高教师业务水平；优化教师队伍结构，高级教师比例达到专任教师的40%以上，具有研究生学历的专任教师达20%以上；争取政策支持，按师生比1∶18，专、兼职教师总数达到180人以上，其中专任教师150人。

7. 拓宽招生渠道，扩大办学规模

创新招生机制，开展校企、校际东西部联合招生，以“1+2”、“2+1”等形式实现合作办学。完善学校招生制度，拓展招生途径，与高校紧密合作，办好大专班。争取政策支持，同各方通力合作，确保招生数量稳步增长，到2015年，学校在校生人数达到3000人以上。扩大培训范围，将进城农民工、退役军人、企业职工、下岗人员等纳入职业教育培训对象之中，到2015年，每年短期培训规模达1500人次以上。

8. 强化学生综合实力，实现高品质就业

建立有效的激励约束机制，提高就业质量。实现毕业学生就业率100%，就业稳定率70%以上，专业对口率90%以上，基本月薪1500元以上，50%的学生月薪达2000元以上，30%的学生月薪达3000元以上，70%以上的学生进入优秀企业，30%以上的学生进入中国、世界500强企业。建立职后服务机制，加强学生职后教育，促进学生的职业稳定和职业生涯发展。

9. 扩大对外交流，深化校企合作

进一步落实我市职业教育走出去发展战略，加大与新加坡职业教育的交流合作，深化与上海杨浦职中、浙江德清职中、彭州职中等友好学校的合作，扩大校际交流，实现课程共享、师生互访、资源对接；继续实行多种模式的校企合作，形成新型校企合作框架，每个专业至少与业内一家主流企业深度合作，每个专业的教师至少联系一家业内企业；创新人才培养模式，实行“订单式培训”、联合办班、企业冠名班等多形式培养模式；拓展校企合作办学空间，校企合作开办“研发中心”，发挥行业职业教育指导委员会作用，

实现学生职业素养标准化管理；引入企业，校企共建生产型实训基地。

10. 加强设施设备建设，改善办学条件

办学经费保持逐年递增，到2015年，当年办学总经费达到2000万元以上，满足办学和教学的需要；加强学校硬件设施设备建设，为达到国家级示范性中等职业学校的标准，将新增标准400米跑道操场，校舍面积达到70000平方米，新增学生食堂用餐座位2400个，新建教学和实训设施2000平方米，新增计算机房5间、计算机数量300台、中央机房1个，每个教室都改造为多媒体教室，新增学生住宿床位1500个，新增图书7万册、报刊150种及相应的阅览配套设施。

保障措施

（一）加强学校内涵建设，提升办学品质

1. 加强党建工作，发挥党支部战斗堡垒作用

学校要以科学发展观为指导，大力弘扬社会主义核心价值观，深入开展创先争优活动，发挥党支部的战斗堡垒作用和党员的先锋模范作用，主动关心全校师生的工作、学习和生活，共同构建和谐校园。

2. 创新学校管理机制，完善管理制度

学校要实行能级管理、校部二级管理和项目管理，完善教职工绩效考核制度，健全民主管理制度，从严治校。

3. 加强安全工作，确保校园平安

学校要遵循积极预防、科学管理、全员参与、各负其责的方针，牢固树立“居安思危、警钟长鸣、常抓不懈”的思想，坚持“重在规范制度管理，严在良好行为养成，贵在督促检查到位，实

在隐患整治彻底”的工作思路，以“平安校园”创建活动为载体，以更加扎实有效的工作，确保校园平安，维护学校正常的教育教学秩序。

4. 加快教学改革力度，提升教学质量

学校要推进教学改革，充分发挥教科研组织机构的主导作用。成立课程团队，负责课程教学改革、课程资源建设、精品课程打造等工作。建立教学质量监督机构，定期进行常规检查，加强课堂巡查，构建科学、系统和有效的教学质量监控机制。

5. 加大队伍建设力度，提供人才支持

学校要加大教师培训力度，为教师培训进修和考察学习提供更多机会和资金保障，充分发挥青年教师成长营对青年教师的培养作用，打造一支具有进取精神、创新意识又充满活力的教师队伍。加强班主任队伍建设，提高班主任管理水平，建设一支素质高、能力强、会学习的班主任队伍。加强干部队伍建设，建设一支结构合理、勇于创新、务实高效的管理队伍。

6. 加强专业规划，扶持重点专业建设

学校要充分发挥专业建设指导委员会的指导作用，调整学校现有专业布局，进一步完善专业部管理制度，培养专业教学骨干，积极吸纳专业学术带头人，加强政策和经费支持，以创示范性专业推动专业建设。

（二）借助社会优势资源，搭建各种合作平台

1. 以互利双赢为原则，建立校企合作长效机制

学校主动引进企业参与学校办学，不断创新校企合作形式，丰富合作内容，增强合作实效。建立学校师生到企业实践和企业人才到学校兼职任教机制，提高师生的实操能力，壮大兼职教师队伍；

采取校内办班、深入企业办班等灵活多样的培训模式，为企业职工开展文化科技教育和岗位技能培训，把学校建成企业职工的在职培训和继续教育基地；引企入校，在学校共建生产线，建成“学校车间”，建校入园，在企业按照生产流程，建成“企业校区”。

2. 加强校校交流互访，拓展校院合作办学

密切与省、市内的各职业学校的联系，积极开展交流与互访活动；发展同东部发达地区职业学校的关系，缔结友好学校，以上海杨浦职中和浙江德清职中为窗口，实现东西部学校之间干部教师定期互访或挂职锻炼，学习和借鉴发达地区职业教育的先进理念和办学经验。以“3+2”、“2+2”和套读大专等模式，深化与省内各高职院校的合作，满足中职学生提升学历层次、提高技能等级的意愿，为学生搭建起成才立交桥。

3. 借力职教集团，互利合作、共谋发展

学校要主动参与各种职教集团的组建，积极参加集团的各种活动，确保学校各专业顺利加入相关职教集团，并成为1-2个职教集团的牵头学校。借助集团化办学，进一步推动各职业学校间的合作，提高学校相关专业的办学水平和师资水平，实现校舍、设备、实验实训条件、师资等的共享与互助。学校要以职教集团为纽带，建立和深化与行业企业的联系。

4. 加强对外联系与宣传工作，为可持续发展提供良好的外部环境

学校加大与社区的联系，加强相互沟通，促进学校与社区的工作，充分发挥社区的教育功能。利用好报刊、电视、网络等媒体手段，建设好校园网站，抓好对外宣传工作。积极宣传党和政府关于职业教育的讲话精神和学校办学的突出成绩，努力转变社会各界对

职业教育的认识，不断扩大学校的知名度和影响力，为学校发展营造良好的外部环境。

（三）以国家级示范校建设为契机，积极争取政策资金支持

1. 争取政策支持

当前，困扰学校师资队伍建设的主要问题是学术带头人太少、师资严重不足，需要政府给予学校以特殊政策，优先解决学校急须引进的学术带头人、专业技术骨干的编制问题，同时出台相关政策支持学校解决外聘教师的待遇问题。争取政府支持，由政府出面成立职业教育校企合作工作指导委员会，出台扶持职业教育校企合作的相关政策措施。继续向市区政府争取，将区内学生入读学校免学费的优惠政策惠及全市乃至全省初中毕业生。

2. 争取资金支持

目前，学校争创国家级示范职业学校，在硬件条件上还有较大差距，要达到创建指标，需新增校园面积应不低于 70 亩，新购计算机 300 台、图书 7 万册，新建能满足学生住宿需要的宿舍楼和标准 400 米环形跑道的田径运动场。学校将积极向各级政府和上级主管部门争取资金支持，改善学校办学条件，完善教学设施设备，推进校内实训基地的后续建设。

“十二五”期间，职业教育将进入一个新的发展阶段。在市教育局的亲切关怀下，在区委区政府领导的重视和支持下，在区教育局的直接领导下，学校干部和教职工树立机遇意识、忧患意识、质量意识和创新意识，团结一致、积极进取，创建全国示范性职业学校的奋斗目标一定能够顺利实现。

科研引领篇

新发展：青羊实验区教育综合改革的战略

第七章

青羊实验区教育现代化的发展战略

教育现代化是一个动态的、不断发展的历史过程，它通过对传统教育的选择改造、发展和创新实现教育向“现代”的转化。2009年4月，中国教科院成都青羊教育综合改革实验区成立以来，围绕“城乡统筹、质量领先，率先基本实现教育现代化”的战略目标，在“院区共建、科研引领、整体推进、创新发展”的工作方针下，青羊实验区将教育现代化作为统领全局、引领发展的战略选择。中国教科院青羊实验区专家组在深入调研的基础上，充分发挥科研引领作用，引导青羊实验区逐步确立了推进区域教育现代化的“四大战略”和“九大工程”，并逐步细化区域教育现代化的实施策略和路径选择，在区域、学校和学生三个层面带来了深刻的变化。

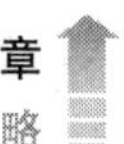

第一节　青羊实验区教育现代化的发展概况

青羊实验区的教育现代化发展经历了一个从自发到自觉的过程。奠基于均衡发展基础之上的青羊教育现代化，充分发挥科研的引领作用，从邀请外部专家“走进来”到成立中国教科院教育综合改革实验区，统筹规划、科研引领始终在青羊教育现代化过程中占据主导地位。在“院区共建、科研引领”的教育综合改革模式下，青羊实验区逐步明确了发展的思路，走出了一条注重顶层设计、科学谋划、项目推动的区域教育现代化之路。

一、青羊实验区教育现代化的核心理念

（一）教育现代化的根本旨归

教育现代化是社会现代化的重要组成部分，是教育为了适应时代发展要求而对自身进行改造和发展的过程。作为培养人的社会活动，教育的现代化主要体现在人的现代化上。在推进区域教育现代化的进程中，青羊实验区把培养“现代人”作为根本的价值取向和改革目标。著名学者成有信曾指出现代人具有的四个特征：一是人的独立性及其个性自由方面的特征；二是开放性、创造性、开拓精神等方面的特征；三是具有科学知识、技术、理性和科学精神等方面的特征；四是效率、时间观念、自律、责任感和集体精神或群体

意识方面的特征。[①] 青羊实验区在确定区域教育现代化的发展战略时，把“培养具有现代素养、适应现代社会发展需要的公民”作为根本的发展目标，并以此为核心系统构建区域教育现代化的推进系统。

（二）教育现代化的基本特征

著名学者顾明远曾指出了教育现代化的八个基本特征：一是受教育者的广泛性和平等性；二是教育的终身性和全时空性；三是教育的生产性和社会性；四是教育的个性性和创造性；五是教育的多样性和差异性；六是教育的信息化和创造性；七是教育的国际性和开放性；八是教育的科学性和法制性。[②] 青羊实验区在推进区域教育现代化的过程中，按照教育现代化的核心理念和基本特征，从区域教育均衡发展（平等性）、区域学习型社会建设（终身性）、区域教育优先发展（生产性）、区域学校特色发展（个性化和多样性）、区域教育综合改革（变革性）、区域教育国际化（国际性）以及区域教育科学研究（科学性）等方面，系统构建区域教育现代化的推进体系。

（三）教育现代化的主要内容

教育现代化涉及教育的方方面面，推进教育现代化是一个系统工程。教育现代化的内容很广泛，包括教育思想的现代化、教育制度的现代化、教育内容的现代化、教育技术手段的现代化、教育方

---

① 成有信. 简论现代社会、现代教育和现代人［J］. 江西教育科研，1992（1）：11－22.

② 顾明远. 实现教育现代化的宏伟蓝图：学习贯彻《国家中长期教育改革和发展规划纲要》［J］. 北京师范大学学报：社会科学版，2010（5）：5－13.

法的现代化、教育管理的现代化等方面。在各个方面的现代化中，最为根本和最难实现的是教育思想的现代化。通常，物质和制度的现代化可以通过办学条件的改善和政策措施的落实，在短时间内取得明显的成效。然而，教育思想的现代化则是一个复杂和长期的过程，它与物质和制度的现代化并不一定能同步实现，有时还会出现反复。实现教育思想的现代化关键是要转变教育者和受教育者的观念，而其中最重要的是校长和教师的观念的现代化。青羊实验区在推进区域教育现代化的过程中，把教育思想的现代化依托教育人才队伍建设来实施，使校长的教育理念和教师的教学方式发生了深刻的变化。

二、青羊实验区教育现代化的发展历程

在教育现代化核心理念的引领下，青羊实验区的教育现代化大致经历了三个发展阶段。在不同的发展阶段，青羊实验区依据区域社会发展的现实和教育发展的追求，不断调整教育发展的重心，走出了一条西部县级区域教育现代化的发展道路。

（一）均衡发展，奠定基础阶段（2003. 9—2008. 4）

2003 年，成都市委、市政府提出了“城乡一体化”的发展战略，青羊教育在实现普九、普及高中教育，并涌现出一批名校的基础上，以“填谷扬峰”的战略优化城乡资源配置，成功实现“三个满覆盖”，为推进教育现代化奠定了基础。

一是实现标准化建设满覆盖。区委、区政府连续每年投入资金近 1 个亿。通过整理、租用、互换等措施，打造“半小时入学圈”，学校土地面积由原来的 29 万平方米扩展到 57. 6 万平方米；建筑面

积由原来的30万平方米扩展到60余万平方米，教育类国有资产实现了跨越式增值。区内涉农地区的11所学校完成了标准化改造，基本的设施、设备实现更新换代，学校办学条件得到全面改善。

二是实现优质教育资源满覆盖。建立教育资源倾斜机制、校长任职交流互动机制、教师流动机制和评优评奖晋级的导向机制。先后派遣20余名城区学校校级干部到多数生源来自农村的涉农学校任职，全区常年有100多名骨干教师在涉农学校服务，涉农地区教师本科学历从23%提高到了83%。全区基本消除了无高级职称、无市优秀青年教师、无市学科带头人的“三无”学校。

三是实现特色化打造满覆盖。在实现校际硬件均衡、师资均衡的同时，以“一校一品，一校一景”为理念开展学校文化建设，通过浓郁的书香文化熏陶人、滋养人。文翁实验学校的国学特色、成飞中学的无痕教育、草堂小学的诗歌文化、金沙小学的科技特色、成都市实验小学的“雅文化”等百花纷呈，孩子们耳濡目染，各有所长，成为了青羊教育亮丽的风景线。

▲ 草堂小学的诗歌文化

“三个满覆盖”的实现，打破了长期以来存在的城乡教育二元结构，缩减了涉农学校、薄弱学校与传统名优学校的校际差距，基本消除了因学校办学条件和质量差而被动择校的现象。

（二）谋篇布局，统筹规划阶段（2008.5—2009.6）

在一个较高的发展平台上，为了不断满足人民群众对优质教育资源的需要，进一步优化青羊投资软环境建设，青羊区从2008年5月，提出了“从教育均衡化迈向教育现代化”的战略构想。

1. 认真研究，谋划未来

一是“请进来”。先后邀请中国教育学会顾明远、陶西平、谈松华等知名专家到青羊进行专题讲座，帮助干部、教师更新观念，明晰方向。二是“走出去”。分期、分批组织考察团赴上海、北京、苏州、南昌等东部、中部地区考察学习，借鉴对方推进教育现代化的思路与举措。三是自主研究。与中等发达国家和国内发达地区的教育主要指标比照分析，探寻青羊教育现代化的路径，谋划好青羊教育的未来。

2. 厘清思路，制定方略

通过比较研究和实事求是的综合分析，区委、区政府制定《深化城乡统筹，推进教育现代化纲要》，形成了一整套推进青羊教育现代化的核心理念和战略战术。

（1）确定了一个目标

这一目标就是到2010年，率先基本实现区域教育现代化；到2013年，进一步提高青羊区教育现代化水平，并在中西部保持领先。

（2）确立了核心思想

核心思想即“做精、做亮、做强”。做精，就是做精现代管理，突出规划先行，项目跟进；做亮，就是做亮学校文化，呈现百花齐放，万紫千红；做强，就是做强教育品牌，筑造质量高地，首善之区。

（3）制定了四大战略

四大战略即深层次的均衡发展战略、长期性的内涵发展战略、多样化的特色发展战略、全方位的协调发展战略。

（4）实施了九大工程

九大工程即创新人才队伍建设工程、教育信息化建设工程、现代学校制度建设工程、素质教育区域推进工程、学校特色发展工程、教育国际化工程、区域教育集团发展工程、终身教育工程、区域教育质量监测体系工程。

3. 院区共建，综合改革

2009 年 4 月，青羊区政府与中国教科院签订共建教育综合改革实验区协议，提出“城乡统筹，质量领先，率先基本实现区域教育现代化”的目标。青羊区的优质教育资源和中国教科院的高端科研机构互为依托，并与杭州下城区、大连开发区、深圳南山区、宁波鄞州区建立了联席会议机制、师资互访互派机制、信息资源共建共享机制，综合推进区域改革，全面提升教育现代化水平。中国教科院派出三到四位专家常驻青羊，帮助青羊实验区推进教育现代化发展。

（三）体制创新，争创一流阶段（2009. 7—　）

中国教科院青羊实验区成立后，在深入实施教育现代化既定方略的过程中，青羊区始终坚持“政府搭台、部门联动、教育唱戏”的十二字方针，引领区域教育现代化不断迈向更高水平。

1. 政府搭台，创造教育发展的良好环境

（1）高度重视，健全组织

青羊区委、区政府非常重视教育现代化事业，常委、常务会议经常研究教育发展中面临的困难和问题，及时排忧解难；“四大班子”主要领导经常深入学校调查研究，现场办公。区委书记多次接受《成都日报》等媒体采访，对青羊教育现代化的系列问题做见解独到的分析和阐述。青羊实验区还成立了以区长为组长，教育、财政、人事、发改、规划、建设等各部门一把手为成员的教育现代化工作领导小组。

（2）加大投入，保障有力

青羊实验区严格执行国家有关法律法规，完善教育投入的优先增长机制。2008、2009 年，全区教育总投入分别为 4.48 亿元、5.88 亿元，教育财政拨款比上一年分别增长 18.70% 和 65.21%，远远高于当年财政经常性收入的增长比例。2008、2009 年，全区生均公用经费分别年比上年增长 0.22% 和 1.75%。2009 年，青羊区全面实施教师绩效工资改革，确保了教师平均工资水平不低于本区公务员平均工资水平。

（3）优化结构，统筹兼顾

根据党的十七大提出的“构建终身教育体系，形成全面学习、终身学习的学习型社会”的总体要求，积极实现“五教统筹”，学前教育、职业教育、社区教育和义务教育、普通中学教育协调发展，共同构成了无缝隙的终身教育体系。一是学前教育方面，青羊实验区目前共有公办幼儿园 14 所，其中 10 所为一级幼儿园，7 所为省级示范园。3—5 岁在园幼儿人数为 16077 人，学前教育基本实现了满覆盖。二是职业教育方面，发展经费、基建投入、设施设备、师资培训的费用逐年递增；青苏职业中专学校先后与新加坡理工大学、新加坡物流管理学院等正式签署合作办学协议，“毕业即就业”，呈现良好的发展势头。三是社区教育方面，政府每年单列社区教育经费70万—80万元，坚持依托区、街、居三级网络，初步形成了集区域高等教育，成教职教为一体的新型超市化大教育模式。2008年，青羊区被教育部评为“全国社区教育示范区”。

2. 部门联动，形成高效协作的工作局面

（1）建立联动机制

青羊区委、区政府颁发了《深化城乡统筹，推进教育现代化的实施意见》。明确了相关部门的任务分工。目标督促办公室、发改局、财政局、人事局、公安局等12个部门明晰了各自在推进教育现代化中的责权。组织上形成了领导小组指导下的齐抓共推机制；制度上形成定期的联席会议机制；督导上形成了阶段评估、奖惩挂钩的考评机制，充分调动了各部门的积极主动性，形成了教育工作的“大合唱”。

（2）共推教育发展

青羊实验区各部门从自身职能出发，主动服务教育现代化建设。目督办就教育现代化的各项工作下达专项目标，对各部门的完成情况进行督查和考核；发改部门将教育现代化建设纳入《国民经济和社会发展计划》大力推进；财政部门充分保障教育经费投入，2009年，仅校舍维修和设备购置投入就达9693万元；人事部门积极解决教师编制等难题，近三年内支持教育系统引进部属院校优秀大学生和全国各地骨干教师450人；规划部门将学校布局调整和配套学校建设纳入整个城市建设统筹考虑，确保“住宅小区建到哪里，教育服务设施就提供到那里”。新配套的成都市实验小学西区

分校、泡桐树小学绿舟校区、青羊实验中学品质校区等在硬件建设上达到了很高的水准；2010 年，青羊区有金沙中学、新清波小学（即金沙小学清波分校）、新红碾小学（即成都市实验小学明道分校）等多所学校正式投入使用。

（3）实现资源共享

一是青羊区教育局与疾控中心共建“学生体质健康网络监测平台”，及时跟踪学生病患信息，逐步实现疾病防控科学化、常态化；二是教育局与卫生局、残联、特教中心、共建“学生心理健康网络关护平台”，对学生心理状况实施全程关注，通过多种举措逐步达到“心理健康服务满覆盖”；三是公安局实行“一校一警”和校园“天网满覆盖”工程，并加强校门治安巡逻；四是杜甫草堂、金沙遗址、省博物馆、十二桥烈士遗址公园等区内多个文化旅游资源都是中小学生的课外实践基地。

3. 教育唱戏，促进全体师生全面发展

通过扎实推进“四大战略”、“九大工程”，青羊区教育现代化事业取得了显著的阶段性成效，呈现出专业化、均衡化、信息化、优质化、国际化、标准化六大特征。

（1）坚持“人才决胜”的理念，推进队伍专业化发展

一是“成长机制”提升教师专业水平，制订《人才队伍建设五年发展规划》，量身制订人才发展计划，通过“三大计划”：助跑新人计划、全员提升计划、名师发展计划，实现教师的入格、合格与升格；二是“考评机制”实现教师优胜劣汰。实行全员聘任制和区管校用制度，健全评价制度，对考评不合格的教师实行缓聘、低聘、解聘，打破教师专业技术职务终身制；三是“研修机制”助推高位发展。创办现代校长培训班，组建骨干教研员、教研组长、

班主任培训班，并先后组织干部、教师400余名，赴清华大学、北京师范大学、华东师范大学等高等学府及名优中小学参加教育培训。青羊区干部和教师两支队伍的核心竞争力得到持续增长。

▲ 青羊区骨干教师参加清华大学高级研修班

目前，青羊实验区有高级教师571人，占总数的14.2%，小学、初中、高中教师本科率分别为74%、88%和90.6%；全区有各级骨干教师1050人，占总数的28%，有陆枋、张伟等10余位校长获得全国优秀校长、成都市特级校长等荣誉称号。

（2）实施名校集团办学，加速教育均衡化发展

一是建立长效激励机制。制定《教育集团发展实施方案》，成立泡桐树小学等四个名校集团，对集团核心学校每年划拨10万—20万元的专项经费，对派到三环外、区外、市外的教师分别给予150元、600元、1200元补贴。同时，集团本校增加相应的干部职数和教师编制，并妥善解决好派出教师的子女入托、入学问题。二是建立了“四同三共享”机制。集团内部共同科研、共同教研、共同开发校本课程、共同开展实践活动，共享前沿信息、共享教育资

源、共享发展成果。三是首创中小学衔接教育集团。以省级重点学校成飞中学为龙头，成飞小学、清波小学、岳家桥小学、苏坡小学等为成员，以便更好地解决中小衔接问题，此举得到了勇林副市长的高度评价。集团发展的办学模式迅速丰富和扩充了优质教育资源，青羊教育迈向高位均衡。

（3）提升师生信息化素养，实现教育信息化满覆盖

一是优化信息建设高速快铁，实现了“校校通、班班通、堂堂用”；学校校园网建设比例达到1∶1，网络覆盖到全区所有班级；多媒体教学系统班级覆盖率达到1.6∶1；师机比达到1.2∶1；生机比达到10.5∶1；建成了基于教育城域网的远程视频会议系统。二是首创具有五大功能的“网络视频信息采集中心”，集教学观摩、远程互动、数字课堂、在线评估、资源共享功能于一体；三是对干部、教师进行全员信息化培训，并建立中小学精品课资源库等重大项目，信息技术与学校管理、课堂教学、家校互动的有机整合。

（4）深入推进素质教育，促进教育优质化发展

一是深化课堂改革。根据新课程改革理念，构建“生态化、活动化、特色化”、轻负优质的现代课堂，义务教育阶段的教学质量不断提升，高考成绩大幅上升，受到了市教育局的表彰。二是推进“2+1+1”计划。在功能室、师资、时间上予以保障，让每个孩子都通过义务教育阶段的学习，至少掌握2项体育运动技能、1项艺术特长和一定的生活技能，全面提升学生综合素质。三是推进“十、百、千”计划。让学生“熟读十部经典名篇，背诵百首诗词歌赋，知晓千个成语故事”，并与生活实际相结合，做到“日明一礼、日正一行、日学一语、日行一善”。四是强化心理健康教育。以“心理教师讲师团”为核心，构建专业化的教师队伍；以“学

生心理电子身份证”为载体，建立畅通的家校互动平台；以课程建设为主渠道，保障学生心灵关护的落实。通过以上措施，素质教育真正落到实处，促进全体学生全面发展。

（5）积极拓展合作渠道，促进教育国际化发展

一是整体推进。制订《教育国际化发展五年规划》，明确国际教育合作的实施策略，加强专业人员的培训力度，整体推进教育国际化发展，培养具有全球眼光的世界公民。二是学校跟进。近几年，青羊区有60%的学校参与了对外交流与合作，并建立了16对国际友好学校合作关系，参与国际教育交流互动90余次、3900人次，涉及美、英、德、日、瑞士、新加坡及中国的港、澳、台等多个国家和地区。三是高端引领。以青羊区和新加坡中小学为主体的“中国四川—新加坡中小学校长论坛”先后两次成功召开，该论坛已成为青羊教育与世界教育的窗口和纽带。

（6）构建科学的评价体系，助推教育标准化发展

一是创新第三方评价机制。青羊区探索“管、办、评”分立模式，委托社会中介教育评估机构——“成都西部教育评估事务所”，对“新教师素质达标认证”等工作进行评估。二是建立现代学校评价标准。在对全国、全省市教育综合研究的基础上，青羊实验区建立了阶段性的现代化学校水平评估达标体系，引领全区学校不断向更高的标杆靠拢；三是启动现代学校评估考核。2010年6月，青羊实验区启动了现代学校达标评估工作。目前，已对全区中小学进行了现代化达标评估，全区83%的学校顺利通过验收。四是实施网上动态监测。建立了“学校网上年度绩效评估管理系统”，由学校自主、及时填报各项指标，教育局各科室实时反馈情况，政府督导室可以随时监测各学校各项指标的发展过程和发展水平。

第二节　青羊实验区教育现代化的战略选择

中国教科院青羊实验区成立以后，在“城乡统筹、质量领先，率先基本实现教育现代化”的战略目标下，青羊区明确了“走向何方”的问题，而接下来，摆在区域教育综合改革者面前的便是“如何走”的问题。青羊实验区充分依靠中国教科院专家的科研引领，按照教育现代化的理念和要求，通过区域和学校层面的教育发展规划实现了区域教育发展的顶层设计，通过国家级和省市级课题的科研引导实现了区域教育的科学发展，通过中国教科院实验区之间的区际联动实现区域教育发展的经验共享，通过青羊区教育改革重大项目的有序推进实现了区域教育发展的优质均衡。青羊实验区围绕战略目标做出的战略选择，有力地推进了区域教育综合改革的深入开展。

一、顶层设计，总揽区域教育发展全局

2009 年以来，在成都市委、市政府推进城乡统筹和成都教育均衡发展取得显著成效的背景之下。青羊区紧紧围绕“做精、做亮、做强，在中西部地区率先基本实现教育现代化”的战略目标，切实推进教育改革发展的各项工作。

（一）政府主导，部门联动

2009 年 6 月，青羊区人民政府与中国教科院签订共建教育综合改革实验区协议，以“城乡统筹、质量领先”为发展主题，整体推

进青羊教育事业发展。成立了由区长任组长，教育、财政、人事、发改等各部门一把手为成员的工作领导小组，确立了“政府主导、部门联动、教育推进、社会参与”的方针，各部门从自身职能出发，为教育改革发展提供鼎力支持。

（二）院区共建，科学规划

青羊实验区依托中国教科院的优质资源，将教育改革发展与实验区工作整合为一，整体推进，确定了青羊教育发展的“做精、做亮、做强”的指导思想，“均衡、现代、为民”的核心理念，以及“四大战略”、“九大工程”的实施策略。

2011年，根据《国家中长期教育改革与发展规划纲要(2010—2020年)》精神，并结合青羊实际情况，在中国教科院和青羊区委、区政府领导的高度重视和大力支持下，研究形成了《青羊教育规划》，于5月以成青委发〔2011〕15号文件下发，文件作为指导青羊教育改革与发展的行动指南，是统领教育工作的纲领性文件，将对青羊教育事业的科学发展起到重要的推动作用。

同时，青羊实验区于2011年启动了学校五年发展规划的制订和评审活动，中国教科院专家深入青羊区中小学，帮助学校深入发掘学校的文化传统，凝炼学校的发展理念，设计学校的发展思路，制定学校的发展项目，并在2011年年底组织中国教科院专家成立学校发展规划评审委员会，全区中小学校长分别进行了学校发展规划的答辩。学校五年发展规划制订和评审活动，使青羊区教育的顶层设计和科学谋划深入到具体的学校层面，实现了教育现代化理念在各个层面的渗透和整合。

二、依托科研，推进区域教育科学发展

近年来，青羊实验区遵循“强区必先强教，强教必兴科研”的发展思路，把教育科研置于区域教育发展的重要位置上，深入转变教育发展方式，依托课题研究深入推进区域教育综合改革。

（一）统领全局，引领改革

青羊实验区在推进区域教育现代化的过程中发现，当前围绕西部地区教育现代化、特别是西部县级区域教育现代化的研究仍然比较匮乏，理论研究和实践探索相脱节，难以满足教育现代化进程的现实需要。在此种背景下，2010 年，青羊区人民政府承担的“我国西部县级区域教育现代化行动研究”成为全国教育科学“十一五”规划的国家一般课题。这项行动研究旨在探索符合西部地区教育发展实际的区域教育体系，构建新型的现代学校制度，依据区域教育现代化的内涵、特征和核心要素，从教育质量和教育公平等方面推进区域教育内涵发展，为区县教育行政部门提供可资借鉴的发展模式。这项国家级课题在子课题设计上也凸显了青羊实验区推进教育现代化的重大项目，分别从制度建设、人才队伍、课堂教学、均衡发展、学校特色、教育体系和质量监测等方面开展行动研究。课题立项以来，围绕区域教育现代化进程中出现的问题，青羊实验区不断进行深刻反思，不断提炼发展模式，为区域各项教育改革提供了强大的智力支持。

（二）重点突破，先行先试

1. 探索新型政校关系

青羊实验区从 2003 年起便以课题为依托，开展建立新型政校

关系、推进学校民主管理等方面的研究工作。2005 年 6 月，青羊区在全国率先首创“校长公推直选”，由学校民主管理委员会直接选举产生校长，推出了全国第一位公推直选校长。2007 年，青羊区将“公推直选”校长作为制度正式列入干部培养选拔的常态机制。2008 年，由青羊区政府为主研单位，区长谢强任组长的“现代学校制度建设的实践研究——公办中小学民主管理委员会建设实验”被确定为全国教育科学规划“十一五”课题。此后，在科研的引领下，青羊区不断深化现代学校制度的实践和探索。2008 年 2 月，青羊区又以成飞小学为试点，通过民主管理委员会逐步建立起学生、家长、社区群众对学校的测评机制，改变了政府评价学校的单一模式。2011 年，青羊区又在民主管理委员会的基础上，探索建立学校管理委员会，进一步发挥教师、学生、家长和社区代表在学校民主管理中的作用。2011 年，青羊区承担的“现代学校制度建设的实践研究”课题获得了第四届全国教育科学研究优秀成果二等奖。

2. 探索和谐家校关系

现代教育是开放的教育，在区域整体推进教育现代化的过程中，泡桐树小学在 2003 年就提出了“和谐教育，自主发展，成人成才”的办学理念，并着手探索创建教师、学生、家长三方和谐互动的教育场。泡桐树小学在构建新型家校关系的过程中，依托“师生家长三方和谐互动教育场探索”的课题研究，追求“为每一个孩子提供适合的和谐教育”，转变传统的“家校单育”为“家校共育”，逐步构建起“师生家长三方和谐互动的教育场”。经过六年的探索，泡桐树小学在“家校互动”、“家校沟通”的方式上进行了大量创新，进行了 260 余次的班级家长讲坛、160 余次的周末亲子活动等，使家校之间逐渐形成了一个潜藏着巨大能量的和谐教育

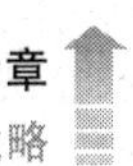

场。2011 年，泡桐树小学主要研究的“师生家长三方和谐互动教育场探索”获得了第四届全国教育科学研究优秀成果三等奖。

3. 探索现代课堂教学

教育现代化的目的是人的现代化，而实现人的现代化又需要依靠现代化的课堂教学。青羊实验区在推进区域教育现代化的过程中，牢牢抓住课堂教学这一主阵地，在全区层面依托全国教育科学“十一五”规划课题“区域构建现代课堂的实践研究”推进现代课堂建设。在课题的引领下，青羊实验区总结提炼出以“以人为本、科学高效、可持续发展”为特征的现代课堂理念，并在全区中小学中逐步构建起“活动化、生态化、特色化”的课堂教学模式，使全区中小学课堂教学发生了深刻的转变。

三、搭建平台，深化区际教育联动机制

成都青羊实验区作为中国教科院在全国成立的六个教育综合改革实验区之一，近几年充分利用中国教科院搭建的平台，加强实验区之间的区际联动，交流和分享区域推进教育现代化方面的改革经验。

（一）整体联动，分享经验

从 2009 年开始，为深入探索实验区教育综合改革的模式，加强不同区域之间的学习和交流，中国教科院建立了每年一次的实验区联席会议制度。从 2009 年的杭州下城到 2010 年的成都青羊，再到 2011 年大连金州新区，每届实验区联席会都极大地促进了实验区之间的整体联动。在实验区联席会议上，各个实验区的领导和专家分别汇报了区域推进教育综合改革的思考、策略和成效，并就共

同关心的问题进行充分的交流。中国教科院的领导和专家也极为重视实验区联席会议，充分利用每次会议帮助各个实验区准确把握区域教育综合改革的重点和难点问题，并通过专业的视角加强对实验区工作的科研引领。思想的碰撞和观念的交流有效地促进了区域教育综合改革，改革创新的联盟和网络也为各个实验区解决区域教育发展过程中的问题提供了支持。在每届实验区联席会议上，青羊区都派出了行政人员、科研人员和校长教师代表参加，充分学习兄弟实验区在推进教育现代化和其他教育改革方面的成功经验，并聆听中国教科院领导和专家对区域教育改革发展的专业指导，充分发挥科研引领的作用。

（二）双边互动，深化合作

充分利用中国教科院搭建的平台，加强实验区之间的双边互动是近几年中国教科院教育综合改革实验区发展的一种趋势。青羊实验区围绕区域推进教育现代化进程中的重大项目，在人才队伍建设、教育国际化和区域教育现代化发展经验方面加强了与兄弟实验区的双边互动，深化了区际联动机制。

1. 教育现代化经验交流

在区域推进教育现代化方面，东、西部地区具有不同的模式和路径。为深入学习和交流区域教育现代化的经验，2012 年 4 月，青羊区教育局领导和实验区专家组参加了宁波北仑区举行的教育现代化经验交流会。在大会上，青羊实验区结合自身实际，介绍了西部县级区域推进教育现代化的实践和探索，并与其他实验区就教育现代化进程中的重大问题进行了充分的交流。从区域层面展开双边和多边互动，可以及时学习和借鉴有效的改革模式，加快推进自身的教育现代化进程。

2. 教育人才队伍交流

区域推进教育现代化的关键在人才。为提升中小学干部教师的综合素质，2009 年以来，青羊区充分利用中国教科院提供的平台，选派多名中小学校长和教师赴杭州下城区挂职锻炼，深入学习杭州下城区在推进教育现代化方面的经验和做法，深刻转变自身的教育观念，推动青羊区中小学课堂教学和学校管理的变革。2012 年 3 月，宁波市北仑区派出 10 位名优校长和教师赴青羊区中小学挂职锻炼，学习青羊区的教育发展经验。实验区之间的双边互动为区域教育人才队伍建设提供了丰富的资源和有效的途径。

3. 现代课堂建设交流

区域推进教育现代化的核心在课堂教学。为深入学习兄弟实验区课堂教学的成功经验，深刻转变自身课堂教学方式，在青羊区的积极倡议和精心筹备下，2012 年 5 月，中国教科院教育综合改革实验区高质量课堂教学展示与研讨会在青羊区召开，各个实验区的教师代表在语文、数学和英语三门学科上同台竞技、相互交流，各个实验区的教研员代表针对每节公开课及时点评、正确引导。青羊区中小学教师积极参与听课、评课和议课，交流和分享兄弟实验区教师和教研员的课堂教学理念和做法。关注课堂教学的区际交流，极大地促进了青羊区的现代课堂建设。

四、项目推进，确保区域教育优质均衡发展

2009 年以来，在青羊区委、区政府的正确领导和大力支持下，青羊区聚焦教育公平，不断破解均衡发展中的难题，通过扎实推进“四大战略”、“九大工程”，教育事业保持又好又快发展，使人民

群众从中得到实惠，教育现代化事业取得了阶段性成效。

（一）城乡统筹，大力改善涉农学校的办学条件

坚持“城乡统筹、质量领先”的工作思路，坚持“三个统筹”：即统筹城乡学校硬件建设，统筹教师队伍建设，统筹教育教学管理。实现了“三个满覆盖”：即标准化建设满覆盖，优秀师资满覆盖，特色发展满覆盖。

近几年，新建和灾后重建学校 10 所，改造教学用房 39.8 万平方米，投入教学设备 1.4 亿元，完成改造加固校舍建筑面积 35785 平方米，建筑面积完成率 100%，完成投资 4567.64 万元，资金完成率 100%，全区学校办学条件和校舍安全进一步改善。三年来，建成公建配套学校 6 所，启动了 7 所幼儿园、中小学校的建设，进一步促进了全区义务教育的均衡发展。

（二）人才决胜，不断提升队伍专业化水平

“以人为本，人才决胜”是青羊教育抓质量、谋发展的核心理念。因而，加强领军人才队伍建设，优化教师队伍结构显得十分重要。一是制定《人才队伍建设五年发展规划》《青羊区教师发展标准》《教师廉政工作标准》，建立“青羊教学名师后备人才库”，实现“三四一一”联动管理，即国家、地方和学校三级管理，为 4000 名教师定制培训计划，选拔 1000 名骨干教师入库定向培养，助推 100 名新教师合格认证。二是通过推进“三大工程”、“珠峰、成长、磐石、源泉”四大计划构架干部教师队伍梯队培训模式，目前青羊区拥有省级专家 50 余人，市级名师 500 余人，区级骨干教师 1000 余人，有 10 余位校长获得全国教育创新杰出校长、成都市特级校长等荣誉称号。三是继前期百名硕士班成功举办之后，继续出台政策鼓励教师取得更高学历，规定凡是取得硕士、博士学位的

将给予一次性奖励。四是推行校长职级制，打通能上能下的通道，全面提高校长的专业化水平。

（三）集团发展，扩大优质教育资源覆盖面

青羊教育在实践中体会到，教育环境、教育资源的差异是影响教育均衡的主要因素，因此，青羊区通过机制创新、制度创新、观念创新，迅速推进优质教育资源向新建校、薄弱校、新工业园区扩展。一是建立八大教育集团，以龙头学校带动成员学校发展。集团涵盖了27所学校，其中三环路以外的学校11所，集团学生数占全区义务教育学生总数的67.6%。二是建立灵活的集团人才管理机制，扩大核心学校调动、引进和选任教师的自主权。龙头学校先后派出100余名干部和骨干教师到成员学校任职任教，并对成员学校的教师开展了全员培训。三是建立激励机制，对校长每年划拨20万元的专项工作经费，对支教教师给予每月600—1200元的补贴，并享受评优晋级优先权利。

（四）狠抓质量，努力提升素质教育水平

聚精会神抓质量，一心一意谋发展，夯实优质教育基础，办好城乡人民满意的教育，这是青羊教育各项工作的指导思想，也是推进区域教育高位均衡的目标。一是保障学生身体健康，通过“体育锻炼一小时”、“未成年人自我保护100招”等，提高学生的身体素质和意外事故防范、处理能力。二是保障学生心理健康，配备专业心理教师150名，100%的班主任取得了“心理辅导员C级资格证书”。三是大力推进“2+1+1”项目，保证每个学生通过义务教育阶段的学习，获得两项艺术特长、一项体育特长和一定的生活技能，此项目荣获第二届全国教育改革创新奖。青羊三节——科技节、艺术节、体育节，每年一节循环举行。四是构建“低负优质”

的现代课堂，提高学生的创新能力、实践能力和领导能力。2009—2011 年，全面完成各项年度事业计划，全区初中毕业生升入高中阶段比例为 100%，超过 98% 的工作目标；高等教育毛入学率（高中阶段升学率）为 99%，大大超过 45% 的目标；普通高中教育教学质量逐年稳步提升，学校办学水平不断提升，已连续三年受到市教育局的表彰奖励。五是制定《加强青羊区家长委员会建设实施意见》，建立家校共育区级联席制和学校管理委员会，组织开展形式多样的家校共育活动。研究课题“师生家长三方和谐互动教育场探索”获得第四届全国教育科学研究优秀成果奖。

▲ 2012 年“艺‘述’青羊”学生艺术作品展中树德实验中学展区

（五）文化育人，倾力打造学校办学品质

青羊区以建设学校文化作为打造特色的突破口，深刻挖掘学校和社区文化内涵，整体提升全区学校品质和办学水平，促进学校特色发展，错位竞争，最终实现青羊区的学校没有好差之分，只有远近之别。青羊区始终坚持“一校一品，一校一景”的学校特色发展理念。一是整体谋划，全面推进。制订“学校五年发展规划”，确立学校文

化发展内核，让每一所学校各具形态。打造出一批环境优美、品质优良的新建学校，如泡桐树小学绿舟分校、成都市实验小学明道分校、成都市实验小学西区分校等，形成西三环名校珍珠链。二是重点打造，凸显特色。青羊以学校“特色发展项目”为抓手，在形成了成都市实验小学“雅文化”、泡桐树小学“和谐文化”、草堂小学“诗歌文化”、东城根街小学“巴金文化”的基础上，全区 51 所学校都逐渐呈现出各具特色的学校文化特征。三是蓄势而上，深入推进。青羊将从观念建构到内涵发展，从形象塑造到个性化办学，从文化认知到文化建构，逐步将学校引向更加科学化、规范化、个性化的发展之路。

（六）技术革新，构建便捷通畅的信息化桥梁

教育信息化是教育现代化的必然选择。通过教育信息化建设，逐步实现教育管理的数字化、人才培训的网络化、教学手段的现代化，不断改革课堂教学模式，提高教育教学效益，构建起具有青羊特色的终身学习体系，培养适应信息化社会需要的建设者和接班人。一是实现信息技术装备全覆盖，全区师机比达到 1∶1，生机比达到 10∶1，多媒体教学系统班级覆盖率达到 1. 3∶1。二是组织教师的信息技术全员培训，通过“校校通、班班通、堂堂用”，实现信息技术与课堂教学的整合，优化了课堂教学结构，提高了课堂教学效率。三是建立精品课程资源库，区教育资源库平台完成 23 万件名优教师课堂教学视频的收录，覆盖到基础教育的每个年段和每个学科。四是通过集教学观摩、远程互动、资源共享等五大功能于一体的“网络视频信息采集中心”，实现了“研教同步、全员参与、资源放大、深度引领”，促进了校际的资源共享和师生互动。

（七）跨区互动，求解教育区际均衡互惠之路

在实现“三个满覆盖”之后，青羊区牢固树立“全域成都”

的理念，在破解区内城乡教育二元结构，实现校际教育均衡的同时，将区域优质教育资源向成都市第三圈层辐射，着力解决县域之间教育发展不平衡的矛盾。一是建立伙伴关系。青羊区与蒲江县、彭州市、甘孜州得荣县紧密携手，确立长期性的“全面合作伙伴关系”，共同推进区域教育深度均衡发展。青羊区优质学校与蒲江县、彭州市学校结对，并逐年扩大优质教育资源辐射范围；在每年派出教师支教的同时，还按期向得荣县划拨120万元的专项援助经费。二是深化运作机制。全区先后派出多位名校校长到蒲江县、彭州市挂职和讲学，蒲江县先后选派了17名学校干部到青羊挂职锻炼，并组织干部和名师到青羊交流学习920人次，通过教育专家讲座、研讨等形式，惠及三地干部、教师5000余人次；青羊、蒲江两地教育局还共同制订了《“青蒲教育互动”干部教师五年培训规划(2007—2011)》。三是创新融合模式。确定了以“名校领办、梯次发展”为主轴的合作策略，以及“心手相连，融合发展”的交流互动模式，全区由成都市实验小学、泡桐树小学、草堂小学、金沙小学、石室联合中学、树德实验中学等结对蒲江、彭州两地学校，让名校的管理经验、学校文化、人才资源等全面、深入地服务于三地教育的发展。三地学校多次开展“手拉手”活动，共有近万名中小学生参加此类活动，这进一步开阔了学生的视野，陶冶了情操，增长了智慧。

（八）普特融合，关注特殊儿童的成人成才

在促进地区之间、校际之间教育均衡发展的同时，青羊区还非常关注特殊儿童发展。每年补助10万元作为特殊教育工作专项经费，按2倍于小学的标准向青羊区特殊教育中心划拨生均公用经费，按月划拨特殊教育教师的岗位补助津贴，切实保障教育教学设施配备。青羊特殊教育事业也稳步发展，不断壮大，形成了“以随班就读为主体，以特殊教育中心为骨干”的办学格局；区特奥选手参加世界特奥会和全国特奥会共取得 21 金、20 银、19 铜的优异成绩，青羊区被国家体育总局、中国残疾人联合会联合表彰为“全国特奥工作先进单位”。

▲ 青羊区特殊教育中心师生受邀参加国际特奥东亚区运动员领袖大学暨家庭论坛

（九）全域开放，助推教育充分国际化发展

加强教育的地区合作和国际交流，既是青羊教育全域开放的重要理念，也是青羊区深入推进城乡统筹，不断提高教育现代化水平的现实需要。依据“多元融合、内涵发展”的基本理念，青羊区制订了《成都市青羊区教育国际化发展五年规划（2009—2013 年）》，培养具有全球眼光的世界公民。一是交流趋于密切。近几年，全区校级干部 100% 参加境外培训，师生 2165 人次出境学习，共接待英国、美国、澳大利亚、日本、新加坡等国师生 2616 人次来访，接受 258 名境外学生入学。二是合作趋于广泛。青羊区有 60% 的学校参与了对外交流与合作，分别与英国、美国、日本、瑞士、新加坡、中国香港、中国台湾等28个国家和地区建立了友好合作关系。三是项目趋于成熟。全区中小学与来自英国、新加坡、美国、瑞士等国家的多个学校进行课程共建项目，涉及科学、音乐、美术、数学、体育、英语、思想品德等多个学科。

（十）质量监测，找准问题有效促进动态均衡

青羊实验区持续加强区域教育质量监测，积极创新学校办学绩效评估办法，一是成立教育质量监测中心，建立了区域教育质量监测领导组织机构，组建了以中国教科院青羊实验区专家组、青羊区教育局等相关组织和专家为核心的专家调研团队，分别从学生综合素质、学校办学绩效、区域教育质量三个层面推进，旨在促进学校、教师、学生全面发展。二是构建基于增值评价理念的“网上学校绩效评估体系”，该体系呈现出六大特点：即随时入校，了解常态；及时指导，把握动态；过程评价，扣准实态；网上操作，奖惩有据；即时反馈，过程激励；一视同仁，均衡指导。三是创建学业水平诊断督导试点区，在全市首家引进中国教育学会学业水平诊断督导项目，对教师教法和学生的学习品质进行个体诊断督导，优化教师的教法和改进学生的学法。四是进行“青羊区学校教育现代化发展水平评估”，引进第三方评估，聘请国内、省内知名专家以及校长、社区代表和家长共同对学校的发展展开了集中诊断。

教育公平与优质是教育现代化的重要价值追求，推进义务教育均衡、优质发展是一项长期的系统工程，青羊区在“院区共建、科研引领”的工作方针下，以“实现义务教育深度均衡”为奋斗目标，加大投入力度，优化资源配置，全方位、多角度、多层面地推进义务教育深层次均衡发展，积极开创青羊区教育均衡发展、优质发展、领先发展的新局面。

第三节　青羊实验区教育现代化的发展成就

近年来，青羊实验区以“办人民满意的教育”为根本宗旨，切实践行科学发展观，从构建和谐均衡教育出发，统筹城乡教育发展，深化教育改革，全面贯彻教育方针，全面实施素质教育，扎实推进教育现代化，各类教育取得长足发展，教育质量得到明显提高。

一、教育优先发展地位得到确保

（一）教育经费投入水平逐年提高

近几年，青羊实验区财政切实保证了教育经费的“三个增长”。2009 年与 2008 年相比，区财政对教育拨款的增长率为 65.21%，区财政经常性收入的增长率为 19.49%，区财政对教育拨款高于区财政经常性收入的增长；落实国家教师绩效工资政策，保证教师工资的逐步增长，2009 年比 2008 年教师人均工资增长比率为 72.51%；生均公用经费 2009 年比 2008 年提高 0.13%。

根据教师工资发放总量及教师人数，2009 年，青羊实验区在编教师人均收入为 56497 元，而全区公务员人均收入为 55125 元，教师人均年收入高于公务员人均年收入。2009 年，青羊实验区预算内生均教育事业费：小学 5242.66 元，初中 5977.46 元，高中 6910.12 元，职业高中 7704.14 元。2009 年，青羊实验区预算内生均公用经费：小学 510.29 元，初中 923.7 元，高中 1002.17 元，职业高中1370.41元。

（二）教师队伍专业水平不断提升

青羊实验区各类学校生师比均已达到《教育部关于贯彻〈关于制定中小学教职工编制标准的意见〉的实施意见》的标准。高中师生比为1∶11.7；初中师生比为1∶13.4；小学师生比为1∶18.7；职业中学师生比为1∶17.8。

青羊实验区高度重视学校干部队伍建设，不断提升校长专业化水平。目前青羊区拥有成都市特级校长6名，有10余位校长获得全国教育创新杰出校长等荣誉称号。中学校长本科及以上学历者达100%，高级职称者达86%；小学校长本科及以上学历者达100%，中级及以上职称者达100%。学校班子配备结构合理，符合任职要求；通过参加成都市千名校长大练兵、举办中国教科院专家青羊讲坛、创办现代教师发展学校、组织干部赴清华大学和华东师范大学以及西安、香港等地参加高端培训等途径，不断提高干部综合素质，强化干部队伍的核心竞争力。

近几年，青羊实验区教师专业化水平不断提升，均达到或超过规定标准。高中教师本科及以上学历者的比率为90.6%，其中研究生学历者的比率为5%；初中本科及以上学历者的比率为88%；小学专科及以上学历者的比率为97%。自2004年起，青羊区新进教师均达到本科及以上学历标准。成都市青苏职业中专学校为青羊区唯一一所公办职业中学，该校在职教职工57人，目前已取得教师资格证书和其他专业资格证书的人数为26人，正在接受相关部门报批的为“双师型”教师4人。目前，青羊区具备“双师型”教师资格的人数为30人，比例达到53%。

青羊实验区高度重视全区教师培训，培训工作特色突出，保障

到位，效果明显。通过积极参加市级骨干教师培训、举办青羊名师讲坛、名师上网络示范课以及校本研修等培训途经的实施，切实保证了教师100个学时的培训时间，其中校本研修占50%以上。2009年区财政安排全区教师培训经费326万元，相当于教师工资支出的1.6%，切实保证了教师年度培训任务的圆满完成。

（三）教育体系完备程度不断改进

青羊实验区的教育体系比较合理，满足了区域内国民教育的需要。青羊区共设14个街道办事处，分布有91所各级各类幼儿园。全区幼儿园规划布局合理，不同类别、规模的幼儿园基本满足了适龄幼儿及家长的学前教育需求。小学35所，中学14所，特殊教育中心1个。近几年，青羊区的初、高中结构布局得到进一步调整，并不断扩大优质资源，2009年，高中阶段普及率达100%，普职比例为6.8∶3.2。青羊区为教育部首批命名的“全国社区教育示范区”。早在20世纪90年代，就成立了青羊区社区教育委员会；先后制定了《关于进一步深化和发展青羊区社区教育工作的意见》《成都市青羊区社区教育活动经费的筹集管理办法》和《社教专干岗位职责》等规范性文件；建立了区、街、居三级指导成人和社区教育工作的组织机构——社区学院、社区学校、社区教育工作站；坚持开展一年一度的“青羊学习月”、“全民终身学习活动周”和“学习型组织创建”等社区教育活动；坚持依托区、街、居三级网络，大力开展学历教育、非学历教育、非正式教育，初步形成了集区域高等教育，成教职教为一体的新型超市化大教育模式，为青羊区终身教育体系的构建和学习型城区的建设做出了积极的贡献。

（四）教育信息化水平大幅提升

青羊实验区高度重视学校教育信息化建设。2009年，完成所有学校标准校园网建设，并统一接入成都市教育城域网，校园网普及率和互联网接入率均为100%（当时还在建设中、于2010年投入使用的金沙中学、新清波小学、新红碾小学在信息技术配套建设上均以高标准规划设计，建成后完全符合网络环境的建设标准）；区内各高中、初中、小学的计算机教室完全按照省市标准投建；根据10∶1的高中生机比要求和12∶1的初中、小学标准，青羊区各中小学已基本达到或超过规定标准（现已启动了相应的建设采购项目，已由政府采购服务中心进行公开招标，项目实施完毕后，所有学校生机比将达到或超过配备要求）；所有学校师机比已达到3∶1的配备要求，目前青羊区正在逐步替换老旧设备，以不断满足教师使用的需求；多媒体到班率基本达到4∶1的配备要求，并不断通过启动项目采购，使多媒体到班工作得到进一步完善。

青羊实验区各中小学均按照课时标准开足信息技术课程；2009年，启动了信息技术的全员达标式培训，分行政管理人员、教学人员、专业技术人员依据“教育技术能力标准”，实施了培训和考核，符合条件的人员通过考核，100%参考人员达到《中小学教师教育技术能力标准》的相关要求。

近年来，青羊实验区投资建设了多种信息化应用平台，如网上办公平台、城域网资源库管理平台、学籍系统、办学绩效评估系统、后备人才管理系统等，配套的管理制度健全，机制有效，目前已大面积应用并取得一定成效；结合成都市城域网提供的各类资源库、电子期刊、智能题库等网络平台，教师们有效运用现代教育技术和资源，教学效率和质量都得以大幅提升。全区中小学49所，其中成飞小学、成都市实验小学花园分校（现已更名为“成都市花园（国际）小学”）、草堂小学先后被评为成都市现代教育技术示

范校；成都市实验小学和泡桐树小学被评为四川省现代教育技术示范校，示范校比例超过中小学总数的10%。

二、教育科学发展方略得到确立

（一）区域教育科研水平不断提升

青羊实验区的教育科研工作成效显著。教育科研经费保障到位：从2005年开始，青羊区建立了教育科研专项经费制度，每年拨付100万元用于教育科研专项研究；同时，青羊教育科研每年还能够获得国家、省、市及区级机构等资助项目经费——2008年，青羊区就获得教育部项目资助10万元，区科技局资助15万元，福特基金项目资助7万元，省级项目资助1.4万元。

青羊教育科研在省内乃至全国享有盛誉，作为青羊区教育科研的专门机构——青羊区教科院，实力雄厚，研究能力强，是全国首批49家示范性县级教师培训机构之一，“十一五”期间共承担各级各类国家级课题近30项，省级课题30余项，市级课题20余项，全区90%以上的学校都有市级以上科研课题。

青羊教育科研成果突出，区域性的大课题在全国影响巨大，如“基础教育阶段现代学校制度理论与实践研究”、“中国公办中小学民主管理委员会建设实验研究”、“新课程背景下区域性教学问题解决的实践研究”、“城乡义务教育教师资源均衡配置的政策研究与实验”、“填谷扬峰促区域教育优质均衡的机制研究”、“进城务工就业农民子女接受义务教育的行政对策研究”等研究在全国产生较大影响，其中农民工子女教育成果、现代学校制度建设等成果被写入《国家中长期教育改革和发展规划纲要（2010—2020年）》。在四年一届的四川省普教教学成果奖评选中，青羊成绩位列全省榜首。2009年，省第四届教学成果评选中，青羊区获得四项一等奖、三项二等奖，一等奖比例占到全省的十分之一强。其余每年各级各类论文评选中，青羊区的获奖数量和等级均居全市第一。

（二）区域教育质量监测有序开展

青羊实验区坚持对全区各中小学、幼儿园实施每学年度一次的“办学绩效评估”制度。2009年，印发并落实《成都市青羊区教育局关于印发〈成都市青羊区2009—2010学年学校（幼儿园）“办学绩效评估”工作方案〉的通知》，同时制定了《青羊区中小学“实施教学改进，构建现代课堂”工作方案》，对进一步提升学校办学质量，起到了促进作用，学校教学质量得到明显提升。小学教学质量均达到学业测评标准；初中毕业考试各科全及格率100%，超过全市中位数；高中毕业考试各科全及格率97.28%，达全市中位数。2009年，初中毕业生5160人，升学5144人，升学率99.69%；高中毕业生1471人，升学1135人，升学率77%；中等职业学校就业率（含升学）达99.07%，毕业生100%取得职业资格证书。

青羊实验区于2009年6月组织专家对区域内中小学教育现代化发展水平进行达标评估，在全市率先实施中小学教育现代化发展水平的评估，在全市中小学教育现代化达标评估工作中做出了特殊的贡献。目前，已全部完成全区47所中小学教育现代化发展水平的达标验收工作，其中达标学校为39所，达标率83%。

三、教育改革发展项目得到落实

（一）义务教育高位均衡发展深入推进

多年来，青羊实验区高度重视区域内义务教育均衡发展，不断

加大对涉农及城区相对薄弱学校的经费投入力度，同时通过校长、教师的定期交流以及相关特殊政策的倾斜，提升涉农及城区相对薄弱学校的办学水平，极大地推进了区域内义务教育均衡发展的进程。

2009 年，青羊实验区义务教育均衡发展态势较好。生均教育经费、生均公用经费、生均教育技术装备值的基尼系数均表明教育投入的均衡度好。小学校际师资配置比较均衡，教育质量等方面也趋于均衡。涉农地区小学及初中适龄人口受教育率为 100%，2009 年，青羊区小学在校女生 16553 人，初中在校女生 8920 人，小学及初中女性适龄人口受教育率均达到 100%。

青羊实验区还依据成都市教育局的相关要求，完善并落实了《青羊区进城务工就业农民子女接受义务教育的具体办法》，认真完成进城就业农民工子女入学工作。2009 年秋季，小学新增进城务工人员子女 1319 人，共有进城务工人员子女 6187 人；初中新增进城工人员子女 1120 人，初中在校进城务工人员子女已达到 2596 人，同时确保了其他非户籍常住人口子女的入学。青羊区非户籍常住人口适龄儿童受教育率 100%。

青羊实验区比较重视帮困助学，较好地完成了教育资助工作，确保了对城乡低保家庭、特殊困难群众子女的教育资助实现“全覆盖”。认真落实“两免一补”等助学政策，2009 年投入 60.2 万元，用于帮困助学，使贫困、残疾和低保家庭的子女安心读书，切实享受青羊教育的惠民政策。贫困适龄儿童全部安排入学，受教育率为 100%。青羊实验区还认真落实国家关于残障儿童接受教育的相关政策，按照相关规定要求，妥善安置“三残”儿童入学，确保了区域内残障学生受教育率达 100%。

（二）现代学校制度建设取得重大进展

2003年11月，青羊区被教育部确定为全国教育科学“十五”规划重点课题“基础教育阶段现代学校制度理论与实践研究”的实验区，是全国八个实验区之一。2005年8月，又成为全国教育科学“十一五”规划课题“中国公办中小学民主管理委员会建设实验研究”实验区，是全国三个实验区之一。为进一步推进青羊实验区现代学校制度建设，制定了《成都市青羊区深化现代学校制度建设实施方案》，共有16所中小学（其中，小学10所、初中2所、普高3所、职业中学1所）参与现代学校制度建设的试点。青羊实验区在公办中小学民主管理委员会建设实验研究方面，走在全国前列，尤其是成都市升平街小学民主管理委员会参与校长公推直选的成功，在传统的学校校长任用体制中打开了一个缺口，破解了学校推进民主决策管理的坚冰，使教育行政部门将部分管理权限下放，逐步退出教育管理微观层面的目标得以实现，为构建新型政校关系进行了有效的尝试与探索，是现代学校制度建设过程中的一大突破。

2005年4月20日，青羊区教育局出台了《关于加快全区中小学民主管理委员会建设和运转的意见》，同年10月8日，青羊区教育局党委出台了《中共成都市青羊区教育局委员会关于加快全区教育系统基层民主政治建设进程的决定》，2010年4月，青羊区教育局又出台了《成都市青羊区关于深化现代学校制度建设的通知》，明确了围绕科学配置权力实施三权分管，深化“民主集中”；围绕服务型机关建设公开“三务”，实行“阳光政务”；围绕民主科学决策开放“三会”，强化“民主决策”；以群众公认为出发点改革人才选拔评判机制，推进“民主竞争”；以现代学校制度为着力点推进学校建设，实施“民主管理”；主动接受上级部门、职能机构

和广大师生监督，完善“民主监督”。建立了政府依法管理、学校自主办学、家长与社区参与、社会监督的现代学校管理制度，在全区所有学校建立了民主管理委员会，积极吸纳社会参与学校的管理和发展，同时各学校尝试吸纳学校社区内人大代表、政协委员、社会名流等参与学校的建设和发展，把学校建成社区的文化中心。

青羊区教育局用项目引入了社会教育中介机构，探索“管、办、评”分立模式，青羊区教育局委托“成都西部教育评估事务所”，进行评估的第一个项目是“青羊区新教师素质达标认证”。成都西部评估事务所按照《成都市青羊区教育局2008 年对上岗三年教师职业素质认证工作实施方案》和《成都市青羊区教育局关于新上岗教师职业素质认证的通知》的要求，本着独立认证、客观公正、坚持标准、实事求是的原则，在 2008 年 10 月至 2009 年 5 月，对全区 59 名上岗三年教师的职业素质进行达标考核工作。几年来，成都西部评估事务所先后参与了对区域内学科带头人的考评，三年新教师达标认证等专项工作，2009 年 6 月至 2010 年 3 月，青羊区教育局委托“成都西部评估律师事务所”，对全区 47 所中小学“学校教育现代化发展水平”进行评估验收，取得了较好的效果。

（三）素质教育实现重大创新

青羊实验区以“2 +1 +1 项目”为载体，大力开展素质教育活动，要求学校每年定期举办校园艺术节、科技发明大赛、综合运动会等活动，让每个学生都能掌握一项体育特长及一定的生活技能。

青羊实验区认真落实了中小学生每天一小时体育锻炼。根据教育部〔2007〕7 号文件精神，青羊实验区高度重视学生体育锻炼工作，全区各中小学从实际出发，创造条件，开展丰富多彩的体育锻炼活动，形成校园内和谐与快乐，健康与发展的新格局。各校成立了体育锻炼活动领导小组，组织教师认真学习国务院批准颁发的《学校体育工作条例》和教育部《关于落实中小学每天一小时体育活动的意见》，通过广播、板报、班队会等大力宣传学生的体育锻炼，召开家长座谈会，努力营造“每天锻炼一小时，健康工作三十年，幸福生活一辈子”的舆论氛围。同时由区政府教育督导室牵头组织开展学校体育工作的专项督导，确保学校“每天一小时体育锻炼”工作落实。各学校高度重视《学生体质健康标准》的测试和上报工作，均拟定了年度工作实施方案。2009 年，青羊区学生体质健康达标率为98.13%，优秀率为32.27%以上。

（四）教育国际化发展整体推进

近年来，青羊实验区以“突出重点、直奔高端”为整体推进教育国际化发展的基本原则，将教育国际化作为全区教育全面发展的重要标志和增强核心竞争力的重要手段，努力培养具有中国情怀与全球视野的世界公民，为本区经济发展、对外开放提供国际化的人才支持，扩大青羊实验区的教育半径，扩大青羊教育综合影响力，并保持一路领先的持续性发展。

青羊区通过制订《青羊区教育局关于推进教育国际化发展五年规划》、建立国际友好学校、开展国际教育高峰论坛、开发校本双语课程、加强队伍建设等措施，达到有序、分层、有效地推进区域教育国际化进程，推动了国际友好学校的教育合作，共同谋求教育发展，培养世界小公民，打造外事人才的目的。成飞中学参加境外培训、研修经历的教师超过1%，其中有境外培训、研修等经历的英语教师超过5%。

青羊区学校与英国、德国、新加坡、瑞士等国的 16 所学校建立了友好学校关系；学校接待美国、日本等国的参观访问共计 56

次，接待来访人数共计 2133 人；到美国、新加坡、澳大利亚等国的学校访问共计 24 次；外出师生人数共计 606 人。成都市青苏职业中专学校与新加坡物流管理学院（SIMM）于 2009 年 11 月 20 签订了合作备忘录，定期互派交流师生。2009 年，青羊区承办了首届“中国四川—新加坡中小学校长论坛”；2010 年 4 月，青羊区校长代表团又参加了“第二届新加坡—中国四川中小学校长论坛”引起巨大反响。青羊区还试点并推广开设校本国际理解课程，通过自主学习国际文化，让学生用小眼睛看大世界。

第八章

青羊实验区教育均衡化的发展战略

教育均衡化是教育发展的一种状态，是指在地区与地区之间、学校与学校之间，逐步缩小办学条件、办学水平、办学质量和办学效益等方面的差距，实现基础教育特别是义务教育平衡发展，以最大限度满足人民群众对优质教育迫切需要的目标和过程。2009 年，中国教科院成都青羊实验区成立以后，鉴于青羊实验区的区位优势和现实需求，“城乡统筹、质量领先”被确定为引领区域教育综合改革的战略目标。在促进区域教育均衡发展的过程中，青羊实验区通过名校集团化工程，统筹全区义务教育的发展，努力确保学校标准化建设、优质教育资源和学校特色化发展的“三个满覆盖”。在中国教科院的科研引领下，青羊实验区既重视名校的辐射示范作用，又强调学校的特色化发展，通过“一校一品，一校一景”项目促进每所学

校的内涵式发展，实现区域义务教育的“高位均衡”发展。

第一节　青羊实验区教育均衡化的发展概况

作为成都市的政治、经济、文化、金融中心，“十一五”期间，青羊区充分运用统筹城乡发展的思路和办法，贯彻落实全市世界现代田园城市示范建设工作会议精神，统筹推进“三个集中”、“六个一体化”，深化农村工作“四大基础工程”建设，着力打造新型城乡形态。经过五年多的发展，青羊区城乡规划一体化、城乡产业发展一体化、城乡基础设施建设及环保一体化的水平明显提高，覆盖“全域青羊”城乡空间布局、资源利用和产业发展规划日趋完善，“全面城市化、率先现代化”的城乡形态正在形成。2011 年，成都市青羊区又提出“立城优城”的发展战略，提出未来五年将坚持“五星品质”，打造“宜人城市新样板、产业升级新引擎、社会建设新典范、文化之都新标杆、开放合作新高地”的“五新青羊”模式，在转变发展方式上担任成都市“头雁高飞”的使命。

一、青羊实验区教育均衡化的挑战和机遇

（一）突出的二元结构带来了义务教育高位均衡发展的挑战

青羊区幅员面积 66 平方公里，共计 14 个街道办事处，74 个社区居委会，人口密度为成都市五城区之首。2010 年年末户籍人口为 56.8 万人，人均 GDP 为 60492 元。全区义务阶段学校共有 47 所，其中小学 35 所，初中 8 所，完全中学 3 所，九年一贯制学校 1

所。义务教育阶段在校生总数为51667人，在编教职工总数为3346人，其中在编专任教师人数为3005人。2010年，青羊区教育经费总额为6.8亿元。

从行政区划上，青羊区包括从中心城区向城郊延伸的14个街道办事处，其中属于城区的11个，属于城郊涉农的3个，农村人口约4万人，仅为全区总人口的7.4%，城市人口与农村人口的比例约为12∶1。到2010年末，全区户籍人口为56.8万人，人均GDP为60492元。2010年，青羊区城镇居民人均可支配收入达到20517元，农民人均纯收入达到12940元，分别比2005年增长80.6%、107.3%，城乡居民收入比由2005年的1.82∶1降低为1.59∶1。作为成都市的传统老城区，青羊区二元结构特点较为突出，区内较发达的城区与欠发达的农村并存，是典型的“大市区带小农村”。

青羊区在“大市区带小农村”的区情下，坚持“全域成都”理念，主动把推动辖区全面城市化与强化在全市统筹城乡发展的服务和带动作用结合起来，创造出了中心城区统筹城乡发展的独特路径，取得了突出成效，形成了“青羊经验”。目前，全区城镇化率达到97%，工业集中度达到90%以上，建成农民集中居住区151万平方米，入住农民近2万人，土地规模经营率达95%以上。

为了有效应对“大市区带小农村”给青羊区义务教育高位均衡发展所带来的挑战，在成都市委、市政府建设世界生态田园城市的战略构想下，青羊区政府为践行“全面城市化、率先现代化、充分国际化”的发展战略，建设“世界生态田园城市示范区”，正式发布了《青羊教育规划》，明确提出要坚持“城乡统筹、质量领先”的发展战略，实施“四大战略”和“九大工程”，积极推进城乡教育一体化，通过“三个满覆盖”推进全区教育发展“做精、做亮、

做强”，促进义务教育高位均衡发展。

（二）深厚的文化底蕴提供了义务教育高位均衡发展的条件

青羊区有着深厚的历史文化底蕴，区域内有太阳神鸟之巢金沙遗址、中国诗歌文化中心杜甫草堂、道教圣地青羊宫、第一都市禅院文殊院、古风悠扬的宽窄巷子、浪漫温润的琴台故径、民族之魂的辛亥秋保路死事纪念碑、民俗文化聚集地“锦绣工场”以及商代船棺遗址等，成为名扬中外的历史文物、名胜古迹、旅游景点的密集区和重要的宗教文化分布地区。丰富的旅游资源使得青羊区文化旅游业拥有极具竞争力的产业优势和经济优势。同时，区域内还有西南财经大学、四川师范大学西教区等 10 所大专院校及国家级重点示范性中学石室中学和树德中学等名校，有四川科技馆、四川博物馆、四川美术馆市体育中心、市文化宫等文化体育设施，有省医院、市三医院等知名三甲医院。教育外部资源丰厚。

青羊区丰富的历史文化资源和发展环境为青羊区义务教育高位均衡发展提供了丰厚的环境、氛围和资源。有效利用本土资源，对于提升青羊义务教育高位均衡发展的品质，打造青羊义务教育高位均衡发展的品牌，开拓青羊义务教育高位均衡发展的资源都大有益处。青羊义务教育高位均衡发展借助青羊区独特的历史文化资源，大力提升义务教育内涵发展的质量，形成了独具风格的青羊义务教育高位均衡发展的特色与品牌。

（三）明确的发展思路破解了义务教育高位均衡发展的难题

近年来，成都市青羊区大力实施教育集团化发展策略，制定了《教育集团发展实施方案》，成立了八大教育集团，其中有以整合和扩大优质教育资源形成的名校集团，还有以推进基础教育各个办学层面城乡结对互动组建的青羊区中小无缝衔接教育联盟和以整合区域内办学特色学校组建的艺术特色教育联盟，形成了多元发展、纵向联合和特色联动的办学模式，并通过五大管理机制，实现了优质教育资源的共建共享，有效地促进了各层面学校的发展。青羊区通过名校集团化发展，发挥名校的辐射示范作用，统筹全区城乡义务教育的发展，破解义务教育均衡发展的难题，追求达到义务教育的高位均衡发展。

青羊实验区通过名校集团化发展，不断加大对薄弱学校的改造力度，升级学校软硬件设施。截至2011年，青羊区共计投入7.46亿元，完成全部11所涉农地区学校的标准化改造，区域内学校之间已不再有明显的硬件差距。青羊实验区通过建立校长任职交流互动机制、教师流动机制等，提高涉农学校管理水平和教师队伍素质，城乡校际间软件差距明显缩小。提高薄弱地区教师水平质量，常年保证100多名骨干教师在涉农学校服务，涉农地区本科学历教师从2005年前的23%提高到2009年的86%。此外，青羊实验区从各个集团本部派出的校级干部总数为38人，占全区中小学干部总数的21%，集团本部派出教师数占本部教师的10.5%，全区范围内消除了无高级职称教师、无市优秀青年教师、无市学科带头人的“三无”学校。青羊实验区教师资源配置的学历、职称、性别三项指标在城区、城乡结合部和涉农学校中不存在显著差异，基本实现师资的均衡配置。

为促进教育集团的发展，青羊实验区建立了核心团队的激励保障机制，对集团核心学校每年划拨10万—20万元的专项经费；凡派出干部和教师的，对核心学校给予干部职数的补充和每年人均4万元的教师人员经费缺口补贴；在教师选任或调动、教师培训、评比先进等方面给予核心学校以政策倾斜；对派出的干部、教师，给

予600元的补贴，并妥善解决其子女入学问题。此举有效解决了学校、教师的后顾之忧，保护了他们持续工作的积极性和创造性。

青羊实验区名校集团化发展产生了良好的效果。目前，青羊区义务教育阶段名校汇集，小学阶段拥有成都市实验小学、泡桐树小学、草堂小学、金沙小学等成都市知名学校，初中阶段则有树德实验中学、石室联合中学等一批名校，并涌现出了成都市实验小学西区分校、泡桐树小学西区分校、泡桐树小学绿舟分校、草堂小学西区分校、金沙小学清波分校、树德实验中学（西区）、石室联合中学（西区）等新兴品牌学校。

通过三年多的教育集团化发展，青羊实验区共有集团成员学校27所，形成了多元发展、纵向联合和特色联动的办学模式，有效促进了各层面学校的发展。优质资源的良性增长，提高了办学质量，使全区孩子都有机会接受更加公平的优质教育。集团办学后本部与分校区之间得到了很好的互补，生源流失情况大大减少，被动择校得到了有效控制。

二、青羊实验区教育均衡化的发展历程

（一）青羊实验区教育均衡化的发展阶段

成都市青羊区教育均衡化发展大致经历了三个阶段。第一阶段是城乡学校“捆绑”发展，通过农村学校与城区学校的捆绑结对，实行管理、财务和人事方面的一体化管理，由优质学校向薄弱学校大量输出优秀教师。但由于资金和配套措施不能跟进，城乡学校的捆绑发展出现了“把肥的拖瘦，把瘦的拖垮”的现象。第二阶段是区域教育资源的整合，对农村学校和城区薄弱学校进行资金“大输

血”，对农村教师进行“大换血”。青羊实验区连续多年加大资金投入，使全区村小发生了翻天覆地的变化，使涉农子女在家门口直接享受优质教育资源，出现了一批能代表全市均衡发展的品牌学校。第三阶段是教育均衡的制度化，一方面青羊区认真实施区域教育资源的“三个满覆盖”，另一方面又提出了“深度融合”的概念，通过新一轮的教育资源优化，重新配置教育资源，用“五个倾斜”来确保“五个均衡”，即经费倾斜、骨干倾斜、职称评定倾斜、评优名额倾斜、福利倾斜，确保硬件均衡、班子素质均衡、师资水平均衡、教学资源均衡、督导评估均衡。

在中国教科院的科研引领下，青羊实验区逐渐认识到：均衡不能走削峰填谷的模式，不能以牺牲优质教育资源为代价，不能搞平均主义，必须走保峰填谷、补差赶优、整体提升的道路。同时，单靠城乡学校手拉手是不行的，必须通过整体联动，集中全市教育资源下猛药、大换血，才能收到如期的效果。

（二）青羊实验区教育的高位均衡发展

青羊实验区在推进教育均衡发展的过程中，最初强调通过学校标准化建设打造城乡学校，使农村学校变成城市学校。然而，标准化建设造成了城乡学校的千校一面、毫无特色，而且薄弱学校依然无法跳出传统的办学模式，追赶和超越城区优质学校。在对区域教育均衡发展的问题进行准确把握的基础上，青羊实验区组织专家进行论证，深入挖掘学校的文化传统和历史内涵。从 2005 年，青羊实验区陆续出现了以汉代古建筑为特征的文翁实验学校，以草堂文化为载体的草堂小学，以绿色校园为背景的绿舟小学等一批各具特色的学校，给人耳目一新之感。2009 年以来，青羊区又通过“一校一品，一校一景”工程，结合学校五年发展规划的制订和实施，

深入推进学校的特色发展，使薄弱学校有机会通过机制创新实现跨越式发展。

在中国教科院的科研引领下，青羊区逐渐认识到，如果强调千人一面的学校，即使农村学校城市化了，五到十年也很难赶上城内学校。但如果实施特色化发展，则找准了切入点和突破口，可以使薄弱学校在很短时间内站到一个较高的平台。

（三）青羊实验区教育优质均衡发展的机制

教育均衡化的高境界是优质教育资源的均衡化。但由于优质教育资源是个动态的概念，不同的时期有不同的标准。优质教育均衡的过程实质上是教育变革、教育创新、教育发展的过程。在这个过程中，青羊实验区关注着两个基本点。一是师资力量和教学资源的大体均衡。在师资力量的均衡过程中，青羊实验区不仅重视优质师资和现代教学资源的均衡配置，而且在全区大力倡导尊师重教之风，大力提升教师的地位待遇。青羊区把2005年定为教师关爱年，把2006年定为教师发展年，两年筹集2000余万元资金，把近200多名校级干部分期分批送到国外考察，把300多名骨干教师送到北京师范大学、华东师范大学接受短期培训。通过修建530套教师公寓、给教师免费体检、发放继续教育费、举办教师风采大赛等多种活动，缓解教师的工作压力、心理压力，有效地稳定了教师队伍。二是学校之间在均衡过程中的互相竞争。在推进区域教育高位均衡发展的过程中，青羊区掀起了两次浪潮。第一个浪潮是把青羊区的三位特级教师（校长）派往草堂小学、金沙小学和文翁实验学校，发动这三所学校与两所传统名校（成都市实验小学和泡桐树小学）进行竞争，从而既促进了两所名校的发展，又产生了新的品牌学校。第二个浪潮是把城内得力的一批副校长送到原村小任职，发动他们与城内一般学校竞争，带动整个系统你追我赶。目前，青羊实验区的教师队伍不但稳定，而且学校之间出现了良性竞争、不断创新、持续发展的良好局面。

在中国教科院的科研引领下，青羊实验区逐步建立了促进教育高位均衡发展的机制：一是根据教育均衡的进展，适时调整工作的重心和层次，使均衡向深度和广度拓展；二是根据教育均衡的需求，对教育教学的整个评价体系进行改革，使评价体系真正有利于均衡发展；三是始终不懈地抓住教师这一关键和核心，关心教师，关爱教师，注重教师的发展，注重教师的生存环境、生活质量，激发教师的职业活力和专业创造力；四是注意从源头上建立制约不均衡的反弹机制，巩固深化全区均衡发展的成果。

第二节　青羊实验区教育均衡化的战略选择

在中国教科院的科研引领下，青羊实验区大力推进名校集团化工程，确保全区中小学教育的高位均衡发展。同时，青羊实验区还围绕“全域成都”的发展理念，深化“三圈一体”的教育发展战略，加大与成都市蒲江县的教育发展互动，积极推进成都市教育的均衡发展。

一、以名校集团化推进区域教育高位均衡发展

名校集团化的实质是“以强带弱”，让名校的管理经验、学校文化、人才资源等全面、深入地服务于区域教育的整体发展。青羊

区在推进区域义务教育均衡发展的过程中，坚持“城乡统筹、质量领先”的发展战略，通过名校集团化工程使优质教育资源覆盖到全区每个角落，推进全区义务教育的高位均衡发展。

青羊区从1996年就开始探索通过教育集团化，扩大优质教育资源的实践路径。2008年，青羊区政府将教育集团化发展作为青羊区教育现代化的“九大工程”之一，全力推进优质教育资源的均衡配置。近年来，青羊区通过集团化发展，不断辐射优质教育资源。截至2012年7月，青羊区义务教育阶段共形成了“成都市实验小学教育集团”、“泡桐树小学教育集团”、“草堂小学教育集团”、“金沙小学教育集团”、“树德实验中学教育集团”、“石室联合中学教育集团”、“中小无缝衔接教育发展联盟”、“艺术特色教育联盟”等各具特色的八大教育集团，涵盖27所学校，其中三环路以外的学校11所，惠及青羊区义务教育阶段34026名中小学生，占全区义务教育总学生数的65.95%，优质教育资源覆盖率57.45%。青羊区以三个“基本一致”为抓手，采取了卓有成效的教育集团化发展的政策措施。

（一）发展机会基本一致：以名校集团化统筹规划学校布局

近年来，随着旧城改造和城市化发展进程，社会经济的不断发展，城市也在不断扩展，传统意义上的“城市”不仅突破了一环路、二环路的“环绕”，还迅速扩张到了三环路，甚至外环线的区域，越来越多的居民居住到了三环路附近，市民子女接受优质教育的需求不断促进着区域学校布局调整的节奏。为此，青羊区建立了“校点布局合理化及时性调整机制”，及时对人口迁移的趋势进行调查和预测，并与建委等部门密切协作，做到“新兴小区建设到哪里，学校校点就合理布置到哪里”。2008年以来，青羊区连续多年每年投入资金近1亿元，通过整理、租用、互换等措施，打造“半小时入学圈”，通过“名校+农校”、“名校+弱校”、“名校+新校”等形式，在全区串起多条优质“教育链”。学校土地面积由原来的29万平方米扩展到57.6万平方米；建筑面积由原来的30万平方米扩展到60余万平方米。此外，青羊区大力实施“名校西移”工程，在西三环附近规划建设10所小学，“名校云集”——市民耳熟能详的成都市实验小学、泡桐树小学、金沙小学、草堂小学等都已经在这个片区“安家落户”。青羊区通过实施“名校西移”工程，形成西三环外的“名校片区”，使全区近1.6万名农村子弟及农民工子女享受到了与城区学生同等的优质教育，做到了发展机会基本一致。

（二）硬件设施基本一致：以名校集团化推进学校标准化建设

近几年，青羊实验区以教育集团化发展为契机，通过“成都市中小学教育技术装备满覆盖建设”、“青羊区中小学硬件提档升级”两项举措，在2008—2011年期间，累计投入资金1.25亿元，并按照《四川省中小学教育技术装备配备标准》（2000年），对全区41间科学实验室、80间理化生实验室及所有音、体、美、卫和图书等功能室进行配置，极大地改善了学校办学条件，基本实现了校际之间教育技术装备的均衡。

此外，青羊实验区还建立了“设施设备周期性标准化配备机制”，通过制定青羊区义务教育学校硬件配置标准，在对区内学校的硬件配置情况（如信息技术设备、图书、基础设施等）进行全面调研的基础上，按现有配置水平进行分类。然后根据标准优先满足水平较低学校的需求，之后逐年依次满足其他几类学校。以一定的年限为周期，保障青羊实验区每所学校的设施设备都能有序地实现提档升级。

青羊实验区还通过统一城乡学校建设标准、公用经费标准、质量和评估标准，投入4.25亿元对城乡学校全部进行了标准化改造。青羊区还加大了对涉农和薄弱学校的政策倾斜，新增经费主要用于涉农学校。截至2012年6月，青羊学校校园网建设比例达到1:1，网络覆盖到全区所有班级，多媒体教学系统班级覆盖率达到1.3:1，师机比达到1:1，生机比达到10:1，做到了硬件设施基本一致。

（三）师资力量基本一致：以名校集团化促进教师专业发展

青羊实验区教育人才流动机制的建立得益于“区管校用”的教育人才管理制度。青羊实验区通过教育人才管理服务中心，确立了“行政干部能上能下、教职工能进能出、专业技术职务能升能降”的新型用人模式，实现教师由“单位人”向“系统人”的转变。

近几年，青羊实验区通过建立教育资源倾斜机制、校长任职交流互动机制、教师流动机制和评优评奖晋级的导向机制，先后派遣20余名城区学校校级干部到涉农学校任职，全区常年有100多名骨干教师在涉农学校服务。青羊区通过教师人才管理中心统一调配教师，通过交换、跟岗等模式不断提升涉农地区教师教学水平，具有本科学历的涉农地区教师由5年前的23%提升到现在的87%。此外，青羊实验区在评优评先上也向农村倾斜，全市20%的评优名额在统一调配之外，再投向农村学校教师，全区基本消除了无高级职称教师、无市优秀青年教师和无市学科带头人的“三无”学校。

在名校集团化工程的带动下，青羊实验区建立了集团内部人员流动机制，每年根据实际需要，按照一定比例促进干部和教师的流动任职任教；对于新增加的集团成员学校，则一定从集团核心学校选派优秀干部全面管理，选派骨干教师充实队伍。截至目前，各集团内校级干部交流人数30余人，教师流动人数近100人。同时，为保证优质教育资源不被“稀释”，全区优化优秀教师选任和引进程序，扩大核心学校调动、引进和选任教师的自主权；对输出管理干部和骨干教师的名校，均适当增加学校教师编制和高、中级专业技术职称名额，做到了师资力量基本一致。

二、青羊实验区教育均衡化的创新举措

在推动义务教育高位均衡发展的过程中，名校集团化发展在扩大优质教育资源覆盖面的同时，也带来了一些问题。针对这些问题，青羊实验区始终围绕“城乡统筹、质量领先”的战略目标，不断调整教育集团化发展的思路和策略，努力确保区域教育发展的高位均衡。

（一）青羊实验区教育集团化发展的过程中出现的问题

1. 教育集团学校特色不鲜明

优质教育集团化以名校带动弱校和新校，而不是以名校品牌同化和吞噬本校的历史积淀和文化传统。教育集团化必须确保成员校在共性基础上的特色发展，克服“千校一面”的局面。青羊实验区在教育集团化发展的过程中，集团校新成员比较看重龙头学校的品牌效应，未能深入挖掘自身传统与龙头学校的契合点，失去了自身的办学特色。

2. 教育集团整合程度不强大

青羊实验区教育集团工作前期主要由教育行政部门参与推进，龙头学校与成员学校双方由教育局统筹安排，自主性不够强，工作稍显被动。在义务教育阶段，公立学校的集团化发展不是由市场力

量推动的，而是由政府行政力量推动的，其目标在于优质教育资源的广泛覆盖。然而，行政力量推动的集团化发展，有时难以充分考虑龙头学校和分校各方面工作对接的流畅性、一致性和协调性，在一定程度上忽视了学校自身的主动性，这就造成了集团校之间的整合程度不够强大。

3. 教育集团发展水平不均衡

在教育集团发展过程中，由于各个学校办学起点不一样等因素，导致教育集团内部和教育集团之间发展不均衡。名校集团化是以优质学校为龙头，引领和带动薄弱学校的发展。由于集团校成员的选择受到了行政力量的影响，不可能形成强强联合的马太效应，因而集团内部学校的发展具有很大的不平衡性。同时，每个教育集团在自身实力、内部管理方面存在一定的差异，也带来了教育集团之间发展的不平衡。

4. 非集团校边缘化问题突出

随着区域集团化办学的发展，非集团学校的边缘化问题越来越突出。青羊实验区以名校集团化的方式推进义务教育均衡发展，加入教育集团的学校获得了政府和集团内部的各种支持，享有各种有利条件。同时，教育集团覆盖的学校已经占据全区公立学校的半壁江山，因而在政府大力推进教育集团化的过程中，非集团学校有被边缘化的风险。如何统筹全区所有学校发展，实现优质教育资源和各种政策支持的共享，成为青羊实验区教育集团化发展过程中面临的重大问题。

（二）青羊实验区教育集团化发展难题的破解

1. 以“一校一品，一校一景”破解集团化发展的同质化

为破解教育集团化发展带来的同质化，青羊实验区坚持“一校

一品，一校一景”的理念，青羊实验区从学校的精神文化、制度文化等多方面加强学校文化建设，通过浓郁的书香文化熏陶人、滋养人。同时，实施学校“特色发展项目”，鼓励学校“特色项目—学校特色—特色学校”式的发展。文翁实验学校的国学特色、成飞中学的无痕教育、草堂小学的诗歌文化、金沙小学的科技特色、成都市实验小学的雅文化、石室联中的扬长教育等百花纷呈，充分体现出了“和而不同，各美其美”的办学特色。孩子们耳濡目染，各有所长，成为了青羊教育亮丽的风景线。

2. 以三种模式促使集团学校有效整合

青羊实验区在教育集团化发展的过程中，逐步形成了三种模式。全区的七所中小学名校与新建学校、薄弱学校建立起了“一体式”、“合作式”和“联盟式”的模式。针对行政力量推动的集团化发展给学校自主性的影响，青羊实验区鼓励每个教育集团根据自身成员校的特征，确定成员校内部的管理模式。实行“一体式”的教育集团，通常成员校在学校文化、办学条件和人员配置上比较接近，统一学校各方面的工作便于提升教育集团的办学效率和整体水平。实行“合作式”的教育集团更加重视成员校之间的相互支持和优势互补，有利于更加充分地共享优质教育资源，形成 $1+1>2$ 的办学效益。实行“联盟式”的教育集团更加重视集团学校的利益共同体建设，特别是在面对外部压力时保持集团校内部的凝聚力。三种模式有效地弥补行政力量推动的教育集团化发展的不足，激发了集团学校发展的自主性和积极性。

3. 以长效机制破解集团校发展不均衡性

教育集团学校发展的不平衡在很大程度上源于内部管理制度的不完善。为破解集团学校发展的不均衡，青羊实验区建立健全了各

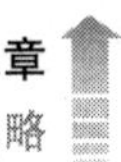

项管理制度。首先，青羊实验区建立了集团学术秘书制度和集团例会制度，健全集团工作信息管理制度。其次，青羊实验区创新集团学校的人事管理机制，要求集团龙头学校前三年每学年向集团成员学校派出干部（教师）3—5 人，成员学校每学年需派出干部（教师）1—3 人，派出人员工作期为三年。三年后交流教师、干部人数由龙头学校和成员学校协商。再次，青羊实验区健全了长效激励机制，鼓励集团内教师在成员学校（校区）之间进行交流，对定期交流或轮岗的教师、干部在晋级评聘和评优评先上优先考虑。对派出干部、教师的集团学校给予人员经费补贴，优先补充缺编人员。最后，青羊实验区加大了集团的经费投入和集团经费使用的检查，设立教育集团建设专项经费。集团经费分为基础性经费和考核奖励性经费两部分，主要用于对推进集团发展过程中办学绩效显著的集团和个人进行奖励。

4. 以第三方评价健全集团学校预警和退出机制

青羊实验区创新教育集团考核模式，引入第三方评价。加大对各教育集团化办学考核力度，加强对教育集团的质量监测，推进教育管、办、评分立，委托第三方——专业的教育中介评估组织对集团工作进行考核，不断推进各学校教育水平均衡发展。为了充分发挥评价引导、以评促建的作用，青羊实验区建立健全区域教育综合发展评价指标、校际办学均衡化评价指标、教师专业化发展评价指标，以及学生综合素质监测评价指标，从整体上建立教育均衡发展的监测体系，及时发现问题和解决问题，促进教育的动态公平。通过第三方评价形成的预警和退出机制，确保了教育集团成员学校的流动性，加入名校集团并一定意味着永远享有优质资源和政策支持，非集团学校可以通过第三方评价的考核机制进入名校集团，而集团学校也有可能因未能通过考评而退出名校集团。

第三节　青羊实验区教育均衡化的经验成就

在推进区域教育综合改革的过程中，青羊实验区一方面通过教育集团化发展有效地促进区域内部的高位均衡，另一方面通过青蒲互动促进区域之间的优质均衡。在以“城乡统筹、质量领先”为目标的教育综合改革方面，青羊实验区为全国县级区域层面的教育改革发展积累了成功的经验。

一、成都市实验小学教育集团化发展的成功经验

四川省成都市实验小学始建于1918年，已有近百年历史，是国家原总理李鹏同志的母校。学校有深厚的文化底蕴，积累了丰富的办学经验，是中国教科院实验研究中心、中国教育学会小学德育研究会、中国教育学会中小学整体改革专业委员会的实验基地，是国家教育现代教育技术实验学校。为了进一步加快基础教育均衡化、优质化进程，2009年5月，青羊实验区成立了“成都市实验小学教育集团”。成立后的成都市实验小学教育集团成员包括本部、西区分校、成飞分校、红碾分校（现明道分校，后同）、青华分校、战旗分校、花园分校，集团学校涵盖了新建学校、社区学校、涉农学校等方方面面。成都市实验小学教育集团采用合作式的办学模式，实验小学教育集团对于纳入集团的分校输出先进理念、输出骨干师资、输出管理机制，而各个分校在此基础上独立发展、自主办

学。分校拥有独立的法人，独立的经费核算、人事管理，独立的校舍，独立进行教育教学，力求做到“校校有传承，校校有发展，校校有特色”。

▲ 改造前的成都市实验小学明道分校

▲ 改造后的成都市实验小学明道分校

从成都市实验小学教育集团成立之初，成都市实验小学教育集团的发展紧紧围绕着集团的两大组成主体在开展：一方面，成都市实验小学教育集团最大限度地整合集团资源，为集团内孩子的成长提供最大的可能；另一方面，成都市实验小学教育集团以集团核心文化为引领，凝聚集团教师的力量，提升教师的集团主人翁意识，形成更强大的教育力量，推动集团的高速、科学发展。

（一）组建管理团队，搭建管理平台

集团化发展固然有很多的优势，但是成都市实验小学教育集团的管理者们也认识到，要想将七所本来并不相互熟悉的学校捆绑在一起发展，肯定会遇到很多具体的问题。

经过初期的反复商讨和研究，成都市实验小学教育集团搭建了一个独立于学校管理之外的集团管理班子，以适应集团成立之初的工作需要。于是，成都市实验小学教育集团的教学管理部、教育管理部、教育科研部、教师发展部、学生发展部、文化工作部和信息技术部七个管理部门应运而生，七名部长全部由各成员学校的副校长担任，每个部门在每所学校都设一名联络员，以配合部长的工作。管理团队的组建，充分整合集团内的优秀人才资源，各负其责、各司其职，做到统一部署、资源共享，使得集团各学校教育质量均得到明显提升。

在成功搭建了管理团队后，成都市实验小学教育集团开展了工作计划会、教师趣味运动会等一系列的活动，使各管理部都能切实地在工作中行使责任和义务，同时也让各管理部在具体工作中熟悉其他成员，以便今后工作的开展。各成员学校全力参加，分工合作，互通有无。目前，成都市实验小学教育集团的工作重心从第一年的管理团队组建阶段进入集团成员学校力量的凝聚阶段。

（二）共享优质资源，推进共同进步

学校最大的教育资源就是优秀教师资源，集团内部教师资源的

流动是一条科学有效的途径。成都市实验小学教育集团注重促进教师的自主发展，以教师的自主发展实现教育的真正均衡。2009 年 9 月，教育局在成都市实验小学本部配备了一间远程录播教室，各科教师都可以由自己控制这个教室的设备，全程录制课堂教学过程，这极大地方便了教师们的教研活动。成都市实验小学首先在本部对教师们进行相关培训，在本部教师熟练使用了这一设备并总结出相关经验后，集团成员学校便开始在本部的引领下，将自己的教师带到这一高科技课堂上。

从 2010 年 10 月到 2011 年 11 月，成都市实验小学教育集团本部总共面向集团学校开放远程录播教室近 40 次，并在课后对录像课进行了专题教研，在真正意义上实现了优质资源共享，切实推进了“共同进步”这一发展目标。高科技的辅助，使教师的教学专业成长有了强有力的技术支持。

（三）促进教师流动，落实均衡理念

从成都市实验小学教育集团成立开始，集团内教师流动就正式启动。2010 年，成都市实验小学教育集团本部原科研主任王婉被派往红碾分校担任副校长，西区分校原副校长周学静被派往红碾分校担任执行校长。同时，成都市实验小学教育集团本部两位优秀骨干教师田纳、张尹前往红碾分校进行为期一年的教育支教活动，分别担任学校英语教学和数学教学工作。成都市实验小学教育集团本部优秀美术教师李茂渊于 2011 年秋天调到红碾分校，担任副教导，全面推进红碾分校的学生活动的开展和学校文化建设，极大地提高了红碾分校的教学水平和教学质量。

在 2011 学年初，集团内人员调动，成都市实验小学教育集团本部协同成员学校，充分考虑各校实际，再次进行人员安置，最大限度地发挥教师潜能，目前成都市实验小学教育集团内互派教师已形成制度，运作状况良好。这一措施的实行，为成都市实验小学教育集团的年轻教师的成长搭建了平台，满足了集团内薄弱学校发展的需求；同时，本部的科学管理经验也在集团内推广开来，真正实现了教育的均衡发展，使普通学校也享有名校教育资源的需求，降低了择校的热度。成都市实验小学教育集团分校党政领导积极营造良好的工作环境和教育教学研讨氛围，并根据流动教师的教学特点，进行有针对性的专业培养，增强了集团的凝聚力，也提高了教师的职业幸福感。

（四）创建讲师团，辐射优质资源

成都市实验小学教育集团本部利用自身优质名师团队、学校外聘专家团队、集团管理团队的大量资源，组建了讲师团团队。2010年9月，经过各分校的自主报名，集团管理团队的认真筛选，成都市实验小学教育集团讲师团正式成立。在成立仪式上，讲师团中的"成都市优秀班主任"钟健开始了第一场专题讲座。之后，成都市实验小学教育集团书记张化冰在西区分校主讲了《教师专业成长》、成都市实验小学终身校长苏文钰在成都市实验小学教育集团本部主讲了《实小人的故事》。2010年12月，成都市实验小学教育集团本部校长陆枋应宜宾市翠屏区教育局邀请，带领讲师团6名骨干教师奔赴宜宾，为全区的所有中小学带去了4节优质课和5场专业讲座。2011年4月，集团教学管理部部长李蓓带领集团8位骨干教师再赴宜宾，进行了为期三天的义务送教活动，同时也锻炼了集团讲师团的青年教师们。

每一次讲师团活动，成都市实验小学教育集团都邀请集团内相关教师参加，这在很大层面上将实小多年积淀下来的教师资源辐射

出去。成都市实验小学教育集团讲师团不仅为有需要的教师提供了大量的专业培训，更是在这样高质量的讲座中，增进了集团成员学校间的了解。

（五）拓宽教师视野，提升教育质量

成都市实验小学教育集团的成立，教育资源的共享变成了现实，在无形中丰富了学校可用的教育资源。随着成都市实验小学教育集团本部成为成都市教师发展基地学校，集团教学管理部将教师专业成长作为当年学期工作重点。2010 学年，成都市实验小学教育集团教学管理部与四川省陶行知研究会联系，组织集团语、数、外骨干教师到双流县华阳镇为该镇骨干教师进行每周一次的教学培训。各成员学校除了推荐自己的骨干教师参加以外，学校行政人员也非常积极地参与到了这一活动中，集团内有四位校长亲自担任培训主讲，带着集团的教师们走出去，了解外面的教育教学动态。这一已经坚持了两年的送教活动，为华阳教育注入了丰富的营养。

以科研带动教学发展，以科研促进教师成长，是成都市实验小学教育集团为提高教学、科研质量而提出的方针。随着“十一五”课题的顺利结题，成都市实验小学教育集团“十二五”课题“小学生公民意识的培养”正开始进入初期阶段。每个学校就自己学校的特点提出研究子课题，并呈报研究计划。从 2010 年 11 月开始，区级美术课题结题，集团有三所学校参与了这个课题的研究，集团教学管理部和教育科研部共同策划了三所学校的不同结题展示；同时，集团每所学校都抽调了相关美术教师对参研学校给予了最大的支持。

2010 学年的集团工作计划中，成都市实验小学教育集团将教育集团内部集团调研作为 2010 学年教育教学部的重点工作，集团教学管理部坚持每学月调研集团内的一所学校。每一次调研前，教育教学部都会制定详细的调研方案，落实具体参加调研的人员，分管各校教育教学的校长和主任必须参加，统一调研，集团观摩各校常态课，集中评议，全力诊断，为每所学校的教育教学工作的发展都提出了切实可行的建议。

（六）发挥集团优势，促进学校发展

成都市实验小学教育集团的形成，是一次教育资源的融合与分享，但教育集团各成员单位均有自己的办学特色，有自己的办学优势，实现集团内部的办学特色互补是成都市实验小学教育集团所有学校的共同愿望。成都市实验小学教育集团本部的雅教育、西区分校的生命教育、成飞分校的科技教育、明道分校的微笑教育、青华分校的艺术教育、战旗分校的家校教育，都各有特色。成都市实验小学教育集团在办学实践中在统一办学理念的同时，保有各校的自身特色，并通过集团的力量，促进集团学校的每一所学校的发展，让集团内成员学校有了更多的发展机会。

（七）注重文化引领，提升校园文化

成都市实验小学教育集团各成员单位之间的学校文化建设也是成都市实验小学教育集团追求的重要目标之一。从集团成立之初，集团行政班子就集团学校校园文化建设进行了深入调研，统一校标、校训、校服，统一对校园环境进行改造。集团领导层定期开展工作交流，就相互的工作细节进行了解，促进沟通，加强联系。

在红碾分校新校区的校园文化建过程中，成都市实验小学教育集团领导除了亲自到建筑工地现场察看，集团行政还多方努力，结合红碾分校发展的新阶段，多次会议研究，将红碾分校正式更名为明道分校。在全面提升了明道分校的校园文化和办学理念的过程

中，成都市实验小学教育集团发挥了重要的作用。

（八）创新活动载体，分享发展成果

2010 年 12 月 21 日，由四川省陶行知研究会小学专业委员会、青羊区教育学会和成都市实验小学教育集团联合主办的成都市实验小学教育集团首届“现代课堂之校长课堂”教学研讨会在成都市实验小学学术厅举行。

2010 年 5 月 26 日，成都市实验小学教育集团“校本课程与素质教育”研讨会在实验小学学术报告厅开幕。本部的国际理解《快乐复活节》、儿童漫画《蜗牛的旅程》、科技创新《机器人的制作》，战旗分校的《俏花旦》，西区分校的《机器人的组装和调试》，明道分校的《小鬼当家第一课》——成都市实验小学教育集团这四所学校提供的六节校本课程，让与会的领导、专家和 100 多位教师感受了校本课程带给孩子们的快乐以及带给学校教育的新气息。

成都市实验小学教育集团首届“现代课堂之校长课堂”教学研讨会和“校本课程与素质教育”研讨会等活动的举行，创新了实验小学教育集团教师专业成长、学校科学管理和学校特色发展的活动载体，给成都市实验小学教育集团的发展带来全新的局面。

二、青羊实验区教育均衡化的社会影响

近年来，青羊实验区坚持走城乡统筹发展之路，打造出一批又一批内涵丰富、特色鲜明的涉农学校。每年近一亿元向涉农地区的投入资金，让家长的脸庞洋溢着满足；全区近 60 万平方米的校园面积，更成为孩子居民的一方乐土。

走进青羊的涉农学校，随处可见挺拔的楼群、宽阔的塑胶运动场和漂亮的建筑，“村中有校，校中有景，景中有园”，陶渊明笔下的桃源美景仿佛就在这里交汇共融。青羊实验区发挥名校的资源优势，选好配强涉农学校校长，让一方好校长带动一方好教师。目前，青羊实验区消除了无高级职称教师、无市优秀青年教师、无市学科带头人的“三无”学校，郊区农村学校优秀骨干教师比例大幅度提升。

青羊教育牢固树立“全域成都”的理念，不但推进义务教育高位均衡向“深度”拓展，还推进义务教育高位均衡向“广度”延伸，将青羊区优质教育资源辐射到成都市第三圈层。青羊区长期实施对蒲江、彭州、甘孜州等地的对口支援，仅向得荣县提供的资金累计就近千万元，救助得荣县贫困学生 633 人，还将 20 所受援学校纳入青羊区电教设备装备采购之中，并投入 108 万元援助建设得荣县中学。同时，青羊区着力增强当地的“造血”功能，分别向蒲江、得荣送去优质的管理骨干和教学骨干，选派了钟缨、刘清华等 68 名优秀青年骨干教师和 3 名校长亲赴得荣；师资的培训更是为这里增添了持续发展的力量，仅为蒲江便培训了 65 名校级干部、182 位名师、2300 名教师。持续的人、财、物投入，为全域成都的均衡之花增添着色，为西部之中国带来了教育的蓬勃生机。

青羊实验区八个教育集团的强势引领，让蒲江的孩子也能“像泡桐树一样茁壮成长”。2009 年，青羊区与蒲江县签订了《城乡学校互动发展共同体协议书》，在学校管理、队伍建设、教育科研、学生活动、学校文化等方面，实现“四同三共享”（共同教研、共同培训、共同科研、共同进步，共享前沿信息、共享教育资源、共享发展成果）。此外，青羊、蒲江还从最初的单向援助，走向双向甚至三向的深层合作，进行跨区联动。2012 年，青羊、蒲江两地教育局共同下发了《关于深化青蒲互动发展　促进教育圈层融合的三年行动计划（2012—2014）》《关于互派干部、教师的管理办法（试行）》和《青蒲结对学校融合发展工作考核评估标准（试行）》，进一步强化顶层设计，统筹源配置，拓宽互动广度，加强优势互补，极大地促进了两地教育均衡发展、协调发展、共同发展。目前，青羊区与蒲江县共结成友好学校 12 对，实现了结对互动满覆盖。青羊区教育局还将青蒲两地干部教师队伍培训与互动交流纳入《青羊教育人才队伍建设五年发展规划》，分批培训蒲江 65 名校级干部、182 名名师、2300 名教师。

▲ 农民工子女享受优质资源——新建的泡桐树小学绿舟分校

青羊教育对高位均衡的执着追求，产生了良好的社会反响，引起国家和省、市等各级领导的关注，也吸引了众多媒体。《人民日报》《中国教育报》《中国青年报》《光明日报》和中国教育电视台等多家媒体争相报道青羊义务教育高位均衡发展的经验。2011 年 4

月 15 日，《中国青年报》也以《青羊区“教育均衡”令万千学子受益》为题，对青羊区教育均衡发展进程做了长篇报道。2011 年 4 月 18 日，《中国教育报》以《交出一份“教育均衡”的完美答卷——成都市青羊区强力推进教育均衡“深度”拓展和“广度”延伸》为题，对青羊实验区推进教育均衡发展的典型经验和做法做了专题报道。

法治社会　3

该立什么法规促使殡葬业“暴利”刹车

莫把墓地当成房地产

北京公安微博粉丝过百万

辽宁鞍山发生一起
连杀10人的恶性案件

青羊区“教育均衡”令万千学子受益

▲《中国青年报》对青羊区教育均衡发展进程进行报道

第九章

青羊实验区教育特色化的发展战略

教育特色化通常是指一所学校在发展过程中，形成比较持久稳定的发展方式和被社会公认的、优良的教育理念、办学目标、培养方式和文化传统等方面的特征。“特色”最基本的含义是与众不同，特别出色。近几年，随着青羊实验区教育综合改革的深入推进，区域教育发展的主要矛盾已经从“有学上”转变为“上好学”。在基础教育阶段，“上好学”的矛盾要求学校必须提升办学质量，形成办学特色，满足人们的多样化需求。同时，在青羊实验区大力推进教育均衡发展的过程中，学校的特色化可以有效防止“求同”带来的千校一面，真正提升学校的内涵，引导薄弱学校创新发展方式，最终实现区域教育的高位均衡发展。2009 年以来，在中国教科院的科研引领下，青羊实验区深入实施“一校一品，一校一景”工程，从科研和行政上大力支持区域内中小学凝炼办学特色，提升办学品质。在教育特色化项目的推动下，青羊实验区的中小学逐步形成了鲜明的办学特色，有效满足了人民群众对多样化优质教育的需求。

第一节　青羊实验区教育特色化的发展概况

在“城乡统筹、质量领先”的战略目标下，青羊实验区通过办学条件标准和名校集团化等工程，大力推进区域教育均衡发展。然而，在追求教育均衡化和同质化的过程中，“千校一面、千人一面”的问题日益凸显，而且在标准化的发展模式下，薄弱学校也难以追赶和超越优质学校的发展。面对区域教育改革发展过程中遇到的问题，青羊区在科研的引领下准确把握外部环境的变化，及时转变教育发展的方式，把促进教育内涵发展作为深化区域教育综合改革的重大任务。

一、青羊实验区教育特色化的理念

（一）从教育自为到教育自觉

教育特色化是学校自我意识的觉醒，是学校在走向成熟的过程中必然经历的一个关键环节。按照组织社会学的理论，学校实际上是拥有共同信念的人们组成的社会共同体，由于人的复杂性和差异性，学校组织也必然呈现出较大的差异性。在传统的科层制下，作为正规教育的学校组织，在日益理性化的过程中逐渐演变成一种

“非人格化”的存在。学校成为了整个科层体制的一环，所有的教育活动都不得不依附于外部的指令和要求，从而导致教育精神的异化和沉沦。教育特色化是学校形成自我认同的过程，它标志着学校从依附走向解放，真正成为一种自觉的存在。青羊区在推进教育综合改革的过程中，根据区域教育发展的阶段性特征，适时提出教育特色化发展战略，引导全区学校从自为走向自觉，成为区域教育综合改革的自觉担当者和主动构建者。

（二）从内涵发展到追求品质

教育特色化不是单纯追求与众不同，而是追求在完成既定教育目标和任务上的个性和特色。换言之，教育特色化是学校发展的高级阶段，它要求学校不仅要完成各种“常规动作”（正常的教育教学活动），而且还要有自己的“拿手好戏”（特色化项目）。教育特色化是学校教育在学生终身发展中烙下的文化印记，是最能体现学校教育作用的地方。青羊实验区在推进学校内涵发展的过程中，把教育特色化作为重要的抓手，引导学校反思自身发展历史，在教育教学活动中形成自己的特色和品质。从内涵发展到特色发展是学校发展战略的聚焦，其目的是追求学校的办学特色和办学品质。教育特色化对学校的教育质量提出了更高的要求，它促使学校管理者和教师在完成既定教育任务的过程中，根据学校发展的实际和自身具备的优势，打造自己的风格和特色。

（三）从特色项目到学校特色

在教育特色化的推进过程中，学校应坚持特色立校、特色兴校和特色强校。“组织趋同”是公共组织在变革过程中无法回避的外部压力。教育特色化是学校改革和创新的过程，它要求学校突破组织的“路径依赖”，不盲目遵从“理所当然”的行为模式，自觉抵御组织趋同的制度压力，真正根据自身的实际发起和采纳学校改革的方略，增强对学校文化和传统的自觉和自信。在教育特色化的发展路径上，通常是先形成自己的特色项目，而后将特色延伸到各项工作中，形成学校的特色，再经过不断的提炼和升华最终成为学校的品牌。青羊实验区在推进教育特色化的过程中，积极培育学校的特色项目，通过政策支持和科研引领不断做精、做亮、做强学校的特色项目，逐渐形成了一批在全国具有影响力的特色学校。

二、青羊实验区教育特色化项目的启动

近几年，在城乡一体、统筹推进、均衡发展的进程中，青羊实验区原有薄弱学校、涉农学校从硬件改造、队伍建设等方面得到了彻底的改头换面，但区域内的校际发展不均衡仍然存在。如何充分调动学校主动发展的工作积极性，找到学校发展突破口，探索学校可持续发展的途径？如何缩小校际差异，实现错位发展、个性发展、扬长发展？如何深度推进素质教育和均衡教育，提升学校的内涵发展品质？如何促进区域教育质量整体提升，率先实现教育现代化？面对这一系列的问题，青羊区教育局决定启动学校“特色发展项目”建设工作，以此项工作为载体，进一步激发学校办学热情，促使各学校认真梳理和总结办学过程中的历史积淀、发展经验，升华提炼，形成学校特色发展，全面提升学校办学水平。

2006 年，青羊区启动了“一校一品，一校一景”区域教育特色发展战略，做出了在全区学校推进学校文化建设的重大决策。2008 年，青羊区以学校“特色发展项目”为载体，进一步激发学校办学热情，提炼学校特色，努力实现内涵发展，由此开启了青羊

区从一枝独秀到百花齐放的教育特色化发展之路。2012 年，在成都市委、市政府将成都建设成为“中西部最具影响力、全国一流和国际知名的文化之都”的发展目标定位下，青羊实验区深刻理解学校文化建设的重大意义，确立了“文化发展年”的教育发展主题，进一步明确了学校特色化是推进区域教育现代化和实现区域教育优质均衡发展的重要途径。2012 年，青羊实验区提出了“率先现代化、充分国际化、高位均衡化”的战略发展目标，区域教育发展进入了高位均衡的新阶段。面对新的机遇和挑战，青羊实验区实现了教育均衡发展方式的转变，从以资源配置为核心的外延均衡发展到以学校特色为核心的内涵均衡发展，借助“一校一品，一校一景”工程全力提升全区学校的整体水平。青羊实验区在推进教育特色化的过程中，积极探索学校发展的内涵，从各个方面提炼学校的文化传统和内涵，打造学校的文化品牌。

三、青羊实验区教育特色化项目的推进

2008 年以来，青羊区通过学校自主申报，行政助力推动，专家审核论证等措施，深入推进区域教育特色化发展项目，形成了一套独具特色的项目申报和项目管理制度，为青羊区“一校一品，一校一景”品牌工程的创建奠定了坚实的基础。

（一）学校特色化项目的申报

青羊实验区要求全区中小学的特色化项目在符合自身实际的同时，应根据当前教育发展的主流方向，以提升学校软实力为主要目标，本着“继承传统，发现优势，确保发展，稳定持续”的基本原则，充分发挥学校自身积极性和创造性，调动校内外资源，充分研

究和认识自身优势，确定项目建设的方向及内容。具体而言，青羊实验区要求所有学校在特色化项目申报时做到：①符合学校办学历史，适应当前学校发展形势，能得到全校师生认可；②利于学校形成可持续发展的办学特色，利于学生发展；③项目选择注意范围适度，易于操作，量力而行，切忌贪大求全；④所定项目必须是学校近期发展的重要载体；⑤每所学校在一个项目周期内，原则上限报一个特色项目，学校务必做好项目筛选和认定工作。学校在此基础上制定特色化项目方案，并上报青羊区教育局项目工作小组。

（二）学校特色化项目的管理

青羊区教育局采用了项目管理方式，成立了项目工作小组，对学校“特色发展项目”建设活动进行全程管理。各学校上报方案后，工作小组组织相关专家，对学校项目方案进行价值论证、可行性分析，提出预审或审批意见。未通过预审的学校，根据专家组意见，对项目规划进行修改后，进行第二次申报论证。

学校特色化项目论证通过后，由青羊区教育局项目领导小组下发项目审批结果书，确认准予实施的项目。学校特色化项目通过后，青羊区教育局划拨专项经费保障项目实施，并给予相应的政策支持。在项目实施过程中，青羊区教育局项目工作小组每学期对项目实施情况进行一次抽查，每学年组织专家对项目实施情况进行一次过程评估，评估合格给予保障经费；评估不合格的学校限期整改，期限内整改仍不合格者，停止项目实施。学校特色化项目周期结束后，由青羊区教育局工作小组组织专家组，对项目实施效果进行评估验收。验收合格的学校，获评青羊区特色项目学校，并给予一次性奖励。验收不合格的学校，延期验收，其结果与校长任期工作业绩考评挂钩。

四、青羊实验区教育特色化项目的影响

在学校“特色发展项目”的推进过程中，青羊实验区各所学校分别结合学校实际，从深化素质教育、学校文化建设、课堂教学改革、学校管理改革、教师专业发展等方面大胆探索，积极推进，使一批学校由内而外地发生着可喜的变化，逐步形成“百花齐放”的格局。

成都市十一中以打造“女生教育”品牌为特色，探索女生成才之路，针对女中学生的生理、心理特点，开发校本课程，构建女生班特色课程。确定女生班德育目标，形成分年级段德育内容，打造女生班德育“经典”品牌活动。学科教学中实施“扬长补短”的教学策略，对女生班进行专门的学法指导和学科教学研究。分性别的教育虽然不能成为教育的主流，但作为天府之国省会的成都，有着“和谐包容、智慧诚信”的城市精神，有着创全国最佳旅游城市的发展目标，建设一座高品质的女校，在国际国内舞台上展示多元化的办学成就，也是一个窗口工程。成都市十一中填补了女子完全中学这块空白。

成都市实验小学以“教师发展学校”为特色，实践与探索指向的主体是教师，针对的终极目标是教师自身的发展，是在项目实施过程中促进教师的自主发展，以教师的发展促进学生的发展，进而促进学校的特色发展与整体发展。该项目底蕴丰厚，基础扎实，分别获省、市政府奖，目前又以“教师发展学校”制度创新为研究重点，致力于“教师发展学校”的建立与完善。这所学校近年来向青羊区各校输送了大量管理人才。

泡桐树小学以“家校共育，促进学生健康和谐发展”为特色，把学校“和谐教育、自主发展、成人成才”教育理念宣传、渗透、落实到以学校教育为主导的家校教育活动中，形成家校教育合力，达到家校教育相长，促进每一个学生充分、自由、全面、和谐地发展。学校遵循家校共育原则，通过有实效的“沟通—交流—合作—分享”为主题的家校共育活动，了解、满足、超越、引领家长、教师、学生的教育需求，达到家校双方相互理解、互相满意、彼此信任、积极互动的效果，将家长资源转变成教育资源，将家长优势转变为教育优势，实现家校教育相长。

草堂小学以“执行校长”制度为特色，设立校级教师执行校长岗位和年级执行分校。校级教师执行校长岗位，在全校范围内公推竞聘，任期一个月。学校借此改革了管理评价方式，以团队积分、团队评价、团队自主评价等为核心的团队评价方式，鼓励教师之间多交流、协作，让教师自身的发展过程变为团队关注、帮助的过程。

成都市第五幼儿园以“基于儿童哲学的幼儿园教育活动的实践研究”中开发园本课程为特色，通过儿童哲学的实践研究，以启迪儿童智慧为目的，以儿童生活中所熟悉的、富有哲理的问题为内容，创设情境，鼓励儿童提问、讨论，表达不同的观点，思考运用不同的方法去解决问题；在开放的、动态的、互动的过程中，让他们学习思考，学会思考，形成自己的思想，提高思考能力，从而养成儿童在日后生活中能够主动“为自己思考”以及“寻找意义”的能力。

青羊区还有很多学校都有自己的特色，如全市唯一一所民族学校——回民小学；以“写好字、读好书、做好人”三好为特色的少

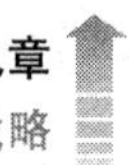

城小学；以科技教育为特色的成飞小学、树德实验中学（东区）；以“非正式社区教育课程建设”为特色的社区教育学院；以“小班化教育”为特色的成都十四中……在“特色发展项目”的推进中，学校找准了自己的定位，走出了自己的路子。全区学校将在特色化项目的推进下异彩纷呈，百花齐放，春色满园。

第二节　青羊实验区教育特色化的发展策略

2008 年，为充分调动学校自主办学、主动发展的工作积极性，促进学校创新办学理念，转变观念，探索学校可持续发展的途径，抓住承担教育部基础教育司“基础教育综合改革实验课题”的历史机遇，发扬先行先试的精神与勇气，深度推进素质教育和均衡教育，提升学校的内涵发展品质，青羊区教育局决定启动学校“特色发展项目”建设工作，以此项工作为载体，进一步激发学校的办学热情，全面提升学校办学水平。

一、以特色项目打造特色学校

根据《国家中长期教育改革和发展规划纲要（2010—2020年）》相关要求，结合学校特色建设的实际情况，研制促进学校“特色发展项目”的评估指标体系；学校对照指标体系进行挖掘、改进、培育、凝炼，形成具有一定特色的办学风格或学校风貌；学校按照程序进行申报；青羊区教育局组织专家组对学校申报特色项目进展情况逐批进行论证立项和考核；梳理优质的品牌特色学校，总结推广特色学校的“特色发展项目”成果。

二、以项目评审推进特色发展

（一）深入研究，明确思路

为保证学校“特色发展项目”的有效推进，促进学校的可持续健康发展，我们加强对“特色发展项目”的研究，首先提出了学校办学特色的三个层次，分别是特色项目—学校特色—特色学校。在此基础上，结合青羊区多年来实施“一校一品，一校一景”的经验，提出了学校“特色发展项目”的“四性”、“八有”。

学校“特色发展项目”的“四性”是指优质性、稳定性、独特性、示范性。“八有”主要是指：①有发展愿景，学校需要有独特的发展目标、定位和规划引领学校的发展；②有办学理念，学校需要有先进的办学理念和价值追求，校长需要有独特的办学思想和教育理念；③有人才队伍，学校需要有一支特色鲜明、专业精湛的教师队伍；④有教学改革，学校需要以学生的发展为根本；⑤有教育科研，学校需要以改进各项工作为科研方向；⑥有运行机制，学校需要激发教育管理的内在活力；⑦有文化建设，学校需要优化发展环境氛围，打造特色化的学校环境和学校文化；⑧有特色活动，学校需要充分调动学生的积极性和参与性，通过特色活动培养一大批特色鲜明的学生。

在此基础上，研究并制定《青羊区学校“特色发展项目”评估指标（试行）》，成为青羊区学校特色发展项目的规范性文件和评价考核的依据。指标中重点强调了通过课程、活动和课题研究来推进学校特色发展项目，保证了特色项目推进的有效性。

（二）普查摸底，提炼特色

为准确把握区内中小学特色建设的成果，同时为了宣传青羊区学校的特色建设成果，对区内中小学的办学特色情况进行了一次普查，要求学校梳理出主要特色和其他特色，用100字左右的文字提炼主要特色，用50字左右的文字提炼其他特色，并列出主要的荣誉称号。这次活动汇总形成了《青羊区素质教育特色学校情况汇总表》，通过青羊教育信息网予以宣传。

在梳理特色的基础上，组织并开展特色展示活动。如西马棚街小学的“凝聚爱心　共享阳光——成都青少年特奥融合活动”，泡桐树小学境界校区的“艺文融合”，树德实验中学西区是“同学议事会”等。

（三）积极稳妥，扎实推进

①研制《青羊区学校“特色发展项目”评估指标（试行）》，征求学校意见，召开指标讨论座谈会，完成指标的修订工作并下发学校；学校对照指标自查，修改项目实施方案。

②申报学校结合评估指标进一步梳理思路，指导学校完成材料报送申报工作。2011—2012年度收到第三批申报项目共32项，其中小学22项、中学7项、幼儿园3项；内容上教学改革类11项，教育改革类12项，学生特长发展类9项。

③组建专家组，采用第三方评估的方式，完成第三批32项学校“特色发展项目”立项论证工作；完成第二批5项“学校特色发展项目”中期考核评估工作。

④与宣传部门合作，组织编辑学校“特色发展项目”成果集。

第三节　青羊实验区教育特色化的发展成效

在中国教科院的科研引领下，青羊实验区的教育特色化发展不仅破解了区域教育高位均衡发展的瓶颈，而且促进了学校的改革和创新。区域教育特色化使青羊区形成了一批在全国颇具影响力的名校，提升了青羊区教育的核心竞争力，促进了学生的全面发展，同时满足了人民群众对多样化优质教育的需求。

一、形成了一批颇具影响的特色学校

青羊实验区以“一校一品，一校一景”为基本策略，在中国教科院现代学校制度研究和青羊实验区专家组的指导下，学校特色文化建设呈现百花齐放的局面，形成了成都市实验小学、泡桐树小学、草堂小学、东城根街小学、金沙小学、文翁实验学校、成都市少儿文化艺术小学、青羊实验中学、树德实验中学（东区）等一大批各具特色的学校。

二、提升了青羊实验区教育的核心竞争力

现代教育竞争是现代教育结构本身所固有的，积极的教育竞争是学校创建特色、追求高质量教育的过程，是追求人无我有、人有我优、人优我特的卓越教育的过程。正是在竞争过程中，创特色，展优势，通过竞争学校互动发展，共同向更高层次、更新目标迈

进，从而提升了青羊教育竞争力。目前，在成都市被社会公认的义务教育阶段“天府名校”中，青羊实验区的成都市实验小学和泡桐树小学占据了小学五强之二，近年崛起的草堂小学、金沙小学正成为成都市知名的优质学校；石室联合中学和树德实验中学也占据了初中三强中的两席。

三、满足了人民群众对优质教育的需求

青羊教育正从“学有所教”向“学有良教”迈进，通过学校特色发展，促进了学校的内涵发展，即依靠学校实行自主的改革、挖掘本校所具有的潜在优势，合理而又充分地利用学校既有的资源并最终形成名校。实践证明，青羊实验区原来基础相对较差的薄弱学校通过学校的特色发展优化了教育资源，形成了教育特色，成为成都教育品牌学校。

以中学教学改革为例，除石室联合中学（西区）从“小步子，快节奏”教学模式到“自主学习”教学模式外，青羊实验中学在借鉴洋思中学、杜朗口中学经验的基础上，自创“导学讲义”，以及十一中的女子教育特色、三十七中的艺体特色发展等模式，在成都市都颇有影响。

四、促进了学生的全面发展和个性成长

学校对学生的成长和发展起着至关重要的作用，优质的学校教育将为学生终身发展奠定坚实的基础。有特色的学校，才可能培养出有个性、有特色的学生；没有特色的学校，只能使学生成为“千

人一面”的“标准件”。通过项目促进学校特色的形成和提炼，除了表现在教学质量、教育效果上的“优”，而且还能提供“特”即多样化的教育来满足不同学生的兴趣、爱好、特长及潜能的需要，使得有某方面兴趣、特长的学生能够选择自己所喜爱的学校。学校的特色发展，归根到底，是为了促进学生的全面发展和个性健康成长。

在全国享有盛誉的科创特色示范学校——树德实验中学（东区），即原成都市二十四中，在科创发明教育方面，始终坚持以创新精神和实践能力的培养为突破口，狠抓以科技创造发明教育为主的特色教育。通过开设科创课，开展科技活动月、体育艺术月、学科竞赛周等丰富多彩的课外活动，极大地发展了学生的能力和提高了学生的综合素质。学生在各级各类竞赛中取得优异成绩。其中，科创发明作品获得国际、国内各级奖项600余项，并有63项获得国家专利。由于科创方面的优异成绩，每年均有大范围的学生享受高考加分政策或直接保送至四川大学。

成都市少儿文化艺术小学是青羊区的艺术特色学校，四川省艺术学校后备人才培养基地。学校在“艺文融合、全面发展”的办学思路指引下，狠抓学生的综合素质教育，精心打造素质教育的模范苗圃。如今，苗圃里已绽放出一朵又一朵光彩夺目的素质教育之花，朱玉同学就是最好的例证：2007年5月，在中央电视台“梦想从这里起航”第二届全国青少年优秀文艺节目展演晚会中获“最佳艺术风采奖”；2007年8月，在全国“蒲公英”第七届青少年优秀艺术新人选拔活动中获少年组钢琴专业A组金奖；尤其值得一提的是，2008年6月，她以高分被国家级示范高中——树德实验中学录取，成为成都市少儿文化艺术小学的优秀毕业生；她还在2009

年 1 月第十届全国汉语作文考级暨现场作文大赛中获第七级别一等奖，全省仅她一人获此殊荣。青羊区在推进教育特色化的过程中，形成了一批颇具特色的学校。这些学校坚持自己的办学理念，并根据自身发展的历史传统不断进行改革和创新，从而在学校物质文化、制度文化、行为文化和观念文化等方面形成了自己的办学特色和学校特质。

第十章

青羊实验区教育国际化的发展战略

作为一座内陆城市，随着中国的开放重心从沿海向内陆转移，作为我国西部经济核心增长极，成都市日益加快了国际化步伐。早在2008年，四川省委就提出破除盆地观念，树立开放意识；破除内陆观念，树立前沿意识；破除自满观念，树立进取意识；破除休闲观念，树立爬坡意识。近年来，按照成都建设开放性区域中心和国际化城市的城市定位，以及“五大兴市战略”（“交通先行”、“产业倍增”、“立城优城”、“三圈一体”、“全域开放”）的总体部署，在中国教科院的科研引领下，青羊实验区加快了教育国际化发展步伐，加大了人力、物力、财力的投入力度，加强了机构、制度的建设和完善，坚持“多元融合、内涵发展”的基本理念，统筹实施，分步落实，使区域教育国际化得到有效推进，实现了办学机制多元化、学校管理多元化、师资构成多元化、课堂元素多元化、学

生发展多元化，促进了青羊教育的内涵发展，为培养具有中国精神、国际视野、公民素养的未来人才奠定了坚实的基础。

第一节　青羊实验区教育国际化的发展概况

2009 年，青羊区制定了《成都市青羊区教育国际化工程实施方案》。这项方案通过调查研究，发现青羊区的教育国际化存在被动性大于主动性，交流多局限于亚洲、集中在少数学校且停留在浅层次的互访形式等问题上。此后，青羊区将教育国际化确定为区域教育发展整体战略之一，加快推进青羊区教育国际化进程，初步建立了与青羊区经济社会发展相协调的青羊教育国际化体系和运作机制。

一、青羊实验区教育国际化的理念

（一）教育国际化的目标定位

教育国际化是区域教育为适应经济社会发展而做出的必然选择。20 世纪后半期以来，由信息通讯技术带来的第三次科技革命压缩了人们之间的时空距离。作为一种社会存在的人已经从特定时空中“脱出”，无孔不入的信息通讯技术带来了人的思想的国际化和全球化。生活在现时代的人无法脱离全球化的影响，不可避免地成为了全球社会中的公民。教育国际化的终极目标是培养具有国际意识、国际交往能力、国际竞争能力的人才，立足本土，放眼世界，积极主动参与国际竞争。青羊实验区在推进教育国际化的过程中，引导全区学校在教育教学过程中始终围绕“全球社会中的青羊人”这一培养目标，积极拓宽教师和学生的国际视野，不断改进学校教育教学方式，利用本土化和国际化的互动推进学校整体改革。

（二）教育国际化的主要内容

教育国际化是教育发展的一个必要维度，通常包括教育观念的国际化、教育内容的国际化、教育方式的国际化和教育人员的国际化等方面。在推进教育国际化的过程中，教育内容的借鉴和教育人员的交流比较容易实现，然而实现教育观念的国际化却相对比较困难。教育观念的国际化不仅带来了思想的碰撞，而且有可能迫使教育者放弃长期以来认为理所当然的观念和做法。实现教育思想的国际化是教育者思想观念的解放，它要求教育者以开放的心态选择和利用先进的教育资源，通过本土化的改造促进自身的发展。青羊区在推进教育国际化的过程中，从教材编写、课堂教学、学校活动和人员交流等方面，不断深化教育国际交流的渠道和方式，使教师和学生的观念和行为发生了显著的变化。

（三）教育国际化的推进策略

教育国际化一方面是教育者用国际视野把握和发展教育，另一方面是教育者在经济全球化、贸易自由化的大背景下，充分利用国内和国际两个教育市场，优化配置本国的教育资源和要素，培养出在国际上有竞争力的高素质人才。青羊区在推进教育国际化的过程中，一方面把教育国际化作为拓宽自身视野、促进自身改革的强大动力，充分利用国际化给区域教育带来的冲击，掀起新一轮的教育改革发展高潮；另一方面，青羊区充分利用成都市和国家发展的机遇，借助国际化的发展平台，重新配置区域教育资源和要求，积极引进国际化人才，为全区学生提供更加多样化和国际化的教育资源，提升全区教育的整体实力和核心竞争力。

二、青羊实验区教育国际化的发展成就

(一) 教育国际化机制日益完善

青羊区委、区政府高度重视教育国际化工作，形成以“五年规划为纲，行动计划为面，配套文件为线，实施方案为点”的国际交流合作制度；成立了青羊区建设区级国际化发展领导小组，单设统筹区域教育国际化工作的对外交流与宣传科，形成区—校两级推进国际交流合作的机制；聘请外籍专家为青羊区教育督导专家团成员，以先进经验指导青羊实验区教育，参与青羊实验区教育工作中重大问题的调查研究，形成了区域教育国际化的管理模式；为区内金沙小学、青羊实验中学附属小学等多所学校聘请外籍名誉校长，形成了中外校长共同治校的管理模式。

(二) 国际交流与合作不断深化

2009—2012 年，青羊教育国际化经历了“以客为主”到“以我为主”的改变，完成了从“被动接受”到“主动交流”的转变，更实现了从“形式为上”到“内涵发展”的蜕变。

青羊实验区教育国际交流与合作规模在不断扩大。近年来，青羊区先后与 28 个国家（地区）的学校建立了友好合作关系，开展课程共建、师资共建、项目合作、科研合作等全方位的教育交流合作。2012 年 5 月，青羊区又与加拿大魁北克省东方教育局签订区域性合作协议，建设起长期稳定的协同关系。在教育互访方面，全区学校接待美国、日本等国的来访人数由 2008 年的 102 人上升到 2011 年的 533 人，增长 423%；师生到美国、新加坡、澳大利亚等国进行交流的人数由 2008 年的 207 人上升到 2011 年的 1238 人，

增长498%。（详见下表）

▲ 青羊区教育局与加拿大魁北克省东方教育局签署区域合作协议

青羊区师生赴境外学习考察、培训及师生交流情况的统计

<table>
<tr><th rowspan="2">时　间</th><th colspan="3">出　访</th><th colspan="3">来　访</th><th rowspan="2">涉及国家/地区</th></tr>
<tr><th>教师赴境外研培人次</th><th>学生赴境外交流人次</th><th>小计</th><th>境外教师来访人次</th><th>境外学生来访人次</th><th>小计</th></tr>
<tr><td>2009年</td><td>12</td><td>149</td><td>161</td><td>44</td><td>452</td><td>496</td><td rowspan="4">日本、新加坡、美国、英国、法国、德国、芬兰、瑞士、捷克、澳大利亚、加拿大、雅典、奥地利、丹麦、意大利、韩国等</td></tr>
<tr><td>2010年</td><td>89</td><td>580</td><td>669</td><td>130</td><td>415</td><td>545</td></tr>
<tr><td>2011年</td><td>196</td><td>1042</td><td>1238</td><td>156</td><td>377</td><td>533</td></tr>
<tr><td>合　计</td><td>297</td><td>1771</td><td>2068</td><td>330</td><td>1244</td><td>1574</td></tr>
</table>

从2010年起，青羊实验区的出访人数开始超越来访人数，实

现了从“被动接受”到“主动交流”的转变，开始主动寻求合作、影响他人；在地域上也突破了局限于亚洲的窘境，开始遍及全球，尤其是开始了与欧洲和北美等发达国家的教育对话。

为扩大青羊教育的影响，提升青羊教育的品质，青羊实验区还特别注重教育国际化的“内涵发展”。青羊实验区积极主动地申办、承办各类国际教育交流会：“中英气候课堂”、“青年酷派—绿色校园行动”、“爱德孤独症国际研讨会”、“责任·创新·合作——全球化背景下的学生素质培养论坛”、“共同的课堂　共同的未来——全球化背景下的课堂教学研讨会”、“中英职业教育 BTEC 课程全国研讨会”、“教育的新未来——21 世纪教育发展国际研讨会”等大型国际化研讨会纷纷在青羊落幕；青苏职业中专学校国际部的开办、首批学生的顺利留学以及 BTEC 课程的引进更是为青羊职业教育国际化的发展奠定了坚实的基础。这些高水平、高质量的研讨会和交流与合作活动，加深了与会者对国际化的理解和认同，使与会者了解了最新的教育动态和最先进的经验，更增强了青羊实验区教育国际化管理的水平。

▲ 中国教科院院长袁振国在青羊实验区教育国际化论坛上发言

（三）国际交流与合作环境逐步改善

青羊经济发展的良好态势为加强国际交流与合作奠定了物质基础。近几年，教育国际化经费预算由最初的200万元增加到2011年的700万元，主要用于推进教育国际化发展所必需的师资培训、课程研发、项目建设等方面，保证了教育国际化的顺利推进。

青羊基础教育质量和水平的不断提高为加强国际交流与合作奠定了学术基础。目前，青羊实验区成功立项1个省级教育国际化课题，区级教育国际化课题已结题。此外，青羊区教育局牵头编发《青羊区中小学国际理解教育系列学本》以及“青羊区国际理解教育体验课程”，使得全区52个中小学已基本实现国际理解教育常态化，金沙小学、草堂小学等26所学校甚至已拥有国际理解教育校本教材。

基础教育师资队伍素质的逐步提升为加强国际交流与合作奠定了人才基础。青羊实验区加大了对外籍教师的引进力度。2007年，青羊实验区仅有2名外籍教师，到2012年全区已实现外籍教师“满覆盖”。引进来的同时，也须走出去。青羊实验区为加强师资培训、提升教师素质，与清华大学国际教育培训中心紧密合作，在韩国、日本、新加坡、加拿大建设了“青羊教师海外研修基地”，全区校级干部100%参加境外培训。2012年，拟公派300余名一线教师出境参加培训，首批赴韩国考察的老师学习成果显著。同时，青羊实验区55位教师接受首届IPA国际注册汉语教师资格培训，大大提高了教师队伍的国际化水平。双语师资占到全区教师比例达到16%。岳家桥小学、彩虹小学、花园小学、红光小学等七所小学先后被授予“中国教育学会全国双语实验学校”的称号。

第二节　青羊实验区教育国际化的实践探索

引入国际先进教育理念，普及优质教育资源共享，共同探索教育新模式，全面提升青羊实验区教育现代化和国际化水平，需要我们先认清自身的问题，在此基础上找到自身发展的新思路、新的突破点，使我们的行动更加具有创新性，更加富有成效。以下就先简述青羊区教育国际化发展存在的问题，然后介绍我们在打造“三个中心”、推进“六大工程”、建设校园文化、推介特色学校等方面进行的有益探索和取得的成效。

一、找准问题，聚焦青羊教育发展难点

当前，与成都市委和青羊区委“充分国际化”的要求相比，青羊区还存在一些与基础教育国际化趋势不相适应的问题与困难。

（一）青羊实验区学校教育国际化工作水平有待提高

当前，全区中小学对教育国际化的重要性和必要性已经有了较高的认识，但是，学校领导班子对如何在人、财、物、时间资源有限的情况下践行好教育国际化工作，如何调动起教师进行国际理解教育的积极性，如何提高国际理解教育的教学质量等方面的认识还有待进一步提高。

（二）学校之间教育国际化水平有待均衡

当前，青羊实验区中小学教育国际化呈现出相当大的差异，优势学校领跑全区，弱势学校发力欠缺。截至2011年，区属学校共

与境外42所学校缔结友好合作协议，但友好学校之间的联系还不够密切，合作的开展还不够深入：2011年，青羊区43对友好学校中有互动的为30对，占70%；互动两次以上的为10对，仅占23%。

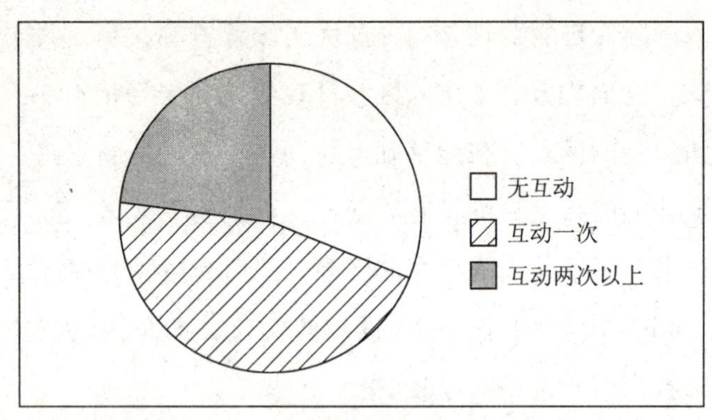

友好学校互动情况

此外，全区中小学开展国际化活动还大多停留在浅层次的交流互访层面，与境外学校开展师资共建、学生共育、课程共建、项目合作等长久深度合作的学校仅有12所，占27.9%，未能达到合作共赢的效果。而且全区各学校大多采取“浸润”和“渗透”的方式开展国际化教学，原汁原味的国际教育模式还未得到更好推广，做好国际部运作、培养教师实施国际课程的技能等都还须加强。

（三）学校教育国际化的实施条件有待提升

一是本土教师双语交际能力还不高。当前，全区双语师资仅占全部师资的15%，有待进一步增加；外事工作人员团队中具备双语交际能力的人数为44人，占整个团队的80%，有待进一步提升；部分教师对国外先进的教育理念、优秀的教育文化、领先的教育技能还不够了解，难以将其与中国传统的教育理念、教育文化、教育方法一起进行吸收、借鉴、批判、融通。二是外籍教师的教学能

力、课堂组织能力、科研能力仍须加强。全区仅有少数学校配置有能与国外学校进行远程互动的信息化课堂。总体上，全区学校教育国际化实施的软、硬件基础仍显薄弱。

二、顶层设计，健全国际交流合作机制

一是健全国际交流与合作制度。围绕《成都市青羊区教育国际化发展五年规划（2009—2013）》，青羊实验区陆续出台《成都市青羊区外籍辅导员管理暂行办法》《成都市青羊区中外合作办学管理办法》《成都市青羊区教育国际化进程监督办法》以及《成都市青羊区教育国际化工作专项督导评估实施细则》等相关配套制度，已下发《成都市青羊区教育局2011—2012学年度推进教育国际化发展实施方案》等年度行动计划。

二是完善区、校两级推进国际交流合作的管理体制。成立以局长为组长、其他局领导为副组长、各科室科长为分组长、各校校长为成员的青羊教育国际化发展领导小组；成立专门统筹协调教育国际化发展的对外交流与宣传科；组建由各校校长为组长、分管校长为副组长、外事联络人为具体实施负责人的学校国际化建设推进工作小组。

三、三大中心，构筑国际教育建设高地

青羊实验区在进一步提升教育现代化水平的同时，着力通过“三个转变”，打造“三大中心”，全方位提升区域教育国际化品质。

一是打造科学研究中心。青羊区教育局与中国教科院、中国教育学会、清华大学国际教育培训中心等七大学术机构建立战略合作关系，组建“国际教育研发核心专家团”，负责青羊教育国际化的理论研究、实践调研、动态监测和决策咨询等方面的工作。该中心制定并持续完善了“中小学、幼儿园推进教育国际化水平指标体系”，将评估结果纳入学校绩效考核工作。通过评估促使学校发现当前在推进教育国际化中的潜在问题，帮助学校进行教育发展决策，改进教育工作，调整教育内容，完善教师培训，更好地服务于教育国际化发展。中心还推出《同一个地球村·青羊区中小学国际理解教育系列学本》与配套的“国际理解课程”。此外，中心正着力开发一套涵盖武术、戏曲和非物质文化遗产等富有传统文化特色、民族特色和地方特色的“国际交流品牌短课”，向国外传播中国文化，逐步实现全区所有学校“校校有短课”、“课课有特色”。

▲ 青羊区中小学国际理解教育读本

二是打造项目合作中心。青羊区教育局整合英特尔、加拿大东方教育局、美国哥伦比亚国际文化发展中心、英国伦敦蒙台梭利协会、新加坡伊顿国际教育集团、美国全球科思基金会等国际机构以及我国台湾多元智慧发展学会等合作资源，成立青羊国际项目管理中心，负责全方位推进青羊国际化项目，避免国际项目合作浅层

次、无序化、短暂性，让国际交流合作真正促进青羊教育高位发展。该中心负责区内国际学校以及国际部的建设，中心于2012年促成了“孔裔教育·树德协进国际六艺教育交流中心”的设立，举办了“IPA国际注册汉语教师资格认证班”，开办了“青羊教育国际化讲坛”，建设了“外籍教师工作室”、“青羊教师海外研修基地”。

三是打造咨询服务中心。青羊实验区通过与加拿大魁北克省东方教育局等建立区域性长期合作关系，借助英特尔、美国哥伦比亚文化发展中心等十二大社会组织的资源优势，成立“海外教育合作机构联络咨询室”，促进海外优质资源与本土资源的融合。该中心发布教育国际化专用网页，编发《青羊区推进教育国际化工作信息专报》，为教育国际化特色学校装配可实现国际远程互动的现代化多媒体教室，为区域性推进教育国际化提供信息交互支持。此外，中心2012年承办了“共同的课堂　共同的未来——全球化背景下的课堂教学研讨会”、“教育的新未来——21世纪教育发展国际研讨会”等多个国际会议。

四、六大工程，提升国际教育品质水平

（一）推进教育国际化特色学校建设工程

民族的就是世界的。青羊教育国际化是在发扬本土教育与文化优势和特色的同时，主动引进国际优质教育资源，兼收并蓄，推进青羊教育的内涵发展。我们在区内中小学教育国际化工作现状基础上，整体规划、精心设计，在“一校一品，一校一景”的特色校园文化基础之上，鼓励并协助学校开办双语网站、双语校刊、开展

“双语”教育实验、营造“双语”校园景观，建设出一批“教育国际化特色学校”。青羊实验区加大对教育国际化特色学校的国际交流与合作项目的支持，把“教育国际化”作为衡量教育国际化特色学校发展成效的重要指标，逐步形成青羊实验区教育国际化发展的中坚力量，并以面活体，带动全区学校教育国际化发展。

（二）推进国际化师资建设工程

青羊实验区通过“专家请进来，教师走出去”的方式，打造一支青羊本土国际化管理团队和师资队伍。全区强化对本土教师的培训，通过境外研修、专家讲座等方式开阔本土教师的国际视野。目前，全区具有国际水准的教师、教育专家总数2181人，其中特级教师37人；具有大学本科学历且通过大学英语4级或6级考试的教师2078人；具有国际汉语资格认证（IPA）的教师5人；目前参与国际汉语资格认证培训的教师60人，所占比重为54.5%。在市教育局的引领与支持下，青羊区积极创造条件，与省、市、区外办、侨办、台办加强沟通交流，面向全球广揽人才，认真做好海外人才的引进工作，为区属学校聘请专职外籍教师，并持续引进英特尔的外籍志愿教师，打造一支高水平的外籍教师队伍。目前，全区外籍教师总人数88人，其中外籍教师31人；英特尔外籍助教57人，所占比重为2.2%。同时，青年实验区积极拓展渠道，完善教师出国进修访问的制度，加大派送干部教师赴海外研培的力度，积极支持教师参加国内外召开的各类高水平的国际学术研讨会，更好地保障外派教师的权益。以2011年为例，青羊实验区教师赴境外学习考察及培训155人次，学生赴境外交流访问1083人次。这里还加强与国际优质教育机构的沟通与协作，有选择地在美国、韩国、日本、新加坡等地建立青羊教师海外研修基地。此外，青羊实验区定期邀请专家分层进行外事联络工作的培训与指导，通过不断强化学习的深度、力度和广度，有效提升青羊教育外事工作队伍的认识水平、国际视野和业务素质，建立一支政治素质高、业务能力强、经得起考验的教育外事工作队伍。

▲ 青羊区教育系统人员赴韩国研修

（三）推进国际复合型人才培塑工程

坚持“多元融合、内涵发展”的理念，搭建起国际交流合作平台，多渠道、多途径整合国内优质教育资源、引进优质国际教育资源，打造国际教育“无痕”联盟，提高学生国际化发展全路径；针对高中教育国际部建设，遴选专业实力强、教育资源广、管理水平高的国际部合作方，试点国际课程班，为培养中国精神和国际视野兼具的未来人才奠定坚实的基础。青羊区在30余所学校试点实施“中小学国际理解教育课”、“国际理解体验课”，鼓励并协助各学校与国外中小学建立长期的全面合作关系，鼓励学校组织各种形式的国际夏令营或冬令营，鼓励学生走出去学习并担当起宣传本国教育文化的使者，争取扩大双向交流生、交换生规模。青羊区还整合资源，开通渠道，吸引外籍学生来学习汉语和中华文化；加大青羊区中小学与国外中小学的合作力度，积极开发各种双联课程、学分互认课程、外部学位课程、外国考试机构课程等，培养具备较强的终身发展素质的国际复合型人才。

（四）推进国际教育科研基地建设工程

青羊实验区致力于建立一个国际教育科研基地，通过加强国际学术交流和科研合作，提升青羊实验区科研实力和学科建设的国际化水平。我们积极主办或承办国际学术会议，力争举办世界性学术组织主办的连续性国际学术研讨会议。青羊区鼓励并支持区属中小学教学科研人员参与国际合作研究项目，申请国际组织和其他国家的科研项目，借鉴和吸收国外同类中小学在课程体系改革、教学内容更新、教学方法创新等方面的先进经验，提高学校课程建设水平，试点实行国际课程；鼓励中小学与国外中小学、教育机构共建科研协作平台；鼓励中小学与国内外政府部门、学术界和产业部门共同建立产学研基地。

（五）推进国际化学校建设工程

在成都市教育局和青羊区政府的支持下，青羊实验区本着学习、借鉴国外先进办学理念、管理经验和人才培养模式的宗旨，通过合理规划，积极引进境外优质教育资源，打造1—2所与国际接轨、有一定规模、有资格招收中外籍学生的高水平国际化学校，由此来扩大国际化学校办学规模，开拓涉外办学市场，提高涉外教育质量，优化全区涉外投资环境。

（六）推进青羊教育推介工程

青羊实验区组织全区中小学设计制作具有该校文化特色的国际吉祥物，成为青羊教育联通世界的使者；总结提炼国际交流与合作的阶段性成果，汇编成书册进行系统展示；在青羊教育网站上开辟

"青羊教育国际化专栏"，及时上传更新学校国际交流合作动态，及时上传更新最前沿的教育国际化资源，及时传递国内外推进教育国际化的前沿信息与先进技术，注重质量提升和青羊教育国际化品牌建设，推动青羊教育外事工作走内涵式发展道路；青羊实验区还组织区属学校到国外举办教育展，介绍青羊区的经济、社会、文化、教育资源，扩大青羊教育的国际影响力。

五、多元融合，聚增校园文化国际元素

在校园文化打造方面，青羊区始终坚持"常规立校、质量兴校、文化靓校、科研强校"的理念。要求以校长为主的学校管理团队要在继承学校、社区历史文化遗产和总结梳理世界优秀文化的基础上，找到以"我"为主的文化建设主题，将此主题渗透到学校工作的方方面面，实现文化的积淀、传承和创新，推进学校特色发展和可持续发展，鼓励学校在自身特色发展的同时，融通中西，实现学校内涵发展。

以金沙小学为例，学校在"追逐梦想，从心绽放"的办学理念引领下，致力于建设一所"没有观念围墙、没有心灵围墙、没有精神围墙"的现代化、国际化学校。学校形成了国际化的开放模式，在每一楼层设置相应的主题馆——一楼的科技馆、二楼的文学馆、三楼的艺术馆，并在楼道处设置交流区、体验区、活动区，从墙体设计到教室内个性展示板的设置无不彰显着人性的关怀与国际化的元素；在泡桐树小学，学生们以年级为单位，编制关于德国、英国等国家的介绍小报，如《游历德国》《走遍英国》等，用以相互传阅，通过自主性学习的方式，营造人人了解世界的文化氛围；在中

育实验学校，英语老师精心选取了日常用语 90 句，加上中文对照，和学校“青花”文化相结合，印制成别致的提示语，贴在楼道台阶的立面上，让全校师生上下楼道时能主动关注，自发学习，创设人人学英语的环境；在成都市实验小学西区分校，学生们踏着世界地图上学，走廊上布满了对世界各种地理人文知识的介绍，让学生行走于各国之间。

▲ 金沙小学国际化长廊

六、两部并行，成就国际教育特色品牌

除了在高中阶段试点推行 A-LEVEL、AP 课程等，青羊区还立足现行教育制度，在小学试点“一校两部”的国际化办学模式，重点将花园国际学校等学校打造为品牌国际学校。青羊区教育局高度重视花园国际学校建设，为学校配置现代化的硬件设施与国际化的师资队伍，以学术与活动为两大抓手，致力于将花园国际学校打造成为一所世界级的花园学府。第一，二元制的管理模式。青羊区为花园国际学校聘请美国、新加坡的外籍名誉校长，参与学校管理，

开阔学校发展思路、创新学校办学模式。第二，二元化的校园环境。青羊区为学校打造“与世界同行”的校园文化建设：清新优美的园林式校园、国际文化体验馆（中式、西式）、开放的世界教室、室外移动教室、中国成语园林、外国谚语走廊、“教化若水”的生态鱼池、“关爱生命”的生态农场、国花班级文化、五大洲大厅等，营造国际化的外部环境。第三，二元化的师资队伍。青羊实验区借力“美中友好志愿者项目”等多个师资培训项目，对花园国际学校教师进行培训，开拓其国际视野；此外，还为花园国际学校聘请外籍教师，提升师资的国际化水平。第四，二元化的学术支持。青羊实验区牵线搭桥，帮助学校与台湾多元智慧发展学会、桂冠教育集团等国际教育机构以及西南财经大学、四川蒙特梭利教师协会等国内教育机构建立长期稳定的合作关系，研究富有特色的创新教育课程与财商教育课程。第五，双向的活动开展。学校结合国际节日、国际时事、国际城市等开展形式各异的国际化活动，浸润国际化学习氛围；同时，学校开展广泛多样的社会实践活动，让学生走进美术馆、博物馆、科技馆，走进新加坡、中国台湾、美国，亲身体验国际教育。

第三节　青羊实验区教育国际化的发展经验

学校是推进教育国际化的主阵地。在青羊区教育局的领导和支持下，青羊实验区不少各中小学校积极响应，结合本校历史特点和发展方向，将本校教育国际化做得有声有色。以下重点介绍两所小学和两所中学的先进经验，以及这些经验在社会上引发的影响。

一、金沙小学教育国际化的经验

金沙小学通过大力构建国际化的课程体系、组建国际化的教师队伍、实施国际化的双赢合作与交流、建设国际化的共享资源四方面来推进教育国际化发展。

（一）大力构建国际化的课程体系

金沙小学在国际理解课程建构中，进行了大胆的实践和尝试。在“开放、探究、均衡、和谐”的策略指引下，努力实现开放与传统、必修与选修教学模式的结合，把英语校本课程、第二外语选修等项目确定为“国际理解课程”。学校还开展了“国际理解教育”校本课程建设的研究，拟用三到四年时间，整体构建一门辐射全校、面向全体、体现金沙特色和金沙教育理念的研究型课程，引领全体师生系统开展世界人文探究和国际教学研究。目前，学校已逐步增加了国际礼仪、外国文化习俗、世界政治经济、自然文化状况、世界经典音乐欣赏等课程内容，逐步形成了学校“跨文化教育”教学系列，初步实现了全面发展每一位学生、教师的人文素养和“跨文化认同感”的目标。学校还大力推进国际理解教育学科渗透工作，更充分地利用常规课堂教学，灌输国际理解的理念，让学生学会理解、包容，学会共存和发展，培养师生的世界公民意识，提高国际文化理解力，同时，继承和发扬中国的传统文化。

（二）组建国际化的教师队伍

师资力量直接影响学校的学科建设和发展方向，也影响学校培养人才的目标和质量。一所国际化的学校，师资力量也应该朝着国际化的方向发展。学校持续实施了“外教人才引进计划”，从各国

引进优秀青年教学骨干。他们的引入，大大丰富了教师文化背景的多样性，提升了教师队伍的国际化水平。

同时，学校通过推行“教学骨干派出计划”、“中青年教师海外研修提升计划”等项目选派优秀教学骨干到中国香港、中国台湾、新加坡等地的学校进行学习或参与教学研究工作，以此加强中青年教师队伍建设。仅2012年上半年，学校教师出境进修就达15人次。

（三）开展国际化的双赢合作与交流

大力开展国际教育交流与合作是学校教育国际化中最活跃的一个方面，其中包括校际的国际合作、学生的国际游学和教师的国际交流三块内容。这种互动和合作，无论是对学生发展还是对教育研究或是对学校发展来说，都不失为一种双赢的有效举措。金沙小学积极寻求国际合作办学，建立友好学校，招收外国学生，构建一种新型的、兼容东西方文明的学校文化和国际教育模式，促进学生和学校的跨越式新发展。目前学校已与中国香港、中国台湾、新加坡、英国等地区和国家的学校搭建起友谊学校，双方开展了游学、短期互访、交换教师、教育培训、合作参与项目等系列互动交流活动。如学校的“绿色生活联盟”学生社团，目前已经成功加入到“根与芽”全球公益组织，通过举办由学生自己操作和组织的项目，展示了金沙学生的风采，同时与国际相关组织发展良好关系。

（四）建设国际化的共享资源

现代交通和通讯技术突飞猛进的发展，缩短了时空的距离，使“地球村”人员、物资、信息的流通极为便利，这也给金沙小学的教育资源的国际共享提供了条件。金沙全力打造校园网站和校园资源库，并通过联网开放本校教育资源，使得信息资源能够实现一定程度的国际共享。学校也非常重视利用国际教育资源，建设、整合先进的教育体系，以本土化信息赢得国际化资源。目前学校已引进近300册外文原版图书，引入了HOMESCHOOL、《美国加州教材系列》等国外主流教材，同时，还注册链接到香港教育城、台湾教育资源平台、台湾教育资料馆等地区的教育资源库，实现收集资源、建构整合的目的。

二、东城根街小学教育国际化的经验

成都市东城根街小学立足本土、面向世界，从理念文化、课堂文化、管理文化、课程文化、活动文化等多方面着手来深化国际交流合作。学校根植巴金精神，立足传统，放眼世界，致力于培养说真话、做好人的具有中国灵魂的世界公民。

（一）开展国际交流系列活动

学校充分学习和利用独特的民族文化和非物质文化开展国际交流活动。学校先后与加拿大、美国、法国、捷克、日本、新加坡、中国香港、中国澳门、中国台湾等十几个国家和地区建立了相互友好交流关系，开展了文化交流活动。活动涉及体育、美术、音乐、科技和民族、民间文化等。学校应邀远赴日本进行武术、民间文化交流活动；应新加坡、中国香港学校邀请组织学生游学交流访问活动。学校向海内外友好学校征文，编辑、出版有中文、英文、日文、藏文等多种语言文字的第十二届“巴金杯”征文作品图书。为了传播中国文化、介绍家乡文化，学校设计制作“国际交流信物”——熊猫东东、学校明信片、书签，还有学生书法、绘画、剪纸、皮影、布艺、川剧道具（钥匙扣）等文化交流物品，赠送给其

他国家以及地区的友人，促进相互交流。

▲ 东城根街小学国际交流活动

（二）深化友好学校互动交流

学校国际交流从展示走向对话，从对话走向共建，从学习借鉴走向文化传播。作为省教育厅对外开放的窗口学校，学校与英国霍利威尔小学缔结友好学校，彼此开展主题交流活动，进行互动交流、课程共建、师资互派、课程比较，相互借鉴。学校与英国霍利威尔小学共同开展的国际交流项目获得中英校际连线批准和汇丰银行赞助。学校还定期利用互联网互通信息，开展交流活动，如学校的英国日活动。

（三）实施国际理解教育

学校编撰了国际理解校本教材，聘请外籍教师，培养双语教师，开展双语教学实验，实施国际理解教育；学校建设“亲近文化人、亲近文化城，过好传统节、自创文化节，争做文化人、走向国际化”的活动文化；每年定期举办英语节、中外童诗节、游戏节、民风民俗节、中英文化节、中日文化节等，佼佼者通过选拔进入学校的“接待队”，受聘为学校的“双语小导游”。

三、青苏职业中专学校教育国际化的经验

青苏职业中专学校是成都地区首家“中英职业教育 BETC 课程实验基地”，学校秉承“现代化、国际化、多元化”的发展战略，目前已与台湾大仁科技大学、美国肯塔基州杰弗逊社区技术学院、新加坡物流管理学院、新加坡智源教育学院等国际院校签订合作办学协议，开办国际物流、涉外酒店、学前双语、环艺设计等国际化特色专业。

（一）中西合力，打造学校国际部

为了拓宽办学渠道，学校与新加坡物流管理学院、新加坡 SHRM 酒店管理学院合作，于 2009 年率先成立了国际部，以全球化视野培养一流的技能型职业人才。国际部引进国外课程标准，开办有国际物流、国际酒店和学前双语教育三个专业。学校在国际部的建设中给予大力支持，在管理上实行独立管理，在培养目标、课程设置、师资配备上给予优惠政策，推动了国际部的建设。通过两年的运作，首批学生中已经有 10 多名学生进入新加坡相关学校留学，其余学生大多数也进入各种外资企业实习，缓解了市场对涉外人才的急迫需求，获得了良好的社会效益，也为学校开办涉外专业积累了办学经验。

▲ 青苏职业中专学校国际合作项目签署仪式

（二）中西合力，建设国际化师资

学校学习借鉴国外先进职业教育理念，推动干部、教师的全面培训和水平提升，开展国际职业教育理念、教学方法、外语教学和语言应用能力等专题培训；积极选派专业课教师到国（境）外接受先进技术（工艺）培训，每年派出教师总人数的20%赴新加坡、澳大利亚、美国和中国香港、中国台湾等地接受培训。同时，学校还聘请外籍教师，提升师资的国际化水平。

（三）中西合力，培养国际化人才

学校树立“立足国际视野，培育国际化人才”的办学思想，以英语、日语、韩语等多语种教学为依托，引进借鉴先进的教学理念、教学方法，转变教育管理理念，形成现代学校管理制度，进一步树立开放意识，把国际化元素充分融入学校文化建设当中，培养具有国际视野、通晓国际规则、能够参与国际竞争的国际化技能型人才。目前学校在校内建设有仿真情景实训酒店、学前教育实训基地、机械加工实训基地、数字媒体商业实战室、创业教育中心、300台教学用计算机和两间电子钢琴教室等可供学生实训实作的场地及设备。学校还积极与市内企业合作，在本市酒店、大型企业共建多达40余家实习基地，为学生实习提供了稳定的实习场所。此外，学校还创建基于太极文化和中国传统文化为核心内容的国际短期交流、培训课程，为广大国际友人提供感知中国文化、了解中国文化的有效途径。

四、树德实验中学教育国际化的经验

树德实验中学将“培养具有国际化意识和胸怀、具有国际一流知识结构，而且视野和能力达到国际化水准，在全球化竞争中善于把握机遇和争取主动的高层次人才即国际化人才”作为其教育国际化的发展目标；坚持教育充分国际化“兼容并包、文化物化”工作理念，积极推进文化交流，增进国际理解与多元文化融合；积极推进人员交流，促进学校制度文化现代化，扩大师生的国际视野；积极参与国际教育项目，促进学校教育教学特色发展与比较优势发展。

▲ 树德实验中学国际交流活动

（一）大力开展对外教育交流

学校高度重视教育交流合作。2011 年，学校先后与日本山梨县教育局、新加坡安德逊中学等数十个学校机构进行交流合作，推动教育国际化全面发展。2011 年 7—8 月，学校组织 90 余名学生赴美国、澳大利亚、瑞士、英国等国进行交流学习，并派出 10 余位教师赴国外交流学习。此类对外交流活动开阔了师生的视野，为师生发展提供了更广阔的平台。此外，学校还协办新加坡政府奖学金考试，帮助本土学生走出国门、走向世界。

（二）深化友好学校互动合作

学校与新加坡武吉班让政府中学、新加坡安德逊中学、新加坡维多利亚中学、新加坡圣尼格拉女子中学、瑞士雷蒙学校建立友好学校，与外方学校开展师生互访、课程共建、项目合作等多方面合作。

（三）推进国际交流合作项目

学校重视国际交流合作项目，推进“中英气候课堂”项目、“挑战清洁空气”项目、“游戏化学习与教育变革”课题等，并成为加拿大SMART交互教学示范学校。这些丰富多彩的项目推动了学校国际理解教育的开展。

五、青羊实验区教育国际化的社会影响

近年来，青羊实验区坚持“多元融合、内涵发展”的发展理念，对教育充分国际化进行了执着追求与不懈探索，产生了良好的社会反响，得到国家和省、市、区各级领导的肯定，也吸引了国内外众多媒体的关注。中央电视台、《新华每日电讯》《四川日报》《成都日报》、韩国首尔电视台等多家媒体的争相报道青羊实验区教育国际化发展的经验。

2012年4月13日，《四川日报》报道了青羊实验区教育国际化，认为青羊实验区教育国际化工作亮点频现，实现了国际教育的可持续发展。

2012年4月15日，《新华每日电讯》报道了青羊实验区国际化教学理念进课堂的实践，认为“作为全国最早探索素质教育的成都市青羊区，近年来推进教育国际化，通过引进外教、校校合作和

校企合作等途径，在西部地区率先实现了外教和国际友好学校的'全覆盖'，让国际化的教学理念走进了学生课堂"①。

青羊教育：打造西部教育国际化核心增长极
——成都市青羊区建设中西部具有示范意义、全国一流的教育强区

▲《成都日报》报道青羊区教育国际化

2012年5月23日，中央电视台国际频道《中国新闻》栏目对青羊实验区教育国际化工作给予了宣传报道，肯定了青羊实验区致力于教育充分国际化的有力探索和有益尝试。

报道指出成都市青羊实验区引进外籍教师的做法，"不仅培养了中国学生的国际思维，拓展了学生的国际视野，也使得外教教师在接触中了解了中国的文化和风俗"②。

---

① 叶建平."国际化"教学理念走进西部学生课堂［EB/OL］.（2012-04-16）［2012-11-20］.http：//news.xinhuanet.com/mrdx/2012-04/16/c_131528798.htm.

② 佚名.青羊教育国际化引起全国媒体高度关注［EB/OL］.（2012-05-31）［2012-11-20］.http：//www.chengdu.gov.cn/GovInfoOpens2/detail_allpurpose.jsp？id=gpYELSZLyyW6CD8ae6vc.

创新发展篇

新突破：青羊实验区教育综合改革的举措

第十一章

青羊实验区现代学校制度的创新

现代学校制度是现代教育制度的主体，是实施国民教育的重要保障体系，构建现代学校制度是我国教育改革与发展的方向。《国家教育事业发展第十二个五年规划》中明确提出探索建立具有中国特色的学校制度，并且要求保障教师和学生的民主管理权。早在2003年，青羊区就开始了现代学校制度的研究，是全国教育科学“十五”规划重点课题“基础教育阶段现代学校制度理论与实践研究”最早成立的八个实验区之一，也是西部地区唯一的实验区，还是全国教育科学“十一五”规划课题“中国公办中小学民主管理委员会建设的实验研究”最早成立的三个实验区之一。

在现代学校制度研究中，青羊实验区的教育综合改革以民主引领构建现代学校制度的方向，以学校民主建设为核心，以推进学校

民主管理建设为重点，探索新型政、校关系的建立，进而构建民主和谐的学校管理新机制——学校民主管理委员会，促进学校依法治校、科学决策、民主管理、开放办学，取得了实践价值和政策价值都较高的研究成果，初步扫除了制约青羊区教育改革与发展的体制性障碍。

第一节 学校民主管理委员会建设的缘由

1978 年改革开放以来，我国的社会主义建设取得了举世瞩目的成就。随着我国社会主义市场经济体制的逐步建立和法制建设的不断完善，2003 年，党的十六届三中全会把政治文明建设正式提上了议事日程。政府转型与职能转换，为教育管理逐步、有序地“放权于校”和“还权于民”创造了基本的条件。但是，与经济、社会迅速发展相比，我国教育领域的制度变革相对滞后，教育管理体制在一定程度上制约了学校的主动发展。

一、传统科层体制的限制

传统的政校关系是计划经济体制的产物。政府角色不清、学校权责不明成为阻碍基础教育发展的体制性障碍。由于政府过度控制和过深介入学校管理的微观领域，导致学校缺乏办学活力。千校一面就是这种状况的真实写照。

市场经济体制下的政校关系，要求政校分开，权责分明，政府从一切可以由学校自主决策的领域逐步退出，使学校成为依法自我管理、自主发展的主体。

二、常规学校管理的弊端

我国现行的校长负责制作为一种学校行政制度，不限于校长职责的设定，还包括相应的学校内部不同管理层级职能的划分。它实质上是“一长制”，“从某种意义上讲，一个好校长就是一所好学校”正是对这种校长负责制恰当的注释。校长负责制能明显提高学校的管理效益，但由于校长的选举与任命缺乏坚实的民众基础，导致校长主要对上级教育行政机构负责。加上由于校长权力过于集中，学校民主管理有名无实，有些学校的校长负责制已经沦为校长专权制。

随着中国社会民主化进程的加快，广大教职工要求参与学校民主管理的愿望越来越迫切，希望学校能够真正走上民主治校的轨道。

三、家校合作程度的式微

传统学校制度缺少一种开放的机制，学校基本处于“闭门办学”的状态，与社区很少接触，成为“文化孤岛”，而且很大程度上将家长和社区隔离在外，家长和社区的知情权、参与权和选择权严重缺失，在一定程度上造成家长与学校的紧张关系。

学校的发展不仅是政府和学校的事情，家长和社区也是学校发展中不可或缺的力量。要办人民满意的教育，就必须听取民意、尊重民意，实行学校民主化管理，吸纳家长以及社区的力量共同参与

到学校建设和学生培育的工作之中。只有这样，才能为学生的发展营造良好的环境，提供全方位的支持和帮助。

早在 1987 年，青羊区就开始进行“学校、家庭、社区三结合”教育模式的实验研究，积极推动家长学校的开办和学校家委会的建设。全面加强学校与街道社区的协调、互动，建立有利于青少年健康成长的工作机制。此外，由于家长、社区人士之间参与学校管理的热情和能力存在很大的差别，原有的参加班级家委会和学校家委会、临时担任志愿者等形式已经不能满足所有家长的需要。

第二节　学校民主管理委员会的制度设计

为了逐步解决上述问题，在总课题组专家的指导下，青羊实验区借鉴和吸收西方新公共管理“政事分开”、“顾客观念”和校本管理的理念，结合青羊区学校、家庭、社区三结合教育研究的经验，以民主引领构建现代学校制度为方向，以“民主”建设为核心，以基层民主建设推动实验，实现制度性突破，深化教育民主，以推进学校民主管理建设为重点，探索新型政、校关系的建立。

青羊实验区尝试去设想一种组织、一种制度，希冀通过制度化建设，使学校的自主权力能够得到很好的保证和行使；使校长既有自主办学的权力，学校相关利益者又能够有效参与学校管理，从而将学校的校长、教职工、学生、学生家长、社区人士凝成一股促进学校发展、学生健康成长的共同的教育合力。在这里，学校与社区是亲密一体的，学校的发展依托社区，社区成为学校发展的坚强后盾，学校成为社区的学校。

一、学校民主管理委员会的产生与组成

青羊实验区学校民主管理委员会，是对学校的重大事务进行民主决策、民主管理和民主监督的自治性组织。它是在学校教师代表大会（以下简称“教代会”）、家长委员会、学生会等二级组织的基础上，以民主选举为主的方式产生的学校最高一级的自治性组织。

（一）学校民主管理委员会的产生

学校民主管理会（以下简称“民管会”）委员组成的比例，原则上学校教师和学生代表占2/5，家长代表占2/5，社区代表占1/5。民管会的产生一般有三个步骤：①通过自荐、推荐等形式产生“民管会”委员候选人；②按照民主集中制的原则和差额选举的方式，由学校教师代表、家长代表、社区代表通过无记名投票方式选出正式的委员；③民管会全体委员通过民主选举，选出委员会主任和副主任。民管会主任原则上由社区代表和家长代表担任，民管会委员、主任和副主任每届任期为3年，可连选、连任。为了确保候选人当选后能积极履行自己的义务并公正行使自己的权力，候选人必须自愿成为学校民管会的委员或主任，且不得从学校获得报酬，其工作受参与选举者的监督。

（二）学校民主管理委员会的组成

民管会委员包括以下三种类型。

一是直接代表教师、学生、家长、社区等不同群体利益的“民选委员”。由筹办委员会组织教职工大会、学生会、家长会、所在社区等群体民众进行民主选举差额产生，并直接对所代表群体负责。

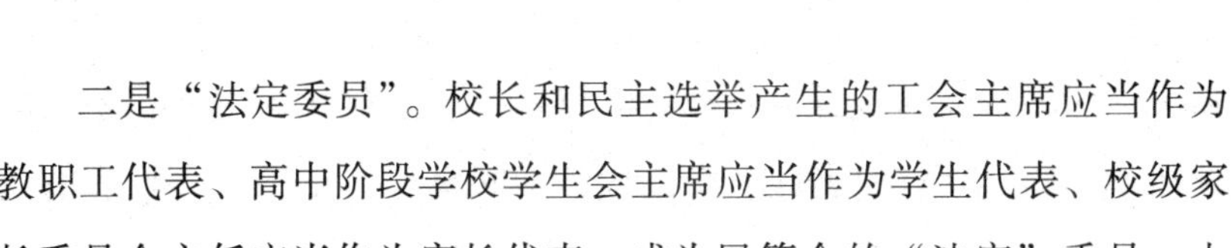

二是“法定委员”。校长和民主选举产生的工会主席应当作为教职工代表、高中阶段学校学生会主席应当作为学生代表、校级家长委员会主任应当作为家长代表，成为民管会的“法定”委员。由学校所在社区（街道）办事处所指派的代表也属于“法定”委员。

三是“特邀委员”。为扩大社会影响，由筹办委员会出面邀请有声望的社会人士、热心教育事业的志愿者、校外辅导员、模范人物、校友、教育行政部门领导等，特邀为民管会委员。

民管会委员由同时具备下列条件的人士担任：

①关心教育事业，支持学校发展，具有奉献精神；

②懂得教育规律，身体健康，有参政、议政能力；

③能出于公心，从全局和长远的角度考虑问题，既能够站在所代表的人群的利益的立场上，更能够从全体学生、教师、学校发展的角度考虑问题；

④有参与学校管理和接受咨询的时间。

二、学校民主管理委员会的权利与义务

青羊实验区通过明文界定职能、会议解释等形式，消除了人们对学校民主管理委员会的职能以及民管会与学校现有的党支部、教代会等组织之间关系的疑虑：学校民管会与学校现有的党支部、教代会等组织之间并不存在矛盾冲突。民管会不具备作为学校政治组织的党支部的凝聚战斗力的核心作用，它更关注的是学校办学技术层面的重大事项决策、管理的科学化与民主化。学校民管会和党支部之间，相同之处在于对学校行政的监督、保障作用；不同之处在于学校民管会的这种作用不仅仅源自学校内部，而且还聚集了家

长、社区和社会的监督与保障。学校民管会与教代会之间，相同之处在于它们都具有代表性和广泛性；不同之处在于民管会代表的是更大、更广泛的社会利益群体，而非仅仅代表学校内部某一方面的利益群体。

（一）学校民主管理委员会的权利

学校民管会的权利主要表现为以下几个方面：①审议通过学校办学章程和其他有关学校发展的重大事项；②审议通过学校的办学理念、学生培养目标和学校发展的远景规划；③审议通过学校年度经费预算、决算和重大建设项目；④定期听取学校领导班子的述职和工作汇报；⑤对学校依法办学的情况、教育行风和师德师风建设等进行监督；⑥参与对学校校级干部、中层干部、教职工的考核评价。青羊区教育局在对学校进行目标考核、督导评估、干部考核和任用时，都要对民管会权利的落实情况进行监督检查。

（二）学校民主管理委员会的义务

学校民管会在享有权利的同时，也必须肩负起自身所应该承担的义务，具体来说，主要表现在以下几个方面：①积极为学校建设、教师发展、学生成长和学校教育教学改革争取物质、政策和舆论等方面的支持；②积极了解社会各方面对学校管理、教师队伍建设的意见和建议，发挥参谋、智囊作用；③向全校教职工、家长、学生及社区通报学校民管会的工作情况；④积极向上级教育行政部门反映学校民管会、学校、师生在工作与学习中的重大问题并积极协助解决；⑤促进学校与家庭之间的沟通和交流，促进学校、社区教育资源的整合与共享，促进社区、学校和家庭的互动，促进学校和社区的整体和谐发展；⑥加强对学校工作的宣传，使学校形成良好的社会环境和舆论环境。

三、学校民主管理委员会的运行机制

为保障民管会的规范运转，青羊实验区制定了民管会的“宪法”——“民管会章程”，界定了学校民管会的性质、角色和定位、权利和义务、民管会委员的产生办法等，并以此为基础，形成了包括《学校民主管理委员会会议制度》《学校民主管理委员会议事规则》等在内的比较完善的学校民管会制度体系，为学校民管会的规范建设和运转提供了制度保障。

为了保障民管会的有效运转，青羊实验区根据民管会委员多为关心教育、乐于奉献的非教育专业人士的构成特点，把民管会参与学校管理的内容分为参与学校重大事务的决策、参与学校日常管理两大类。

其中，参与学校重大事务的决策，包括审议学校重大经费项目、审议学校发展规划等重大事项、参与学校人事任用选拔等。

参与学校日常管理，主要是听取学校班子的述职和工作汇报，调研学校的校情、学情、社区情况、家长需求，组织或协助组织学校教育教学活动，协助学校搞好校外形象宣传和招生宣传，推动学校相关群体教育资源的相互开放等。

学校民管会产生后，依据青羊区教育局《关于进一步规范和加强学校民主管理委员会建设和运转的意见》等相关文件，形成学校民管会章程、议事规程和会议制度等，对民管会的权利、义务等内容进行细化，做出程序上的规定。民管会会议原则上提前3天通知与会人员，并告知会议的主要内容，会议需要表决的，必须达到应到会人数的一半以上方能生效，会议记录通过简报等形式在校内公示。民管会是学校最高一级的自治性组织，其委员具有广泛的代表性，因此，民管会的决定具有很大的影响力。

在研究实践中，青羊实验区在中国教科院专家组的指导下，探索出会议、调研、组织活动、提案制、开展社区评价学校、参与校长年度考核、公推直选学校领导干部等民管会有效参与学校管理的形式。

第三节　学校民主管理委员会建设的意义

青羊实验区的学校民管会建设实验，从2003年开始，直到现在，不断深化研究、推广实验，极大地推进了青羊实验区的教育民主化进程。

一、转变政府职能

权力下放是调整政校关系的前提和核心。教育行政部门要真正做到逐步退出学校管理的微观层面，转向宏观调控，必须把部分学校管理权下放到学校，由学校自主管理。权力下放意味着教育决策权的重新分配和政府职能的转变，教育行政部门改变了传统的对学校实行全过程、全方位控制的方法，转而通过立法、拨款、中介组织、政策引导、督导、信息服务等各种间接手段对学校进行宏观调控，以保证政府目标的实现和学校公正、合理地运用得到的权力。学校也改变了职能，由原来的执行机构变成了决策机构，享有了更多的权力。

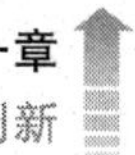

为建立新型的政府与学校的关系，青羊实验区通过规范化服务型政府建设，实践“五还给”教育理念，开展“阳光政务”，构建“民管会”，促进政府职能的转变和学校管理权力的下放，实现了政府教育管理行为和学校民主管理的实质性转变。

（一）规范化服务型政府建设，为深入推进教育民主化进程保驾护航

青羊实验区在党的十六届四中全会精神的指引下，在区委、区政府《关于建设规范化服务型政府工作的实施意见》指导下，青羊区教育局为把政府的公共教育管理职能进一步转变到负责教育规划、政策制定、宏观调控、经费保障和监督检查上来，制定了《规范化服务细则》，进一步深化了公共教育管理与服务体系的建设，为深入推进全区教育民主化进程保驾护航。

（二）“五还给”教育理念，破解制度障碍的认识与实践基础

为实现政府教育管理行为和学校民主管理的实质性转变，让教职工、社区、家长有效参与学校民主管理与监督，重新建构新时期学校、政府、社会、市场以及学校内部之间的关系，充分赋予学校办学自主权，青羊区教育局明确提出了“五还给”教育理念——“把课堂还给学生，把教改还给教师，把学校还给校长，把质量评估还给专家，把教育评价还给社会”。

“五还给”理念是青羊教育人本管理、民主思想的具体体现，是学校民主化建设的道路，是构建新型政、校关系的关键一步，是青羊实验区推进教育民主化进程，实现真正意义上的制度革新，扫除行政壁垒，破解制度障碍的认识与实践基础。例如，“把学校还给校长”就是要实现学校治理权回归，转变外控式管理，明确学校法人地位、主体地位，让学校享有充分自主权，理顺学校与政府、

教育行政部门之间的关系；“把教育评价还给社会”就是要逐步实现教育监督的社会评价机制，规范政府教育管理行为，办人民满意的教育。教育行政部门则主要负责对辖区学校的教育规则、政策制定、宏观调控、经费保障和监督检查，建设规范化服务型政府。

（三）“阳光政务”，为学校民主管理改革树立示范榜样

为推进基层民主建设，在规范化服务型政府建设的基础上，结合青羊教育“五还给”理念和现代学校制度改革实验，青羊区教育局委员会颁发了《关于加快全区教育系统基层民主政治建设进程的决定》，实行“阳光政务”，为基层民主建设的有效推进，起了示范引领作用：

围绕科学配置权力实施三权分管，深化“民主集中”，教育局班子在集体决策的前提下，将三项重大权力分设，即将人事任免建议权、财务签字权、基建管理权分别由三位班子成员分管，避免权力的过度集中，深入推进民主集中制度。

围绕服务型机关建设公开“三务”（党务、政务、校务），实行“阳光政务”，切实通过工会、职代会、民管会、家委会等形式进行学校民主监督。围绕民主科学决策开放“三会”（局党委会[校党总支、支部会]、局[校]务会、班子民主生活会），强化“民主决策”。

以群众公认的出发点改革人才选拔评判机制，推进“民主竞争”，坚持公开、平等、竞争、择优的干部选拔原则，校级干部任用全部采取教师海推、专家海评、群众认可、考试竞争、开放的党委会决定；全面推进干部海推直选、公推直选、公开招聘；进一步完善干部任职试用期制度、实绩考核制度、干部任期制度等，真正形成干部能上能下的机制，干部考核评价制度要以群众满意为主要

依据，对三分之一以上群众不满意、不认可的干部，经复核属实后要及时免除或调整职务；选聘教师全部通过公开招聘形式进行，对于引进优秀人才要集体决策、进行公示，主动接受群众监督。

以现代学校制度为着力点推进学校建设，实施“民主管理”，进一步改进党支部、学校民主管理委员会、工会、教代会对学校各项工作的监督，让教师、家长、社区、学生参与学校民主管理，对学校工作予以全方位监督，为学校决策提供有益参考。

教育行政部门的主动放权，为推进区域教育民主化创造了条件，为学校民主管理改革起了示范作用。

二、参与学校管理

民管会的建立，为学校相关利益群体参与学校管理提供了新的平台。民管会深度参与学校管理，不仅能及时发现重大问题，同时，因为民管会在学校管理中具有很大的话语权，所以能有效促进问题的及时解决，这在很大程度上改变了家长委员会、学生会等组织难以发现问题，即使发现问题也难以真正解决问题的局面。

（一）参与重大事项管理，促进学校决策科学化、民主化

为保障民管会参与学校重大事项管理，教育局对干部的考核、学校的督导评估和财务审计等相关制度进行了调整。民管会参与了诸如定期听取学校工作汇报，学校中长期发展规划审议、学校财经报告审议、学校文化建设方案审议、形象设计讨论等形式多样、内容实质性强的工作。草堂小学诗歌文化的发展规划，中育实验学校十年校庆的方案评审，新华路小学的“金点子”大会，成都市实验小学对“雅教育”的探讨，泡桐树小学的“和谐教育”论坛，财

务收支报告审议，每一个画面都标注着民主管理委员会从参与知情到参与学校管理的历程，都凸显着民主精神、民主观念正以润物无声的态势无形地融在学校生活的点滴里。

▲ 草堂小学民管会讨论诗歌文化的发展规划

（二）公推直选校长，破解学校重大人事任免的坚冰

为进一步推进民管会规范有序的运转，区课题组有针对性地选择几个学校全面展开民管会运转实验的研究，同时从不同角度确定研究点，对民管会介入学校决策管理的内容、管理的深度、管理的方式、管理的作用进行动态研究，加强过程指导。升平街小学主要从校长的公推直选来研究管理的深度，新华路小学从审议校长述职和规划来丰富管理内容，中国教育学会成都市青羊实验学校力图寻求多样化的立体管理模式，草堂小学则发掘民管会对学校和社区发展的重要作用。

在青羊实验区民主管理委员会组织结构建设取得阶段性进展，民管会运转日益规范的基础上，青羊区教育局决定加大研究力度，以校长的公推直选为突破口，破解学校民主决策管理的坚冰。为保

障民管会公推直选校长的顺利进行，青羊实验区研究制定了一整套严密的民管会公推直选校长的办法和程序。

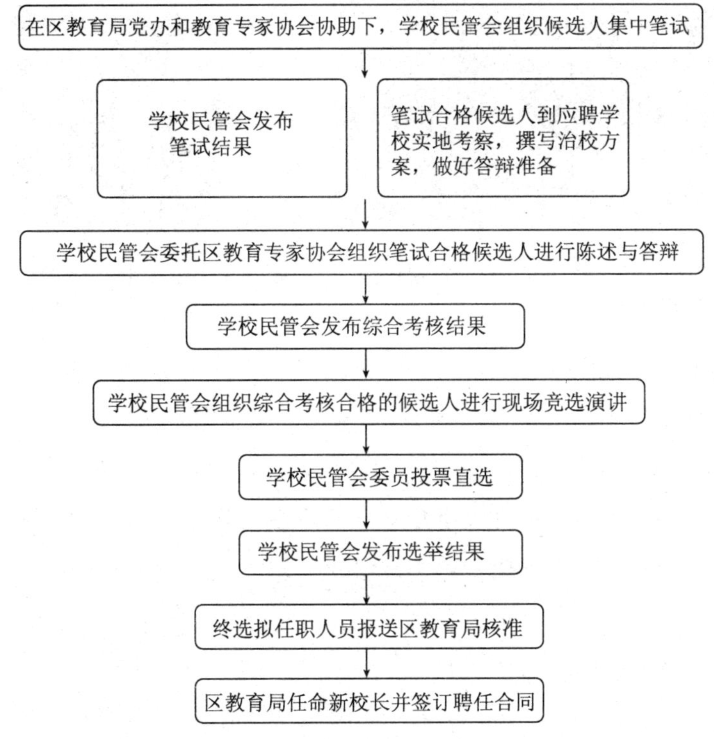

民管会公推办法以及程序

青羊区教育局大胆启动升平街小学校长“公推直选”改革实验，实现了学校民管会在重大人事任免中民主权利的实质性突破。

特写：民管会与教育行政部门的博弈

在确定候选校长的年龄限制条款时，民管会认为应该选“有经验的校长”，而教育行政部门认为“组织规定正科级干部的任职年龄应在35岁以下”。最终，该校民管会经举手表决，形成决议，以9票对6票，否决了青羊区教育局提出的条件，将候选人年龄限制从“25—35岁”改为“30—45岁”。

▲ 成都市升平街小学民管会通过举手表决确定公推直选校长的年龄、教龄资格条件

▲ 全国首个民管会公推直选校长——升平街小学校长邹军

校长的任免，原来由教育行政部门一纸任命就可以解决。而升平街小学校长的“公推直选”，却经历了近三个月的协商甚至争论。其间，从区教育局提出“公推直选”校长实施意见、候选人资格条件确定起步，到最终的人事任免，经历多次民管会会议的讨论、修改，教育行政部门与学校民管会多次出现意见分歧，但最终都以民主表决的方式，达成统一。

特写：新校长当选

（升平街小学校长公推直选）最初，报名者众多。经过资格审查、笔试等环节后，有三人进入了候选人名单。在民管会组织的全校教职工参加的竞聘大会上，经过陈述、答辩等环节，教师的赞成票高度集中到一个候选人名下（80%多），与教育局党委重点考虑的人选高度一致，但老师们发自内心地认为这位校长是他们自己选出来的，不是上面强行任命的。当教育局宣布正式任命决定时，在场的全体教师几乎都高兴得跳了起来，欢呼雀跃。

学校民管会公推直选校长的试行，是在传统的学校校长和干部任用体制中打开了一个缺口，在现代学校制度的建设过程中是一个制度性的突破，使教育行政部门将部分管理权限下放、逐步退出教

育管理微观层面的目标得以实现，为构建新型政校关系进行了卓有成效的尝试与探索。

青羊实验区的“公推直选”成为全国首例，首先是因为校长是由民管会“公推直选”产生的，“公推直选”有了明确的程序上的规定；其次，公推直选校长，使民管会介入学校管理的程度和力度进一步加深，让民主决策权得到了真实的实现与发挥；再次，来自社区、家长、教师的代表充分地行使了民主权利，在工作的过程中完成和完善了民管会的各项工作制度的建立与实施；第四，这项工作从实践层面回答了青羊实验区对基层推进民主建设的理解，在青羊实验区教育民主化进程中，这是一个里程碑，是富有历史意义的一步。

在民管会公推直选校长成功的基础上，借鉴升平街小学校长“公推直选”的经验，青羊实验区又相继开展了学校党支部副书记、教育局科室负责人、副局长的公推直选。2007 年，教育局下发文件，将校长选拔逐步实行“公推直选”的制度正式列入干部培养机制，“公推直选”成为干部选拔的一种常态机制。

（三）参与评价学校和校长，使学校办学更加重视民声

评价是推进教育民主化、促进学校发展的重要手段。青羊实验区尝试改变政府评价学校的单一模式，把评价还给社会。青羊实验区以成飞小学为试点，通过民管会参与学校评价工作，建立学生、家长、社区群众对学校满意度的测评机制，以促使学校的办学更加重视民声，让人民放心、社会满意。

为将现代学校民主制度研究的成果尽快转化为促进区域教育发展的现实推动力、生产力，在区课题组的建议下，青羊区教育局党委经过研究决定，将学校民管会正式写入全区中小学管理规程，从

政策层面落实民管会的地位和职能，并将民管会对学校和校长评价结果，纳入学校督导评估考核。在教育局党委颁发《关于对校级干部进行年度实绩考评的通知》中，学校民管会成员对学校办学在社区满意度的测评占综合测评的10%。学校民管会真正成为有效参与学校管理的不可或缺的机构。

学校（幼儿园）校级干部测评量化表　　单位：%

项目	教育局领导测评	校（园）长测评	其他班子成员测评	教职工测评	业务部门测评	民管会测评
正校级	20	—	15	40	15	10
副校级	10	10	15	40	15	10

民管会参与评价学校和校长，有利于保证评价的科学性与公正性，促进依法治校和校长素质的提高，促进学生、家长、社区群众和学校之间的相互了解和沟通，实现学校、家庭、社会的和谐共进，为教师的发展和学生的健康成长创造良好的环境，有利于形成教育合力，共同推进教育民主的发展。

（四）整合各方资源，实现学校相关群体互利双赢

民管会利用自身优势，为了共同的目标——学校、学生、社区的发展，整合各方资源，弥补学校办学资源的不足，为学校发展和学生成长提供服务，如学校民管会在推动学校科技馆、图书馆、体育场所等教育资源向社会开放的同时，策划、组织开展的以社区为依托，以学校民主管理委员会为组织核心，以素质教育为目标的社会综合实践活动——“阳光砺志营”等活动，深受学生和家长的欢迎，使学校成为社区的学校，学校、家庭、社区等学校相关群体实现了互利双赢。

▲ 新华路小学民管会召开学生综合实践活动研讨会

特写："阳光砺志营"活动

因众所周知的安全和收费等原因，现在学校很少组织学生参加校外社会实践活动，对于推进素质教育和学生的全面发展非常不利。青羊区学校民管会了解到这个情况后，纷纷主动以其名义，在

▲ 升平街小学的"阳光砺志营"活动

学校的支持、配合下，策划、组织学生开展了"阳光砺志营"活动。"阳光砺志营"是全国首个家长 AA 制教育营地。它最先是由

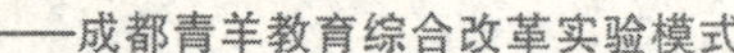

学生家长形成团队，一起独立策划、设计、组织和实施的对孩子的教育方式和活动。后来，为了让孩子更好地亲近自然、体验实践、合作分享、快乐成长，青羊区把这一全国首创的、新的教育理念与活动发展成为以社区为依托，以学校民主管理委员会为组织核心，以素质教育为目标的社会综合实践活动。

长期的研究实践中，民管会在参与学校重大事务的决策的基础上，参与了组织开展学生社会实践活动、家校互动活动等学校日常管理工作，架起了学校与家长、社会的沟通桥梁，对学校教育教学质量、学校形象、家校共育、家校关系的改善都发挥了重要作用，促进了学校、学生、社区的共同发展。民管会成为学校相关利益群体有效参与学校管理不可或缺的良好平台。

第四节　学校民主管理委员会的实践成效

经过几年的研究实验，成都市青羊实验区初步形成依法办学、自主管理、民主监督、社会参与的现代学校制度，初步构建起政府、学校、社会之间的新型关系。几年的实践表明，民管会成为教育局、学校听取民意、尊重民意的很好的平台。这种制度改革，使民主管理不再空洞，而是学校利益相关者的群体实践，民管会成为学校发展的良好平台。

一、教育局领导角色的转变

政府职能的回归，改变了政府职能部门就是区域学校“大校

长”的状况，初步构建起新型政校关系，使教育行政部门从学校管理的具体事务中脱身出来，专注于区域教育发展重大事务的规划、管理，如城乡教育的高质量均衡发展、学校布局的规划调整等。

几年来，教育局整合原薄弱学校，将其分别办成优质品牌学校的分校，并统一进行了校舍改扩建、学校领导班子、教师队伍重组等工作。依托市民心目中的名校，将新建的配套学校办为分校，进一步加大了全区义务教育阶段优质教育资源的辐射力度，让更多的市民享受到了优质教育资源。

二、校长民主责任感的提高

民管会制度弥补了现行学校“校长负责制”下校长权力很大而又缺乏有效制约的主要弊端，形成了校长负责（行政管理）与民管会参与决策和监督有机统一的适应社会发展需要的学校管理新机制，规范了校长的管理。尤其是在校长经过公推直选产生的学校，校长由对上级负责、对领导负责开始真正转变为向社会负责、向家长负责。

特写：面对“民管会”校长毕恭毕敬谈工作①

校长给上级领导做述职报告不奇怪，可校长要毕恭毕敬给本校的家长、教师及所在社区的代表做年度述职报告，接受大家的测评，恐怕还不多见。昨日（2008 年 4 月 20 日），成都市升平街小学五楼会议室里进行了一场特别的民主测评，被考评的是该校校长邹军，如果考评不合格，校长将直接面临“下课”的危险。

① 关义霞. 面对“民管会”校长毕恭毕敬谈工作［EB/OL］.（2008－04－21）［2012－11－20］. http：//news. sina. com. cn/c/2008－04－21/070713768398s. shtml.

毕恭毕敬校长给家长做报告

13个人围坐在桌子周围，他们的身份各异：4名教师委员、6名家长委员、3名来自不同行业的社区委员。其中一名同样身为教师委员的女士显得有一丝紧张，她是这所小学的校长邹军，因为她马上要对大家做2007年的述职报告。做了些什么，取得了哪些成绩，还有什么不足，都得在报告中一一明确。

每年一次校长直说“压力大”

述职完毕后，委员们开始对邹军进行测评，秘书处当场进行统计。主持人随后公布结果，在听到“优秀”的结果后，邹军暗自松了一口气——三年前，邹军通过公开“竞选”当上了校长，也成了全国第一位由民管会委员共同“公推直选”的校长。按照民管会章程，民管会具有选拔、考评、弹劾校长的权利。每年度的述职报告，是校长必须要做的事。今年是邹军上任期届满的年份，根据民管会章程，她将从即日起接受民管会为期几个月的系列考评，才能最终决定其是否继续被聘用。

三、学校发展的主动性增强

在传统的集权式管理模式下，校长负责制往往难以真正落实。学校民管会的设立，使学校、社区、教育行政部门等各方之间形成权力制衡，确保了校长负责制的稳步推进。①

① 徐江涌．“民管会”：社会力量参与学校管理的有效形式：四川成都青羊区推进学校民主管理委员会建设的实践与反思［J］．教育行政管理，2007（3）：6－8.

（一）学校自主办学、主动发展热情的迸发

学校自主办学权利的扩大，激发了学校自主办学、主动发展的热情，改变了以往学校“等、靠、要”的被动发展现象。如草堂小学创设执行校长制度，使学校在短短几年的时间里，发展成为全国知名的学校。

特写：草堂小学的巨变

草堂小学原是一所城郊接合部的普通学校。蓝继红校长到任后不久，在学校实行民主管理，设立教师执行校长、创建年级执行学校，为教师搭建成长平台，为教师自我价值的实现提供各种机遇和可能。民主选举学生执行校长参与学校管理，为孩子们的能力发展提供锻炼和实施才能的机会。“家长执行校长”，为家长参与学校管理提供了平台。执行校长制度，使草堂小学在短短几年的时间里，发展成为全国知名的学校。蓝校长还作为全国小学校长的唯一代表受到温家宝总理的接见。

（二）教师主人翁意识的激发

民管会建设和校长公推直选实验，为教师参与学校管理提供了制度和渠道方面的保障。广大教师切实感受到：他们的主人翁精神和存在价值得到了充分的认可和尊重。教师的工作热情被空前激发出来，有力地促进了学校的发展。如升平街小学校长是民管会和教职工公推直选的。在公推直选后的工作中，教师们与这位校长非常亲近，愿意与校长说心里话，愿意积极、主动地配合校长的工作。校长在开展工作时，也得心应手，学校的管理效能迅速得到提高。

（三）学生民主意识的萌芽

民主教育是教育民主化的重要内容。学生民主意识的高低，直接决定着未来公民的民主意识和整个社会的民主化程度。青羊区积极探索实施民主教育的有效途径，开展各种形式的民主教育活动，培养了学生的民主意识。如推广各中小学公开竞选学校和班级干部，评选“三好学生”的票决制、公示制，学生社团自主管理，校长助理体验活动，“星级教师”学生评选活动，“今天我当市长”虚拟城市管理等民主教育的方式方法；开展以公民教育为主要内容和载体的民主教育；教师尊重学生，平等地对待学生，在课堂上和学校里营造民主平等的氛围，建立民主化的师生关系；学校树立服务社会，满足家长、教师、学生需求，尊重各方意愿的意识等，都培养和提高了学生的民主意识。

四、家长与社区参与度的深入

在家长参与学校管理方面，以往存在着较大的思想误区：把学校当作是一个堡垒、一个独立的文化孤岛，对家长不开放，不吸纳家长参与学校的管理，在一定程度上导致了双方的紧张关系，一味地相互指责，推卸责任。学校民管会的建立，使家长的知情权、参与权和监督权得到一定程度的保障，不仅在很大程度上缓解了以往学校与家长之间的紧张关系，而且在提高家长民主参与意识方面，以及实现学校、社会、家庭教育一体化，促进学生全面、和谐发展等方面起到了十分积极的作用。

特写：家长——学校管理中的特殊力量

苏坡小学附近有一条铁路，学校有很大一部分学生上学和放学都要横穿，曾发生学生被列车轧死的惨剧，学校和家长都非常担心。这件事情被学生家长帅某看在眼里急在心里。她心急如焚地写信反映这一情况，并主动担任铁路安全劝导员，保护指导那些横穿

铁路的学生，并呼吁相关部门在铁路旁边增设防护网，以最大限度提高学生过铁路的安全系数。在她的呼吁、学校和有关部门的努力下，铁路两边架起了防护网，铁路周围再无惨事发生，确保了学生途经这一带的安全。

学校是社区的学校，学校的建设、发展与社区的管理、繁荣息息相关。学校民管会的建立，为社区参与学校管理构建了一个平台，调动了社区人士参与学校管理、支持学校发展的积极性，增进了社区人士服务学校的意识。

▲ 光华小学民管会参与组织了家长开放日活动

升平街小学民管会主任（原太升路街道办主任、现青羊区计生委主任）万英杰说："社区是一个小社会，关注教育也就关注了未来。"浣花小学民管会副主任、社区代表王元龙认为，民管会不求什么权利，只希望能够在沟通学校与社区，为学校发展和学生成长的环境上发挥更大的作用。

特写：胜西小学断街联校事件

几年前的胜西小学，原系两所学校，两校间仅一条小街相隔。为了学校的安全和管理，城市规划局将并不是居民必经的这条小街征用为学校用地，使两所学校联成为一个整体。但是，在各种手续齐全、进行断街联校时，遭到周边居民的极力阻拦，居民上访、到干道静坐、多次推倒围墙，不但学校联通难于实现，学校与周边居民的关系也非常对立。学校民管会成立后，民管会经常组织一些学校与社区的共建活动，协调、融洽学校与社区居民的关系，并协助学校资源向社区开放，使联通校区得到了居民的理解。最终学校成为一个完整的校园，学校与周边居民关系也和谐起来。

民管会制度使家长、社区由学校教育的“旁观者”、“建议者”变为学校的“管理者”、“决策参与者”，从而推进了学校、家庭和社区的合作，把社会资源、家长资源、学校、教师等方面有效地结合了起来，促进了学校的和谐发展。

“学校不仅是政府的学校，更是社会的学校，是我们——校长、教师、学生及家长、社区的学校”逐渐成为人们的普遍共识。

五、制度创新的丰硕成果

学校民主管理委员会的建设，为青羊实验区教育教学实践带来了积极的变化，取得了丰硕的理论和实践成果，取得了巨大的社会反响，得到了社会各界的高度评价。

（一）具有样本价值的制度创新

搜狐教育的《四川省成都市青羊区学校民主管理委员会建设》说道：“在这项改革中，青羊区政府发挥了积极的主动性和创造性。在中国，地方教育行政部门推进制度变革的主动性、创造性非常重

要，青羊实验区的教育改革探索具有重要的样本价值。”①

此外，青羊实验区所研究实践的学校民管会制度被写入成都市委办公厅、市政府办公厅转发的《成都市教育局关于扩大优质教育资源覆盖面提升城乡教育服务水平的若干意见》中，即将在全市推广试验。

（二）巨大的社会反响

学校民管会作为一种新型的学校民主管理模式，得到学生家长、社区的高度评价。

特写：民管会得到认可

在选举产生民管会委员的过程中，新华路小学的民管会筹办委员会向家长和教师发了调查表和自荐表，家长和教师参与的热情很高，代表们在“加入原因”一栏填写的内容让大家看到了他们对参与民主管理的渴望与热情。有的代表写道：“作为一名普通公民，一名普通的家长，我愿意做学校的助手、智囊、参谋，我愿意为教育去奔走、去呐喊、去践行。”“为了自己的孩子，也为了别人的孩子，为了孩子的学校，更为了民族的复兴，我责无旁贷——这就是我工作的动力源泉。”最终学校收回自荐表61份，在此基础上，由家长委员会选出家长代表候选人、由教代会选出教师代表候选人和社区推选的社区代表及法定代表一起组成了学校的民管会。

在青羊实验区第一次中小学学校民管会主任座谈会上，有着在国外参加家校协会经历的草堂小学民管会副主任、英籍华人李琳女士，评价“民管会建设实验很超前，非常有价值”。

---

① 佚名．四川省成都市青羊区学校民主管理委员会建设［EB/OL］．(2008－09－22)［2012－11－20］．http：//learning. sohu. com/20080922/n259682016. shtml.

对民管会参与校长公推直选，民管会主任、原太升路街道办主任万英杰认为，这和传统的任命有本质的区别，选举出的校长代表了各个层次的声音，并有利于社区和学校“共建”。家长代表杨全明说，作为家长以前都是被动地接受学校的校长，从来没有主动参与推选校长，“这样由家长直接参与选出的校长，让我们家长更放心了”。作为教师代表，参加本次校长公推直选的语文教师田江激动地说：“公推直选校长，能让我们普通老师讲出自己的心声，这种透明的选举方式让老师们非常满意。”

升平街小学民管会参与校长公推直选的实验，更是受到社会各界和省内外媒体的广泛关注，产生了巨大的社会反响。《人民教育》《中国教育报》《中国纪检监察报》《教育导报》《现代教育报》《天府早报》《华西都市报》等数十家国家、省市主流媒体报刊和新华网、新华每日电讯、人权网、教育网、全程教育网、中国教育创新网、搜狐网等各大网站都对青羊实验区民管会参与校长公推直选进行了报道。《四川日报》《天府早报》《华西都市报》《成都日报》《成都商报》《成都晚报》等媒体以“民管会参与　兴办满意教育”、“改任命为选举　青羊实验区校长今后将全面公推直选”、“面对‘民管会’校长毕恭毕敬谈工作”、“首位公推直选校长届满述职　是否继任测评决定”、“成都‘学校民主管理委员会制度’或在全国推广”等为题，报道了青羊实验区民管会建设和校长公推直选后的学校变化。

从媒体对青羊实验区学校民管会建设和校长公推直选长达几年的跟踪报道看，社会对青羊实验区学校民管会建设和校长公推直选带来的学校变化，是正面的、积极的、肯定的。

（三）丰富的理论成果

青羊实验区在成功的实践探索中，提炼了一批在全国颇具影响的理论成果，先后在《人民教育》《教育发展研究》《中国教育报》

《中小学管理》《现代教育报》等核心期刊发表研究论文10多篇。

2010年3月，《构建民主和谐的学校管理新机制——公办中小学民主管理委员会建设的实验研究》荣获四川省第四届普教教学成果二等奖。2011年9月，《公办中小学民主管理委员会建设的实验研究——成都市青羊区现代学校制度实践探索》荣获第四届全国教育科学研究优秀成果二等奖，中共中央政治局委员、国务委员刘延东在北京人民大会堂给青羊区委副书记、区长谢强颁发获奖证书，青羊教育科研登上了荣誉的最高殿堂。

民主是社会发展的趋势。建立社会主义民主，构建和谐社会，是当今中国政治体制改革的主要目标。马克思主义经典作家说过，没有民主，就没有社会主义。胡锦涛指出，没有民主，就没有现代化。我国著名的马克思主义理论家、中共中央编译局副局长俞可平说，相对而言，民主“是人类迄今最好的政治制度”①，“民主最实质性的意义，就是人民的统治，人民的选择”②。但是，要真正实现民主政治，构建民主和谐的社会，是一个渐进的、漫长的过程。

青羊实验区的学校民主管理委员会建设和学校管理委员会（以下简称“学管会”）建设，取得了很多研究成果和经验，但也面临着许多的问题和困惑，值得我们去研究和破解，譬如：①如何进一步在政府层面明确民管会和学管会在学校中的地位，界定民管会、学管会与校长、政府的责任和权利，理顺民管会、学管会与校长、政府的关系，为民管会和学管会科学、有效地参与学校管理提供政策保障；②怎样进一步转变校长的管理观念，推动校长主动接受民管会和学管会这两个学校民主管理改革进程中产生的新生事物，实现民管会和学管会在更大范围内的推广应用；③民管会和学管会成

①②俞可平．民主是个好东西［EB/OL］．(2006－12－27)［2012－11－20］．http：//cpc. people. com. cn/GB/64093/64099/5219334. html.

为拥有足够大的权力组织后，谁来对民管会实施监督和管理，保障他们参与管理能够科学、高效；④学校民管会和学管会如何更有效地参与学校管理，如何保证学校民管会和学管会委员主动参与、持续参与学校管理的热情，民管会和学管会委员的民主管理能力如何提高；⑤如何进一步完善和推广社区评价学校制度，等等。

在研究进程中，青羊实验区也认识到：①良好的区域民主环境，是推进学校民主管理建设的重要外动力；②自上而下的政府强力推动，在学校民主管理起步阶段起着决定性的作用；③在目前人们参与学校民主管理的意识还不够高的情况下，校长管理观念的转变，成为学校民主管理得以有效实施和持久推进的根本性因素；④面对民管会和学管会建设实验研究中的诸多困惑，只有立足民主，深化研究，进一步明确学校民管会的功能定位，使民管会更真实地参与到学校民主管理中来，才能解决学校民主改革进程中的问题。

第十二章

青羊实验区人才队伍建设的创新

在“城乡一体化、全面现代化、充分国际化”的城市定位背景下，青羊实验区更加渴求高层次的教育人才。同时，为深化全国城乡教育综合配套改革试验区建设，促进青羊区教育事业科学发展，进一步提高教育现代化水平，在“全域成都”的理念引领下，按照推进城乡统筹、建设“世界现代田园城市”的要求，青羊实验区深入研究教育人才队伍建设，注重培养和造就具有健康人格、创新品质、多元智能、国际视野、乐教善教的现代人才队伍。青羊实验区切实落实科学发展观，科学规划，强化管理，加大投入，引领广大干部、教师树立终身学习的理念，组织教师提升学历和以师德教育，实施“新理念、新课程、新技术”为重点的非学历培训，不断提升人才队伍的学历、学位层次和综合素质，探索出了一条科学高效、独具青羊特色的教育人才队伍建设之路，为青羊全区基础教育改革与发展提供了有力的人才支撑，为大力实施教育现代化奠定了坚实的人才基础，为实现教育的高位均衡发展提供了坚实的人才保障。

第一节　青羊实验区教师发展标准的研制

教育大计，教师为本，教师是促进学生全面发展、提高教育质量的关键。有好的教师，才有好的教育。教师队伍素质的高低直接决定着教育的成败，关乎国家和民族的未来。通过建立教师发展标准，引领和促进教师专业发展，是当今世界许多国家和地区普遍采用的成功做法，也已逐步成为我国加强教师队伍建设的重要举措。《国家中长期教育改革和发展规划纲要（2010—2020 年）》提出，严格教师资质，提升教师素质，努力造就一支师德高尚、业务精湛、结构合理、充满活力的高素质专业化教师队伍；强调国家制定教师资格标准，提高教师任职学历标准和品行要求。研制教师标准已经成为教育改革发展的迫切需要。

一、青羊实验区教师发展标准研制的目的

青羊实验区教师队伍在数量上已基本满足了青羊实验区教育发展的需要，已经开始进入从追求数量转变到追求质量的新阶段。因此，建立适应青羊区实际的《青羊区教师发展标准》（以下简称《标准》），为青羊实验区教师发展提供基准和方向，促进全区教师

队伍的建设和发展，十分必要。

（一）教师专业发展的需要

《标准》的研制既要关注教师教育教学实践的结果与教师已经达到的专业水平，又要观照教师发展的过程。《标准》要基本上涵盖教师专业发展的主要阶段，力求体现教师专业发展的阶段性与连续性，以促进教师专业持续性地发展。《标准》可以帮助教师不断反思自己工作的有效性，明确自身专业学习需求，规划自身的职业生涯，提升教师的职业期望和专业成就，达到促进教师专业发展的目的。

（二）教师培训模式的改革

建立教师发展标准是教师专业发展和教师培训研究中的首要问题。《标准》的研制，可以根据教师专业发展的阶段，为教师培训提供依据。《标准》的研制，为不同等级的教师量身定制不同的培训方案，打造精品培训课程，从而改进教师的培训模式，提高教师培训的针对性。

（三）提高教育教学的质量

课堂教学是教师专业发展的实践情境，是教师最基本的专业活动形式。《标准》应该关注教师课堂教学效能的实践形态、运作方式以及提升策略，应该以复杂多变的课堂教学为场域，以提升课堂教学效能为出发点和归宿。

（四）为评价教师提供依据

《标准》可以为教师、学校、教师培训机构、教育行政部门及公众之间展开专业对话提供统一语言；可以作为学校聘用、提拔和评价教师的依据；还可以为教育行政部门对青羊区各个学校的教师发展进行指导、监控与评估提供依据。

二、青羊实验区教师发展标准研制的依据

青羊实验区教师发展标准的制定，是建立在牢固的根基之上的。其中国家的政策法规为青羊实验区教师发展标准的制定提供了法律依据，相关的理论和实践探索也是制定青羊实验区教师发展标准的重要基础。

（一）政策法规依据

新中国成立以来，我国颁布了若干项关于教师的法规政策，如《中华人民共和国教育法》《中华人民共和国教师法》《中华人民共和国义务教育法》《中华人民共和国未成年人保护法》《教师资格条例》《中小学教师职业道德规范》等，为研制青羊实验区教师发展标准提供了重要的政策法规依据。

《青羊教育规划》指出：在成都市建设世界现代田园城市发展战略中，青羊区要发挥战略引擎、核心动力和支撑主体的作用，努力建设世界现代田园城市中心城区，关键靠人才，核心在教育。这就意味着对青羊实验区教师素质的要求将进一步提高，这也为研制青羊区教师发展标准提供了政策依据。

（二）理论依据

青羊实验区教师专业发展标准主要依据两大理论流派：一是以美国卡耐基教育促进会主席舒尔曼（Shulman）为代表的“学科取向”的教师知识研究，把教师应具备的知识概括为学科内容知识、一般教学法知识、课程的知识、学科教学法知识、学生知识、教育环境的知识、教育宗旨与目的的知识。二是以阿尔巴茨（Elbaz）及康奈利（Connelly）和克莱迪宁（Clandinin）为代表的“实践取

向”的教师知识研究，强调教师实践中表现出来的具有个人性、默会性、情境性、实践性、综合性等特点的实践性知识。

研制教师发展标准时，需要把借鉴国外理论与研究我国教育发展战略，特别是与青羊的教师发展相结合，建立可靠的理论依据。

（三）实践依据

近年来，青羊教育在区委、区政府的大力支持下有了长足的发展，尤其在教师队伍建设中取得了显著成绩。但是，为了适应青羊教育战略发展需求，适应素质教育和课程改革要求，需要培养和造就一支师德高尚、业务精湛、结构合理、充满活力的具有青羊品格的高素质专业化教师队伍。

三、青羊实验区教师发展标准的实践思路

在教师发展标准的规范下，青羊实验区进一步细化和明确了提高教师发展的思路和方法，积极开展了旨在提高教师综合素质的实践活动，并且调动各方面资源对教师发展标准的实施给予保障。

（一）划分教师专业发展阶段

教师的专业成长是一个动态的过程，要经历一个由不成熟到成熟的专业发展阶段。根据教师职业的成熟程度，标准把教师专业发展分为如下四种不同水平。

合格教师：完成教师教育基本课程学习和训练的教师。有责任心和从事教育工作的热情，系统学习了教师准备课程，拥有必要的知识、能力来计划、组织和开展成功的学习、教育、教学。

熟练教师：具有一定教学经验的教师。喜欢从事教育工作，具有较高的师德水平和素养，能够有效地计划、组织、实施、监控和

评价学习、教育、教学过程，使教学课程适应学生个人和群体的需要，拥有有效持续的专业学习记录，能够展示其成功的教学经历，能够不断自觉增强自身的专业实践能力。

优秀教师：业绩优秀、教学水平高的教师。热爱教育事业，师德高尚，具有很强的事业心责任感，具备深厚学科知识和熟练的教育教学技能，形成了比较系统的独特的教育教学风格，得到同行高度认可。

专家教师：具有高尚的师德和极强的事业心责任感，热爱教育，热爱孩子，热爱教师职业，知识丰富，能力突出，形成了系统化理论化的教学风格，具有卓越的教学成效，能够向同行、专业机构和社区提供教育教学专业上的指导和帮助。

（二）确立标准的内容框架

基于总标准的发展、用人、培训等功能，其内容框架结构分为专业精神、专业知识、专业能力三个领域，并把这三个领域细化为12个项目，形成46条可观察和测量的操作性指标。

（三）明确标准研制的实施步骤

第一阶段：2011年3月，制定青羊区教师发展标准实施方案。

第二阶段：2011年4月至5月，查阅相关资料，进行相关访谈，邀请专家指导，进行相关考察。

第三阶段：2011年6月，形成《标准》初稿。

第四阶段：2011年9月至11月，广泛征求意见。

第五阶段：2011年12月至2012年6月，在条件成熟的学校试运行，并修改出版。

四、青羊实验区教师发展标准的保障措施

为了使教师发展标准得到有效的落实，青羊实验区制定了相关的保障措施，从各个方面为教师发展标准的实施创造良好的条件。

（一）加强组织领导

为保障青羊实验区教师发展标准制订工作的顺利进行，结合创新人才队伍建设项目，成立青羊实验区教育人才发展领导小组，负责教育人才发展的工作管理和协调，为青羊实验区教育人才发展工程的实施提供组织上的保障。

（二）建立工作机制

青羊区教育局机关各科室、各校园、直属单位作为中国教科院青羊实验区实验机构，要立足教育教学实践和日常工作，参与教育人才工程的改革实验。各业务单位根据青羊实验区建设的发展要求，结合教育人才工程，根据自己的实际情况，确定自己着力推进的项目。

（三）落实人员经费

组织中国教科院相关职能部门、青羊实验区专家工作组、青羊实验区教育局机关相关科室、青羊实验区教师资源与学习中心及全区各校园的得力人员，加强业务培训，提高工作人员的素质和水平，为教育人才工程的实施提供人员保障。实施教育人才发展工程所需经费，应该按照综合考虑、统筹安排的原则，设立专门的经费。

第二节　青羊实验区人才队伍建设的举措

青羊实验区为提升教师素质，造就一支师德高尚、业务精湛、结构合理、充满活力的高素质专业化教师队伍，不断推进教师队伍建设工作，全面提升“三高”教师队伍：高学历进修标准化、高素质培训国际化、高境界提升人文化。

一、加强师德建设，人才队伍职业素养得以提升

师德建设是提升教师人才队伍建设的重要方面，青羊实验区在人才队伍建设中尤其重视教师师德的培养，以师德为突破口，从整体上提升教师人才队伍的素养。

（一）宣传到位，师德师风建设深入人心

教育发展，教师为本；教师素质，师德为本。青羊实验区始终把师德师风建设摆在教师队伍建设的首要位置，通过召开全区师德建师风教育活动专题动员大会，对师德师风建设工作进行周密部署，要求全区各级各类学校结合各自的工作实际，成立相应组织，层层制订活动方案，通过召开教师大会、座谈会、报告会等形式，倡导教师树立正确的人生观、事业观、金钱观、价值观；印发《青羊区师德楷模先进事迹学习读本》，通过正面引导激励，引导教师爱岗敬业，正确面对教育内外各种冲击，及时调节失衡心态，静心教学，潜心育人，“守住心灵的宁静，建设精神家园”。

为丰富师德建设内涵，青羊实验区认真学习贯彻新修订的《中

小学教师职业道德规范》，定期开展学生、市民和社会对教师满意度的调查，深入基层学校，发现和表彰先进典型，增强教师职业的神圣感和使命感；开展以“社会公德、职业道德、家庭美德、个人品德”内容为重点的专题教育活动，大力弘扬教师热爱青羊、爱岗敬业、为人师表的精神。

（二）制度完善，师德师风建设有序开展

具体工作中，一是建立和完善学校、学生、家长、社会“四位一体”的师德师风监督体系，通过召开座谈会、开展问卷调查、建立家校联系、公开监督电话、设立师德投诉箱、聘请师德师风监督员等形式，及时了解掌握教师师德状况。二是强化师德日常检查，采用明察暗访等形式，大力治理老百姓关注的热点问题。三是对教师师德师风情况定期进行满意度测评，测评方式分为领导测评教师、教师间互评、学生评教师、所教班级学生家长评四个层次，并将测评结果纳入师德考核范畴，与年度考核挂钩，与奖励性绩效工资挂钩。四是落实问责制度、严惩违纪违规。党政主要领导是师德建设第一责任人，教师出现违纪违规行为，造成不良社会影响，经查实是学校领导教育不严、措施不力、督察不实的，将对有关领导进行问责；教师师德失范、造成不良社会影响的，除要对本人按有关规定从严从重处理外，同时要对所在学校当年年度考核实行一票否决，并取消学校和副校级以上干部评优评先资格；师德考核不合格或有严重失德行为、造成极坏影响的，将依法撤销其教师资格并予以解聘；情节严重、构成犯罪的，将依法追究其刑事责任。五是重拳治理有偿家教，严处有偿家教当事教师及其所在学校；开展一次专项督察等“六个一”措施以确保有偿家教治理工作落到实处，切实减轻学生课业负担，树立良好的教师及教育形象。

通过抓制度、抓管理、抓活动，内强素质，外树形象，较好地解决了师德师风建设工作中的突出问题，取得了显著成效，将师德师风建设提高到一个新的水平，从而有效地维护了学生及家长的利益，确保了学生健康成长，树立了教师良好形象，大大提升了人民对教育的满意度。

二、推进“四项工程”，引领人才队伍专业成长

“四项工程”是青羊实验区引领人才队伍建设的四个重要支柱。这四个方面既重视教师全员素质的提升，又注重打造名师；既重视新手教师的发展，又为培养校级干部提供了契机。

（一）推进教师全员素质提升工程

青羊实验区教师培养以“注重校本，研培结合，赢在课堂”为抓手，充分发挥区教师学习与资源中心、学校发展共同体、教师任职学校的作用，继续按照“三位一体”（教、研、培“三位一体”）模式、“一主两翼”（以校本培训为主，片区联组教研和区级培训作为两个翅膀起辅助作用）方略，采取“三结合一发展”（研究和培训相结合，专业学习和综合学习相结合，导师辅导和自主学习相结合，促进教师专业发展）的培训方式，狠抓课堂教学这个中心，切实提高教师素质。

构建网络环境下开展教师教育和教学活动的信息技术平台，充分发挥中小学现代化教学设施的效能。通过教师网上研修，交流、共享优秀教师教育资源，增强教师将信息技术和信息资源整合于学科教学的能力，实现教研、进修、教学管理信息化，有效提升中小学教师的信息素养和应用现代教育技术的水平。

实施校长、教师外出研修项目，每年选派中小学、幼儿园和职业学校的校长、后备干部以及骨干教师分批次到清华大学、北京大学、中央音乐学院、北京体育大学等国内知名学府进行专业培训和综合培训。积极推进国际化交流，选派优秀教师和干部赴海外参加国际培训项目培训，开发跨文化教育课程平台。远航研修项目不断丰富培训内容和方式，让培训者树立终身学习理念，在教育教学管理中，学以致用，将学习的相关理论转化为实际工作中的智慧。

（二）推进名师发展工程

名师发展工程主要表现为以下两个方面。

1. 建设教学名师后备人才库

加强对学校中层干部、班主任、学科带头人、名师、市青优、教研组长、教研员等的培养，继续对青年骨干教师进行选拔和研修培训，为青羊各级名优教师的选拔提供后备人选。在培训中，根据教师工作性质的差异进行分班管理，采取集中研修、异地研修、专家在线、教育博客、任务驱动、区域内跨校服务、国内外教育考察、跟岗培训等方式进行分类培训。为每位教师量身制订近期、中期、长期发展目标和管理措施，构建名优教师群体特征的区域性示范、辐射、指导平台和促进名优教师进一步发展的培养平台，突破教师发展的瓶颈，消解教师发展的高原现象，促进名优教师向更高层次的个性化发展。

青羊实验区教育名师队伍得到大力发展。截至目前，全区现有在职特级教师 21 名，市专家 2 名，区专家 10 名，市学科带头人 32 名，市优秀青年骨干教师 123 名，区学科带头人 340 名，区特级教师 50 名，区名师 99 名，选拔推荐省级骨干教师 48 名、市级骨干教师 287 名，省级教学名师 7 名。

2. 成立特级教师工作室

目前，青羊实验区已建立了10个“特级教师工作室”，由特级教师带领工作室成员，结合教育教学、教育管理实践进行课题研究，以项目研究或指导带教等形式，引导学科发展。

青羊实验区组织每位特级教师开展丰富多彩的活动，通过送出去、请进来、沙龙探究、网络交流、专家在线、自修反思等方式促使其每年完成一定的学习进修任务；同时，特级教师工作室的特级教师在一个学年度完成相应的培训、指导任务，实现特级教师、名优教师与普通教师的联动培养的突破。

特级教师工作室指导涉农中小学教育教学，帮助学校提高教学质量，逐步形成学校文化。截至2011年末，工作室在涉农学校共组织38次专家讲座，导师及成员共有102篇论文获奖或发表，共承担全国、省、市、区研究课、观摩课79节，赴蒲江、彭州、甘孜支教共13人次，真正成为了青年教师培养的发源地、优秀教师的集聚地和青羊名师的孵化地。

（三）推进助跑新人工程

青羊实验区在新教师培训上以“专业管理，五步培养，三年考评”为抓手，促使新教师快速成长，按照“一年见习，二年入格，三年合格，四年升格”的目标，采取“管、训、评”分立的办法，即由区教育人才管理服务中心负责管理，区教师学习与资源中心和任职学校负责培训，第三方负责考评，构建了一个完整的新教师专业成长实施体系。

青羊实验区新教师“五步培养法”如下。

第一步：体验式学习。新教师在与教育局签约后，区教育人才管理服务中心根据新教师情况，安排到本区的各示范学校，在优秀

教师的带领下开展为期一个月的体验式学习，直观感受示范学校的校园文化和名优教师的人格魅力，为尽快适应青羊教育打下良好基础。

第二步：岗前培训和户外拓展训练。新教师在正式上岗前，区教师学习与资源中心对其进行综合素质培训。首先是对新教师业务素质的培养。其次是对新教师开展主题为“励志磨炼，激情上岗，苦乐共享”户外拓展训练，对新教师进行情感、意志以及团队精神的培养。使新教师尽快走进青羊教育，熟悉青羊教育。

第三步：“青蓝结对”。让新教师与区内名优教师和任职学校的骨干教师进行“青蓝结对”，“多对一、一对一、一对多”，避免人才培养中的递减现象，确保新教师通过“转益多师”、“博采众师之长”策略达到超越师傅、超越前贤的目的。

第四步：后续培训。在以后的2—3年内，区教师学习与资源中心根据人才管理服务中心制定的“青羊区教师素质认证标准”，有目的、有计划地组织新教师进行集中培训，指导新教师所任职学校开展校本培训，使新教师明确发展方向，缩短成长周期。

第五步：达标考核。以考促学，以考促提高。第三方根据人才管理服务中心制定的“青羊区教师素质认证标准”和“青羊区教师素质认证标准考核实施办法”，从第三年开始对每个新教师进行三个阶段的考核认证：一是表现认证，即通过教师述职和学校、家长、学生评价，来确定教师的在校表现；二是水平认证，即通过深入课堂听课，查询教师日常工作、学习资料来发现教师的教育教学、自我反思和创造性学习等各方面的能力；三是发展性认证，即通过与专家组现场对话的形式，考查教师职业发展愿景以及思想境界等内容，确定教师的人生自我定位。三个阶段全面、科学、客观、公正的评估，有力、有效地提升了这支青年教师队伍的水平与素质；同时，新教师考核成绩的优劣也是对教师学习与资源中心和任职学校培训效果的检验。

（四）推进校级干部发展工程

该项工程以“深化改革，关注前沿，实践锻炼”为抓手，贯彻落实《中小学校长培训规定》，有计划地对中小学校级干部、后备干部进行培训。一方面继续引进专业培训机构对中小学校长进行高端培训，另一方面针对校级干部的任职情况，组织开展不同层次、不同内容、不同形式的系统培训活动。

“任职资格培训”以岗位基本知识和能力要求为主，进行较为系统的基础理论培训，选派部分校级干部到区内外著名学校进行短期蹲点挂职学习，深入研究名校和名校长成长规律以及名校管理机制，促进新任职干部和前沿思想、实践的对接。“提高培训”以提高校级干部的综合素质和能力为主，重点结合实际工作，采取“问题导向、案例分析、专家点评、研讨提升”等方式展开，以“活”的资源应对“动”的需求，真正把培训和管理、科研结合起来。对此部分校级干部还将开展异地研修活动，引入发达地区的校级干部培训内容和经验，增强培训的实效性。“骨干校长高级研修”的目的不仅仅是自身水平的提高，特别注重在培训中归纳管理经验，进行理论的提炼和升华，开展一定的国内外考察活动，开阔眼界，提升品位，造就一批具有独特管理理念、管理风格和学术成就的名校长。加大学校后备干部队伍、学校中层干部队伍的培训力度，逐步形成以名校长为领军、中青年骨干校长为中坚、后备干部为预备、学校中层干部为基石的结构合理、适应教育改革发展需要的学校领导人才队伍梯队。

三、改革培训机构，实现国家级示范性的制度化

青羊实验区层层落实领导责任制，形成完善的保障机制；明确定位，加大投入，加强建设，改革创新，促进发展，努力实现国家级示范性教师培训模式的制度化，为地方基础教育和教师教育工作提供有力的支持。

（一）加大对教师学习与资源中心建设

深化选人与用人机制改革，建立教研员流动机制，充分发挥教师学习与资源中心在课程改革中的组织、协调、指导、管理、研究、服务及其资源开发等作用，成为“小实体、多功能、大服务”的现代教师学习与资源中心、教师能力训练中心、教师专业发展的指导中心、教师教育的科研中心。

（二）完善教师教育者培训制度

教师教育者只有站得高，才能看得远，这支队伍的素质直接关系到全区教师培训工作的进程、方向、质量和品位。为此，要进一步加强教师教育者队伍的建设，通过理论学习、专题研讨、经验交流、课题研究、实践反思等形式，努力使这支队伍始终站在全区教育教学、教改实践、教育科研的最前沿、最高端，并在敬业精神和人格魅力等方面成为全区教师的榜样和楷模。

四、完善管理制度，推进教育均衡化的发展进程

（一）完善干部队伍管理机制

青羊实验区全面实施《青羊区校长公推直选试行办法》，并不

断扩大公推直选的范围，完善公推直选的程序，充分发挥学校党支部、教职工代表大会以及学校管理委员会在校长公推直选工作中的作用，扩大民主，加强监督。

在管理考评方面，青羊实验区以原红碾小学等9所涉农学校为试点（占学校总数的18 %），在全省率先实行校长职级制改革。中小学校长职务等级由高到低分为七个级别，不同级别享受不同的年薪待遇，从而进一步强化校长的专业意识，促进其专业化发展。同时，校长不在本学校领取任何奖金福利，从根本上消除学校干部队伍流动的阻力，有效促进城区学校校长与涉农学校校长之间的常态流动，促使更多优秀的校长到涉农地区服务，进而推动区域内教育的深度均衡发展。

（二）推广“区管校用”模式，促进教师双向交流

1. 制度改革先行，“单位人”变“系统人”

在教师定期服务流动和分派优秀教师资源工作中，可以发现，因为教师人事关系的约束和“校际间”人才壁垒等原因，造成教师流动不畅的问题逐步显露出来，影响了区域教师资源均衡配置的进一步深化，特别是优秀教师向涉农学校的流动出现了阻力。由此引发了青羊区教育局对此问题的进一步思考：要实现教师资源共享，建立长效、科学、合理的配置机制，首要任务是解放思想，转变传统的人才观念和管理观念，破除传统的人才单位所有制，变人才的单位所有制为区域共享机制，从根本上解决教师的“人才身份”归谁管的问题。

2006年新修订颁布的《中华人民共和国义务教育法》强调：“县级人民政府教育行政部门应当均衡配置本行政区域内学校师资

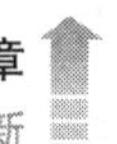

力量，组织校长、教师的培训和流动，加强对薄弱学校的建设。”①推进区域内义务教育均衡发展，促进教育公平，实现教师的均衡配置至关重要。

2007 年 5 月，青羊区成立了教师资源均衡配置的管理机构——教育人才管理服务中心，改变现有教师聘用和管理机制，把全区教职工的人事关系纳入中心统一管理，统筹配置人才资源。中心与教职工签订人事聘用合同，行使人事聘用权；学校与教职工签订“岗位管理合同”，实行岗位管理制度，行使岗位管理权。这样一来，教职工的人事关系不受现工作学校的约束，彻底打破了“校际间”人才保护壁垒，从制度上弱化了学校对教育人才流动的限制，实现了优质教师资源的区域内共享，破解了教职工全员流动的瓶颈难题，把教职工的身份关系由“单位人”转变成了“系统人”。

中心负责青羊区公办学校教职工的劳动人事管理和教师专业技术职务评聘工作，负责统一派遣学校交流教师工作，以及组织开展教师培训工作等。中心成立后真正地发挥了教师流动的发动机和调节器作用。每年由中心根据学科、学历结构、职称结构、骨干教师比例等统筹对学校下达交流指标。在确保各学校教育教学质量不受影响的前提下，遵循“尊重选择、鼓励奉献、适度流动”的原则，制度性地推动城区优质校教师向薄弱学校、涉农学校流动，实现城乡教师的深度融合。

2. 管理规范有序，坚持“六个统一”、“五项机制”和“四个公开”

五年来，青羊实验区通过建设“一个中心”，坚持“六个统

---

① 全国人民代表大会常务委员会. 中华人民共和国义务教育法［EB/OL］.（2006－06－30）［2012－11－20］. http://www.gov.cn/ziliao/flfg/2006－06/30/content_23302.htm.

一”，践行“五项区域内流动机制”，落实“四个公开”，兼顾学校发展需求、教师交流意愿、区域师资均衡监测指标，实现了教师有序、科学、合理交流。

进一步做好区域内中小学干部教师交流工作，促进城乡义务教育学校教师资源均衡配置，扎实推进城乡教育区域互动、名校集团、师徒牵手工作，为推进全国城乡教育综合配套改革试验区建设提供人才支撑，青羊教育坚持“六个统一”制度（统一教师工资待遇制度、统一教师编制标准、统一学校岗位结构比例、统一教师招考聘用、统一教师考核办法、统一退休教师管理和服务），践行“五项区域内流动”机制（全员流动机制、指向性流动机制、疏导性流动机制、互派式流动机制、竞聘性流动机制），落实“四个公开”（岗位需求公开、推进过程公开、服务热线公开、交流名单公开），促进区域人才合理流动。

3. 精细配置人文化，实施关爱教师工程

配置的终极目标，就是看是否激活了教师队伍的内在动力，是否调动了教师队伍的积极性，是否形成了教师团队的凝聚力，进而深层次地关注教师职业生涯的幸福指数。于是，青羊区实施了关爱教师工程，并确定了关爱教师年。青羊区为广大干部和教师提供住房，提供派出学习、出境考察、免费体检、免费培训等机会，并规定了教师全年福利的底线，达不到底线的要与学校目标考核挂钩，从而实实在在地提高教师的生活质量、生命质量。

（三）实施岗位设置管理和绩效工资考核制度

进一步完善人事管理制度，规范学校岗位设置和管理，逐步建立能够激励各级各类人才分工协作、积极进取的岗位管理和职级晋升制度。全面实行教职工聘任（用）制度；按照“按需设岗、公

开招聘、平等竞争、择优聘任、严格考核、合同管理”的原则，实行教师全员聘任（用）制度，建立“人员能进能出、职务能上能下、待遇能高能低”的教师任用新机制，确保聘任工作规范有序进行，引导学校建立重能力、重实绩、重贡献，向高层次人才和重点岗位倾斜的分配激励机制，实施岗位设置管理和绩效工资考核制度，保障教师的福利待遇，提高教师幸福指数。

（四）改革教师评价制度

通过完善“考核评先”制度，完善青羊区名优教师及骨干教师评选和奖励的长效机制，打破名优教师终身制，激发骨干教师专业发展动力。建立公平竞争、公开推荐、公正选拔的机制，为每个教师、干部提供平等的机会。积极完善教师考核制度，研究制订符合区域教育发展特点和教师工作特点的考核办法，不断完善对中小学教师的综合评价，强化政策导向，把考核结果作为教师聘任、晋升、奖惩、福利待遇的重要依据。用好中小学教师《综合评价手册（试行）》，促进教师快速发展，关注教师的发展性评价，提高教师的工作效率和工作质量。

第三节　青羊实验区人才队伍建设的成效

师资是教育均衡的核心要素。青羊实验区坚持教育人才区域统筹，合理调配，通过城乡互动、集团内派等形式，有效实现了区域学校师资均衡，并形成了共享优秀教师资源的“两大机制”：“流动机制”和“成长机制”。

一、城乡教师深度融合

消除城乡教育不均衡，需要做许多努力，而均衡教师水准是从源头抓起的重要一环。2006年，我国颁布了《教育部关于大力推进城镇教师支援农村教育工作的意见》，要求各地加强城镇教师支援农村教育的工作。青羊实验区在城乡教师的深度融合方面，进行了大胆而富有成效的尝试。

（一）"人走关系动"，实现刚性交流

2008年至今青羊区有625名教师实现跨校交流，实现"人走关系动"，教师编制实名制管理。以2011年为例，区内应交流教师人数为1730人，实际交流人数为175人，所交流的教师人数占应交流人数的10.1%，其中交流市区骨干教师38人，占同级骨干教师数的18.7%。近五年来，成都市实验小学共派出教师干部28名，占全校教师人数的23.1%。

现在，校际之间的流动已经成为一种常态，不少教师因为住家或个人发展需求等各种因素，甚至主动要求到三环外的学校。2012年，266名中小学教师参与交流，占应交流人数的16.7%。区级以上骨干教师75名，其中国家级2名，省级4名，市级11名，区级58名；中学高级教师21名，他们共占该年交流人数的8%。参与交流的中小学教师中，积极主动交流的共208名，占参与教师的78%，交流原因主要是为了克服职业倦怠、换环境接受挑战、谋求自身更好的发展；相对自愿参加的教师36名，占参与教师的14%，他们同样支持改革，但同时考虑到住家地址远离现单位以及晋升高

一级职称的政策导向等；相对被动交流的教师22名，占参与教师的8%，他们参与交流主要是生源萎缩、学校超编、学校思想工作的结果。五年来，96%的教师心态是积极应对；对教师们交流到新学校后的工作适应情况，90%的校长表示满意。

三环外学校名优教师数量从2008年的47人增加到2012年的296人，所占比例从3%提升到21%；学生与骨干教师的比例从157∶1提升到55∶1。

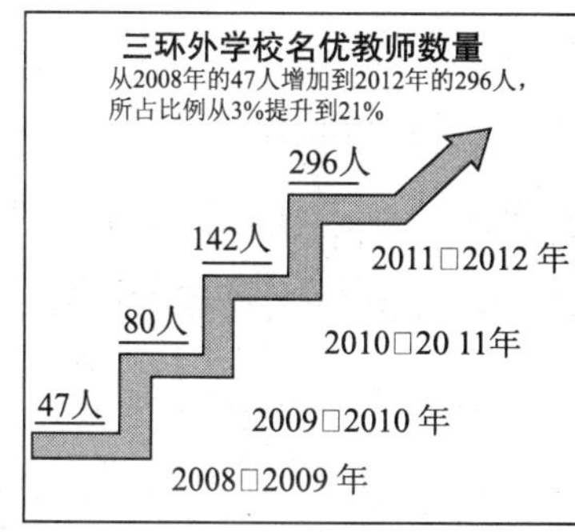

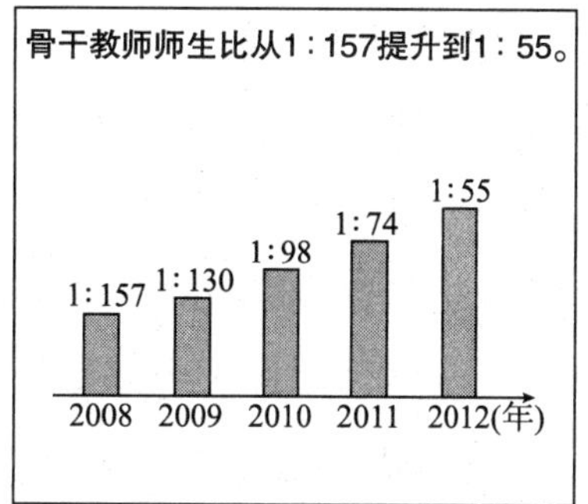

青羊区名优教师、骨干教师比重不断提高

（二）圈层融合互派，实现柔性交流

在确立了均衡发展的战略之后，青羊区三环外学校师资队伍建设提上了重要议事日程。2011年，青羊区共面向社会公开招聘90名本科学历以上优秀大学生及骨干教师，其中有25名教师补充到了三环外学校，占新教师总人数的28%。通过建立一系列的倾斜引导机制，一大批城区学校的优秀教师到三环外学校任职、任教。2012年，此类指向性的教师流动人数为33人，占总交流人数的12.3%。通过优质资源的调配，三环外学校优秀骨干教师比例大幅度提升。

青羊教育牢固树立“全域成都”的理念，不但推进义务教育高位均衡向“深度”拓展，还推进义务教育高位均衡向“广度”延伸，将青羊实验区优质教育资源辐射到成都市第三圈层。通过“青蒲互动”、“青彭互动”工程，青羊区长期实施对蒲江、彭州等地实施教育支援，并向基础教育较为薄弱的甘孜州进行对口支援，定期选派骨干教师赴当地支教。

青羊区教育局还将青羊、蒲江两地干部、教师队伍的培训与互动交流纳入《青羊教育人才队伍建设五年发展规划》，分批为蒲江培训了65名校级干部、182名名师、2300多名教师，为当地增添了教育持续发展的力量；同时，青羊区选派了钟樱、谢晓君、刘清华等68名优秀青年骨干教师和3名优秀校长赴甘孜得荣县，开展教育支援。来自石室联合中学的胡忠夫妇在高原上长期的坚守、全心的付出、优秀的表现，感动了全国人民。

长期的圈层融合互派、教育对口支援，青羊教育不断为全域成都的均衡之花增彩着色，给西部教育带来蓬勃生机。

二、专业发展成效显著

青羊实验区的远航计划全系统4000余名教师每年全员参与各级各类专业培训。近几年来，干部、教师赴国外（境外）培训近800余人，赴清华大学、北京大学、北京师范大学、中央音乐学院等国内高等学府进修3000余人次。三环外教师参加清华大学、北京大学等高端培训的比例从2008年的4%提升到2011年的30%。

青羊实验区全面贯彻落实《成都市教育局关于开展中小学教师学历提升工作的通知》，不断加强高素质教育人才队伍建设，提升教师专业素养。青羊区将教师学历提升工作纳入对学校（单位）的

年度教育工作目标考核，要求各学校要为参加学历提升的教师提供必要的条件保障，帮助教师解决好工学矛盾，资助经济困难教师完成学历提升，为教师学历提升提供经济资助和政策保障。

随着教师培养和学历提升工程的不断落实，青羊区教师队伍高层次学历比重不断提高。目前，初中、小学和幼儿园新增教师学历全部达到本科水平以上，高中新增教师中研究生学历者占比达到20%以上。各学段学历达标比例均已超过成都市2015年的统计数据。以三环外学校为例，2008年，三环外教师本科及以上学历人数为976人，占学校专业技术人员总数的74%；到2012年1月，本科及以上学历总人数达到1549人，占学校专业技术人员总数的96%。

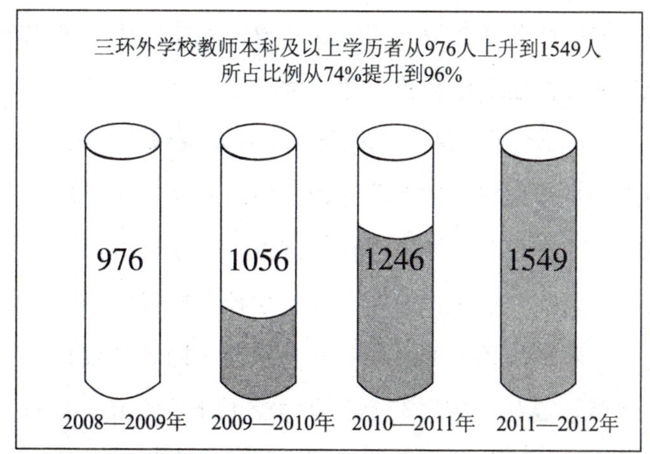

青羊区教师队伍高层次学历比重不断提高

区域内师资在年龄结构、职称结构、骨干结构上的调整，校际之间的差距在缩小，三环外的学校的社会声望日益提高，群众的满意度不断提升，大大地缓解了“择校热”。与此同时，这种大范围的教师流动，使校际之间各具特色的校风、学风得以推广传播，新老教师互相影响，区域内和谐的校园文化建设得到进一步加强和整合，造就了青羊教育“学有良教”的优良局面。通过多年的探索革新，青羊教育在人才队伍建设上取得了较好的成效，青羊教育的高位均衡日渐完善，得到了社会的极大认可。在教育公平的道路上，青羊实验区还在不断探索和开拓，要让全域成都、五新青羊遍开教育均衡发展之花，结出社会公平正义之果，为实现城乡一体化、全面现代化、充分国际化的世界生态田园城市的宏伟蓝图做出应有贡献。

三、人事改革初见成效

一系列的改革使得青羊实验区的教师人才队伍建设取得了明显的效果，人才队伍的整体素质也大大得到了提升。

（一）实行校长职级制，校长专业化发展初见成效

为进一步强化校长的专业意识，促进其专业化发展，青羊实验区以原红碾小学等9所涉农学校为试点（占学校总数的18 %），在全省率先实行校长职级制改革。中小学校长职务等级由高到低分为七个级别，不同级别享受不同的年薪待遇。同时，校长不在本学校领取任何奖金福利，从根本上消除学校干部队伍流动的阻力，有效促进城区学校校长与涉农学校校长之间的常态流动，促使更多优秀的校长到涉农地区服务，进而推动区域内教育的深度均衡发展。

（二）引进高素质人才，人才队伍更显活力

通过深入推进教育均衡化，提高管理和用人效益，青羊区采取各种措施，初步解决了数量不足、骨干教师分布不均衡、教师结构不尽合理等矛盾，师资结构得到优化。通过深入推进教育均衡化，

从2005年到2011年，青羊区共引进特级教师7名，招聘了427名北京师范大学、华东师范大学、东北师范大学等国家重点大学和国内知名大学的毕业生，又面向社会招聘560名有三年以上工作经验的骨干教师。新进教师数量高达一线教师总量的30%，满足了入学人数不断增加和经济社会对教育越来越高的要求，改变了教师队伍组成的“血缘结构”，为青羊区教师队伍注入了新鲜血液。

（三）创新评价体制，激励作用更加明显

结合新时期教育改革对教师综合素质的总体要求，在充分调研的基础上，青羊实验区组织教育专家、特级教师重新设置了教师评价标准，推出了《青羊区教师教书育人综合评价手册》，形成了评价过程动态化、评价模式综合化、评价内容丰富化、评价主体多元化的评价体系，充分体现了评价的实效性、激励性、发展性。2011年度，组织、实施研究市级课题“‘青羊区教师发展标准’的研究”。

这一机制下，青羊实验区开展了全区名师及骨干教师的评选工作。青羊区现有在职特级教师22名，市专家2名，区专家10名，市学科带头人27名，市优秀青年骨干教师123名，区学科带头人369名，区名师99名，选拔推荐省级骨干教师48名、市级骨干教师287名。青羊区具有中学高级职称的人数达651人，占教师总数的16.9%，具有中级职称的人数达2136人，占教师总数的55.5%。

（四）推广“区管校用”模式，教师双向交流得到有效促进

青羊区在全市率先成立了教育人才管理服务中心。人才管理服务中心成为了教师全员流动的发动机和调节器，促进了教师合理、有序、规范地流动。人才管理服务中心与教职工签订人事聘用合

同，行使人事聘用权；学校与教师签订岗位管理合同，行使岗位管理权，教职工身份实现了从“单位人”到“系统人”的转变，实现了区域内教师的无障碍流动。到2011年，长期服务涉农学校的新进教师近200名，占到涉农学校教师比例的1/4；城市学校向涉农学校输送干部、教师420名，有效促进了教育的深度均衡。

（五）推行“离岗培训”制度，建立梯次提升体系

青羊区以人才管理服务中心为依托，推行了针对教育年度考核不合格和严重违反教师职业道德的教师进行“回炉培训”和二次分流工作，对此部分教师采取个别谈话、到示范学校听课、指导教师指点、专家引领等培训措施，收到了良好的效果。教师再回到学校后工作情况有了很大的改善，校长也从人事矛盾中解放出来，做到静心办学、精心育人。

富有青羊特色的“五步培养法”的构建，实现了新教师的快速入格、合格、升格；实施骨干教师提高计划，举办三届骨干教师研修班，促进了教师专业发展；成立名师发展学校和特级教师工作室，充分利用优势资源，为资深骨干教师搭建成长平台，促进了资深教师再上台阶。

第十三章

青羊实验区质量监测体系的创新

质量监测是为基础教育服务，对其诊断、管理的现代方式。质量监测可以对教育质量发展状况和影响教育质量的相关因素进行监测，通过监测，探寻影响教育质量的因素，为教育决策提供数据支持。当前国际国内教育形势充分说明，开展基础教育质量监测工作是提高基础教育质量的迫切需要，是推进基础教育均衡发展、促进教育公平的迫切要求。

第一节　青羊实验区基础教育质量监测体系的构建背景

党的十六大以来，各级教育督导部门坚持以邓小平理论和“三个代表”重要思想为指导，全面落实科学发展观，以保障教育改革与发展为主要任务，在理论和实践上进行了探索，在推进地方各级政府落实教育优先发展的战略地位、依法履行教育职责和推动学校实施素质教育方面，特别是在推进实施国家西部地区“两基”攻坚计划中发挥了重要作用。随着我国“两基”攻坚任务的逐步完成和农村义务教育经费保障机制的顺利实施，我国基础教育的发展已经进入了一个更加注重提高教育质量的新阶段。今后一段时期，教育督导工作的重要任务就是要按照科学发展观的要求，以全面推进素质教育为核心，构建国家基础教育质量监测评价体系，对基础教育质量进行全面的监测和科学的评价。

一、国际背景：关注质量，重视评价

在全球关注教育质量的时代背景下，基础教育质量越发成为世界各国和国际组织关注的重点。其中，影响较为广泛、反响较为热烈的国际性组织和项目有国际教育成就评估协会（IEA）组织进行的旨在考察学校特定课程学习成就的国际数学与科学研究趋势项目（TIMSS）、国际经济合作与发展组织（OECD）进行的旨在考查学生为以后成人生活做准备的情况的国际学生评价项目（PISA）。

近几十年来，有越来越多的国家表现出对评价教育质量和发展趋势的浓厚兴趣。如美国加强了学术标准和学习成绩监测，美国国家评估管理委员会（NAGB）和美国教育部下属的教育统计中心（NCES）至少每两年一次组织进行美国国家教育进展评估（NAEP）；法国教育部2006年就已出台《关于知识与能力的共同基础》法令，完善中小学具体学科评估标准，保证每个学生掌握基本的知识与能力；日本提出以“保障和提高义务教育质量”为核心的新义

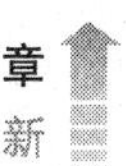

务教育改革构想，同时重启全国学力考试，项目包括学力考试和学习状况调查两部分。

目前，国外基础教育质量监测与评价凸显以下几个特点：①评价体系注重系统性和开放性；②评价主要围绕学生的发展展开，且体现它的诊断性和发展性功能；③评价内容体现现实性和综合性；④评价手段重视运用多种评价方式与科学的评价技术。青羊区必须加快脚步，加强在基础教育领域的监测和评价工作，以适应与国际教育质量监测与评价接轨的需要。

二、国家背景：改革创新，提升质量

近年来，随着我国义务教育的基本普及，基础教育进入了一个新的发展阶段，确保基础教育质量，提高国民素质的问题日益突出。党的十七大报告指出："优先发展教育，建设人力资源强国"；"优化教育结构，促进义务教育均衡发展"，"更新教育观念，深化教学内容方式、考试招生制度、质量评价制度等改革，减轻中小学生课业负担，提高学生综合素质"。[①]

《国家中长期教育改革和发展规划纲要（2010—2020 年）》则从提高义务教育质量，改革人才培养体制，管理体制改革等方面更具体地提出了建立教育质量监测制度，加强教育评估与督导，建立健全教育质量保障体系的任务和要求。

在此背景下，2007 年，教育部基础教育质量监测中心正式成

① 胡锦涛. 高举中国特色社会主义伟大旗帜　为夺取全面建设小康社会新胜利而奋斗：在中国共产党第十七次全国代表大会上的报告［EB/OL］.（2007 - 10 - 24）［2012 - 11 - 20］. http：//news. xinhuanet. com/newscenter/2007 - 10/24/content_6938568_7. htm.

立，这意味着建立具有中国特色的基础教育质量监测系统全面启动，基础教育质量监测已进入实际运行阶段。目前，我国已初步形成“国家、省、地市、区（县）四级基础教育监测网络，建立起覆盖全国的教育质量监测系统，形成由国家提供监测的标准和技术、省市负责本地区的规划、县区具体负责监测实施的格局”①。各省、市、区相继出台义务教育阶段教育质量监测与评价的方案，如北京东城区、北京顺义区、台州椒江区等；相关研究也相继跟进，如安徽省铜陵市进行了“新课程评价体系下小学教育质量监测的实践研究”。

三、区域背景：均衡发展，公平优质

2011 年，成都市教育局响应《国家中长期教育改革和发展规划纲要（2010—2020 年）》所要求的“建立学生课业负担监测和公告制度”，开始在义务教育阶段开展学业质量和课业负担监测。3 月，正式发布《成都市义务教育校际均衡监测年度报告（2010 卷）》，公布了各区（市）县义务教育阶段学校校际间的均衡发展状况。这是成都市在全国首次发布致力于推动教育公平、促进义务教育均衡发展、以义务教育校际均衡为着眼点的监测“蓝皮书”。

2012 年 4 月，成都市政府办公厅发出《关于开展教育现代化发展水平监测工作的通知》，决定从 2012 年起，每年对各区（市）县教育现代化发展水平实施监测，科学判断成都市各区（市）县教育现代化水平。同时，市政府教育督导团制定了《成都市区（市）

---

① 董奇. 构建具有中国特色的基础教育质量监测体系［J］. 人民教育，2007（Z2）：2－3.

县教育现代化发展水平监测指标体系》。这是继实施义务教育校际均衡监测、学业质量监测和课业负担监测后，成都市运用科学标准促进教育发展的又一重要举措。

作为教育改革实验区，青羊实验区高举教育现代化旗帜，以“城乡统筹，质量领先”的理念引领，以九大工程促进教育现代化的实施。其中，区域教育质量监测体系工程是实验区的年度重点工作之一。青羊实验区区域教育质量监测体系的建设旨在以监测实施评估，以评估促进发展，通过质量监测来探寻区域教育发展中存在的问题及原因，在对问题的分析基础上科学决策，制定适于青羊实验区域教育发展的具体改革措施。

四、青羊现状：趋于成熟，尚有不足

立足青羊实验区的教育现状和发展趋势，青羊实验区专家工作组开始着手思考建立具有青羊区域特色的“教育质量监测体系”，为区域教育的可持续发展提供保障。在实验区年度工作方案研讨会之后，实验区专家工作组与教育现代化九大工程项目组先后座谈，并针对质量监测工作与“学校发展性评价”项目组成功对接。在深入学校考察及听取汇报之后，在青羊实验区原有学校评估工作基础上，专家工作组对区域教育质量监测做了可行性、必要性的分析；在工作路径的选择上，依托中国教科院教育督导评估中心为业务支持；为了保证监测工作的顺利实施，专家工作组还针对工作过程中的沟通机制、研究机制、宣传机制等保障措施提出了一系列建议，包括紧密围绕学校教育现代化发展水平的主题，在现有各项评估工作基础上，整合一套综合实施的方案；评估目标要有阶段性目标、远期目标、终极目标；评估指标不宜琐碎；评估结果的使用要以帮助学校发展为宗旨；要做好青羊实验区基础教育发展数据库的建设。

经过几年努力，青羊实验区的区域教育质量监测体系正逐渐趋于成熟：一是评价体系较为完善，青羊实验区从当前教育发展整体情况出发，初步确立了学生学业质量、教师队伍专业化发展、学校增值评价等几个主要方面展开实践研究；二是评价手段更为丰富，依托初步建立的网上“学校绩效评估管理系统”，进一步增强对学校发展性评价力度；三是评价作用更为全面，逐步改善单纯的结果认定，而将学校评估结果更多地指向学校发展的改进。

尽管已经取得如上成绩，但是青羊实验区在基础教育质量监测的工作中尚有不足，具体表现在如下几个方面。

（一）监测与评价标准体系不够完善

一是因为国家还没有制定统一的教育质量监测与评价标准体系；二是省、地市、区县级教育质量监测与评价标准体系还有待修订和完善；三是学校教育质量监测与评价标准有待于整理、提升，使之形成体系。

（二）监测的范围过窄

现行的学业水平评价方式一般都是关注结果性的东西（分数），形成结论性评价（优劣），不能反映学生学习发展的过程，也就是说，监测只考虑终端评价，缺乏过程监测，无法在中途进行有效反馈，缺少促进教学的调节机制。同时，对结果的片面关注，也使得评价者不能在评价后给学生提出一些合理性的建议。如果不能了解过程，就不能很好地给学生恰当的建议，没有建议，评价的发展性功能就不能得到体现。同样，只是单纯的分数，对教师的教学改进的指导性也是很弱的

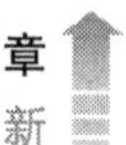

（三）监测的内容单一

目前的监测着力点在学生学业水平的测评上，而质量监测的内容如果只关注学业成果，就与一般的学科测验无异。监测应该同时聚焦学情与学业成果。所谓“学情”即学生在学龄阶段的校内外学习生活成长的全部情况，而不仅仅是学科成绩或课业学习情况，还应包括不同家庭背景的学生平等获取教育资源情况，学习负担与身体健康的相互关系，学业成绩与能力发展的评价，学校内外教育（含家庭教育）情况，体现教育“以人为本”、“以学生发展为本”的根本目的。

（四）监测的反馈运用不够

教育评价功能除具有评定、择优功能、督导功能外，还应有诊断、发展、服务、引导等功能。但是，目前的学业监测，更多的是发挥其功利性功能，对教育的发展性功能体现不够。为了监测学生学业水平，开展不同形式的调研，耗费了大量的人力物力，可是往往并未形成较为严谨的监测报告，监测的结果也没有能够及时有效地反馈给相关部门和学校。对调研结果（数据）的处理也相对简单了些，有时只是把调研结果作为评判学校教学水平的依据，学校、教师一般也只关心分数，排位情况。

认清形势，让青羊实验区找准发展的方向；分析问题，让青羊区明确发力的重点。在对上述背景的阐述中，青羊实验区知道了尚需努力进取，以构建更加完善和高效的基础教育质量监测体系。

第二节　青羊实验区基础教育质量监测体系的系统构建

通过建立区域教育质量监测体系，全面贯彻党的教育方针，推进中小学素质教育的深入实施，促进基础教育课程改革向纵深发展，促使各中小学全面落实国家课程方案，促进学生在德、智、体等方面和谐发展，以至全面育人，不断提高中小学课程实施水平和教育教学质量，整体提升青羊教育的核心发展力。

一、青羊实验区开展基础教育质量监测的目标

①把握青羊素质教育的实施状况，通过弄清学生在德、智、体、美诸方面的全面发展状况，准确掌握全区基础教育的质量水平。

②弄清区域基础教育均衡发展的现状与问题，促进教育公平的实现。

③有效诊断教育教学过程中存在的问题，为相关政策的制定提供依据。

④评估国家有关教育政策、计划和项目的绩效，对各校基础教育质量状况进行评估，有效推进政府职能的转变。

⑤逐步建立健全青羊实验区基础教育质量监测制度，不断完善教育现代化、教育国际化、教育均衡化和学生学业质量监测标准与指标体系，力争建成西部领先的质量监测体系。

二、青羊实验区基础教育质量监测建设的理念

教育质量监测系统的核心任务是促进学生的全面发展，青羊实验区在基础教育质量监测系统建设中始终坚持以提高质量为宗旨，以保证公平为重要的价值取向，使教育质量监测系统真正为提高教

育教学质量服务。

（一）以学生发展质量为核心

以促进学生全面发展为目的，以提高教育质量为核心，构建有利于全面提升教育教学质量的评价体系；按照科学发展观的要求，以促进教育公平，全面实施素质教育，全面推进素质教育和基础教育课程改革，以培养全面发展的、具有创新精神和实践能力的人才，最终提高教育质量为目标。

（二）以公平为价值取向

通过基础教育质量监测来缩小我国城乡之间、地区之间的教育差距，通过质量监测保障不同背景、不同社会群体适龄人口在接受基础教育时获得公平的权益保证，这才是实施基础教育质量监测的最终目的。由于教育质量监测的结果往往和区域和学校的实际利益挂钩，故而教育质量监测往往加大学校和师生的压力和工作量，还易催生出假数据、假成果。因而，教育质量监测工作必须以公平为价值取向，牢记监测的目的，乃是保障教育的基本质量，乃是促进所有学生都能享受公平优质的基础教育，从而尊重学校，尊重学生，做到实事求是地反映教育的本来事实，反映出教育的真实问题。

（三）以提高质量为宗旨

依据教育质量国家标准，教育质量监测范围可分为国家层面、区域层面、学校层面和个体层面，形成覆盖全区的监测系统。通过持续开展全区教育质量监测，以科学、客观的数据全面准确地把握青羊实验区教育质量状况、水平与特征。监测结果应以公告、通报、诊断报告等形式，向社会发布，或抄送个人、部门。如在监测目标和内容上，国家层面侧重教育普及水平、教育服务国家社会的能力；区域层面侧重于教育质量标准的各项指标均以可应用为基本目标，以可测量为基本要求，各指标值应尊重教育规律和学生身心发展规律。

三、青羊实验区基础教育质量监测工作的原则

全区层面的监测与学校监测相结合、行政力量和学术力量相配合、终结性监测和过程性监测相统一、以促进教育现状的改进与发展为导向。

（一）依法监测，服务决策

研发区域教育发展水平监测工具，建立起对区域教育发展水平进行监测的体系，把握区域发展阶段、发展水平，为区域教育决策服务，实现教育督导功能。对学生的学习质量和身心健康状况以及影响学生发展的相关因素进行全面、系统、深入的监测，准确地向各级政府、教育决策部门报告教育质量的现状，为教育决策提供信息、依据和建议。

（二）科学评价，重在导向

对学校办学绩效进行监测，发现经验，发现典型，把握动态，促进均衡；对教师专业发展水平进行监测，引导教师专业发展，打造青羊教育核心增长极；通过监测数据和监测结果的发布，探索并进一步明确青羊教育未来发展方向，引导学校树立正确的教育观、发展观，引导教师科学规划个人专业成长道路，树立积极向上的人生观，引导家长、教师、学校和社会树立正确的教育质量观，促进学生的身心健康发展。

（三）准确诊断，探求规律

教育质量监测目的是把握全区教育发展的实际情况，梳理影响教育发展的主要因素，探寻教育发展规律。因此，在整个监测过程中必须贯穿准确诊断、探求规律的思路。力求监测工具的科学、有效，力求采集数据的真实、准确，在制定标准和工具研发的过程中，从标准的制定、工具的研发，到数据的收集、整理和分析，以及报告的撰写和发布，整个过程都要保持高度的规范性和科学性，力求做到简便易行，便于操作，力求通过监测，发现影响教育质量的主要因素，探索影响学校办学绩效提升的主要原因，分析影响教育均衡的主要原因，探寻规律，为教育行政机关、学校提供智力支持。引导学校树立以学生发展为本的现代教育理念，关注学生发展过程，促进学生全面发展。

四、青羊实验区基础教育质量监测范围、内容和方式

（一）监测范围

监测范围包括青羊实验区的所有中、小学校。区域层面侧重于区域教育普及水平、教育服务地方社会的能力，监测维度包括投入、人力资源存量、结果、教育满足社会发展的程度等；学校层面侧重于教育过程中基本要素的发展水平，监测维度包括设备、学生、教师、课程、教学方法等；在个体层面侧重于全面发展水平与适应国家、地方社会需要的能力，监测维度包括德、智、体、美四个方面。

（二）监测内容

基础教育质量监测的内容包括：学生的思想品德和公民素养，

学生的身体和心理健康水平，学生的学业水平和学习素养，学生的艺术素养，学生的实践能力和创新意识以及影响学生发展的教育环境与社会环境。要建立两“库”，即“教师教学质量监测数据库”、“学生学习质量和素质发展监测库”，收集、整理、分析青羊中、小学教学情况数据和资料，进行教育教学质量监测，为教育教学改革提供客观依据。

同时，要开展对全区学业质量现状、教育现代化现状、教育国际化的发展进程、教育高位均衡实际的监测等。注重监测社会、家庭、学校环境对教育质量的影响，给教育决策提供有力的支撑。

（三）监测方式

学生的综合素质则更多采用社会期望标准进行衡量，社会期望标准往往是动态发展的，需要采用定性、定量等多种方式进行测量与评价。根据不同监测项目和要求，选用不同的监测方式，如纸笔测量、心理测量、生理测量、行为测量、统计测量等形式。可以借鉴国内外先进经验，聘请专业的评估人员，设立专门的评估机构、独立的评估审查程序，并以专业的评估标准和目标为依据，避免监测评估的主观随意性，保证监测评估的严肃性、权威性、连续性、时效性和专业性。

五、青羊实验区基础教育质量监测中心的架构

（一）监测架构

监测指导委员会主要由青羊区教育局牵头负责，每年不定期与专家团队、高效研究机构、教研室等部门联合组织活动，指导基础

质量监测中心重点监测学校执行课程标准、课程计划、教学进度、课时安排、作息时间等情况；了解掌握学校培养学生综合素质的年度活动计划、具体措施与方法；观察、指导学校教学业务工作的运作和教学管理制度的建设与执行。

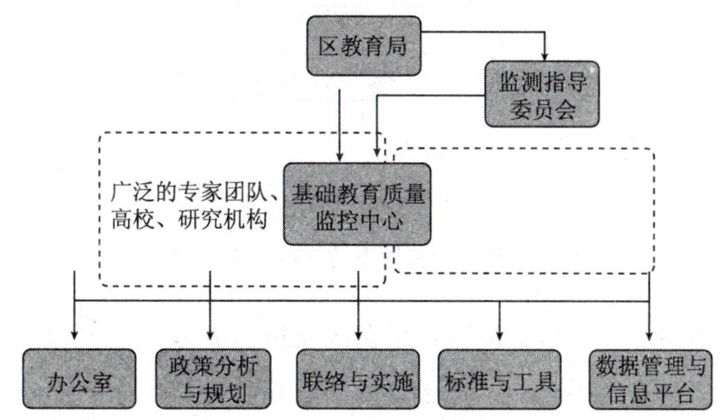

青羊区教育质量监控中心的架构

基础质量监测中心主要负责日常教学调研，每年每学期选择各类代表性学校，组织一至两次集体调研活动。各办公室分工合作：科研室负责联络与实施；学科教研人员深入课堂与教学一线，进行听课、评课，了解教师教学特点，指导教学过程，总结教学经验，发现与反馈教学问题，深入分析影响教学质量的原因，有针对性地提出解决当地教学问题的方案；评估人员运用标准与工具对数据和报告进行分析，形成报告；数据管理与信息平台负责搜集信息，加强对外联系和宣传、反馈等工作。

（二）监测流程

学校和区域教育现代化质量监测、教育均衡化监测、教育国际化监测、学生学业质量监测将根据相应研制和开发的具体情况同步实施。

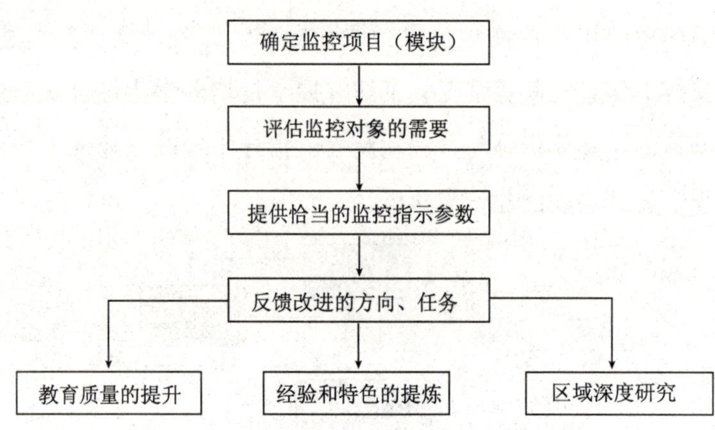

青羊实验区教育质量监控中心工作流程

青羊实验区质量监测项目组在区质量监测办公室的领导下，充分利用信息技术平台，认真做好质量监测的分析工作。区质量监测项目组要通过引进先进的评价工具，采取分级管理的办法，提供区、学校两个层面的分析报告；学校则完成年级、班级、教研组和备课组等分析报告；教师完成班级、学生个体分析，实现评价资源的充分应用。中国教科院充分利用质量监测信息，针对存在的问题，提出区域层面教学改进的措施，为提高区域性的教学质量提供业务保障。学校要将质量监测分析、评价所提供的信息，作为加强教学管理，改进教学过程的重要依据，努力提高教学的针对性和有效性，切实实现减负增效。

第三节　青羊实验区基础教育质量监测体系的实践探索

为全面掌握青羊实验区基础教育现状，为教育决策提供科学依

据，经过中国教科院专家反复研究和多方论证，青羊实验区成立了基础教育质量监测中心，拉开了青羊实验区基础教育质量监测的序幕。几年来，中心围绕基础教育质量监测开展了一系列有益尝试。

一、区域教育质量的监测

青羊实验区高举教育现代化旗帜，以“城乡统筹、质量领先”的理念引领，以九大工程促进教育现代化的实施。其中，区域教育质量监测体系工程是实验区的年度重点工作之一。青羊实验区区域教育质量监测体系的建设旨在以监测实施评估，以评估促进发展，通过质量监测来探寻区域教育发展中存在的问题及原因，在对问题的分析基础上科学决策，制定适于青羊区域教育发展的具体改革措施。

（一）加强质量监测组织领导和管理工作

青羊实验区教育质量监测中心是青羊区实施教育质量监测的专门机构，具体负责青羊区教育质量监测工作。青羊实验区教育质量监测中心主任由教育局局长李泽亚担纲。质量监测中心下设行政办公室在青羊区人民政府教育督导办公室以及四个项目组，具体实施教育质量监测的职能职责。项目组分别是：学生学业和综合素质监测组、学校发展水平监测组、区域教育发展水平监测组、标准与工具研发组。

在区域教育质量监测体系工程实施过程中，青羊实验区约请中国教科院教育督导评估中心相关专家为此项目组顾问，青羊实验区专家工作组、青羊实验区教育局督导办公室、教师学习与资源中心等业务部门人员共同组成青羊教育质量监测体系项目课题研究组；

青羊教育局成立教育质量监测体系工作组，针对《成都市青羊区学校教育现代化发展水平报告》成立专项写作组；中国教科院及驻实验区专家工作组提供技术支持，教育局提供政策和资金保障，教育局相关部门负责具体的组织实施，监测结果的使用由教育局确定；实验区专家工作组还将总结并提升青羊区教育质量监测工作的经验，回应区域质量监测的热点、难点问题，让青羊实验区区域教育质量监测工作走在西部乃至全国前列。

（二）建立准确有效的数据指标体系

青羊实验区的指标体系可以分为五大维度：区域教育公平、区域教育质量、完整的区域教育体系、区域教育质量的保障、社会影响和贡献。在各维度的基础上，筛选一些具有典型性的、可以量化和事实化的指标作为区域教育质量监测指标，并将指标控制在30项以内。

如在校际均衡监测内容及指标中，青羊实验区选择的常规监测指标调整为：①生均公共财政预算教育事业费支出；②生均公共财政预算公用经费支出；③生均教学仪器设备值；④生均图书册数；⑤生机比；⑥生均教学及辅助用房面积；⑦生均体育运动场馆面积；⑧生均中级及以上专业技术职务教师；⑨骨干教师比例；⑩生师比；⑪班额达标比例；⑫学生巩固率；⑬小学、初中毕业考试各科一次性全及格率；⑭初中毕业升学率。同时规定，每一年有一个特色监测指标。2012年的特色监测指标就为中小学生体质健康合格情况。通过这些指标，可以较好地监测掌握义务教育城区学校与农村学校的差距及差距变化趋势，发现典型弱势学校及其弱势的方面，以便及时扶助，并提出干预措施或预警，以便区政府、区教育局掌握动态，为其决策提供参考，促进义务教育校际均衡发展。

再如，青羊实验区制定的2011—2012学年学校（幼儿园）评价指标分为三部分。

1. 警戒指标

属于一票否决指标，考评结果表现为是或否。按照依法治校的要求，学校出现违法违纪行为，将失去当年度评奖资格，年终绩效监测等级为不达标。

2. 达标指标

属于基础工作指标，考评结果表现为分数。按照政府年度工作目标，学校根据自身职能职责完成规定任务，职能部门学年终根据学校完成情况评分。评分结果作为学校基础工作是否达标的依据，是能否进入年终评奖的前提条件。

3. 发展指标

属于效益指标，考评结果表现为分数。按照科学发展的要求，学校应在既有基础上，努力提高办学效益，不断促进自身发展。在发展指标设计和监测时，突出成果与效益、定性与定量相结合的原则，科学分配指标权重，实现监测的导向性、基础性、客观性、可操作性。

在发展指标设计和监测时，青羊实验区强调激励与制约，考虑学校之间横向比较，更重视学校纵向发展，充分体现了“教育均衡化”、“教育现代化”的发展要求，实现了监测引领发展的监测功能。

（三）建立统一标准的基础教育数据库

建立准确有效的数据指标体系，是教育质量标准实践应用的根本目标。教育质量是各国教育改革关注的核心问题，准确有效的教育数据系统是教育管理和科学决策的重要依据。青羊实验区于2012年启动了“数据质量运动”，旨在建立全区性的纵向教育数据库，便于政策制定者和教育者获取和利用有效的教育数据信息，以开展理论研究并改进实践。

青羊区依据制定的指标体系，结合区域教育管理和决策的需要，分别建立了学校绩效基础数据库，学生学业成绩数据库和教师人才队伍数据库。

1. 学校绩效基础数据库

一为“学校办学条件（学校资产）基础数据库”，主要考查学校占有的办学资源的数量，包括财政投入、学校的有形资产和无形资产。一为“学校网上年度绩效评估管理系统”，主要考查学校办学绩效。该系统是一个平台两个端口，一端是学校，另一端是监测单位。所有中小学、幼儿园、监测单位都通过平台接受监测。系统在青羊教育官网上有登录接入口，所有的操作人员凭密码进入。资料上报、反馈等监测过程全通过网络实现，从而建立起专门的网络监测系统。

2. 学生学业成绩数据库

青羊实验区的学生从小学入学开始，就有一个统一的学籍号，这个学籍号将管到学生高中毕业。同时，建立了电子学籍档案系统，便于管理，也为青羊区的评价分析提供了方便。

在初中，青羊实验区每一个初始年级都有入学的调研考试，以统一命题、统一考试、集中阅卷的形式进行，已经实施了三年时间。这一考试将作为学校的入口成绩，成为学校今后各时间段教学成绩评价的量标，这就比较充分地考虑到学校生源的差异给学校带来的质量出口差异。此外，初中三个年级每学期具有一次全区性的统一考试，每学期统考的学科包括了学生所学习的主要学科，其中七年级三科、八年级四科、九年级五科，均采用统考统阅的形式进行，保证数据的信度和效度。到现在为止，已经有连续三年以上的

数据。

3. 全区教育人才（教师为主）数据库

借鉴学生学籍系统的建立模式，青羊实验区正在建立和完善教师人才队伍数据库，便于整体掌握学校间教师的整体配置情况，主要包含教师的学历、职称、学术成就等能反映教师业务水平的指标。

目前，青羊实验区已经组织技术人员，对三个数据库进行了完善，建立数据库之间的连接，便于数据的共享和关联。

（四）开发现代化教育监测与评估工具

2009 年 3 月，青羊区教育局启动了区内学校教育现代化发展水平的评估工作。在青羊区教育局着手部署下，区教师学习与资源中心着手进行了理论及学术动态查新，参照中等发达国家本世纪初的教育发展的主要指标，结合本区推行城乡教育均衡发展的特点，在省教科所、市教科所专家指导下，制定了《青羊区学校教育现代化发展水平评估意见（初稿)》。

此后，青羊实验区及时召集参会专家、领导，分别召开座谈会广泛征求意见，分析论证评估工作的科学性、客观性、可操作性，在此基础上，及时对《青羊区学校教育现代化发展水平评估意见（初稿)》进行了完善与修正，形成了《青羊区学校教育现代化发展水平评估标准》（分小学标准、中学标准、九年义务校标准、职业中学标准)。

为了更加全面、客观、真实地收集评价信息，青羊实验区还配套开发了四类问卷调查表（教师、学生、家长、社区)，五类访谈提纲（校长、其他班子成员、教师、学生、家长)，一套学校基础信息表（针对学校自查需要的《成都市青羊区学校教育现代化发展水平评估自查报告》和《成都市青羊区学校教育现代化发展水平评估基础信息表》)。

目前在青羊实验区实施的“评估标准”分为五大板块，包括学校资源配置、现代学校管理、学校可持续发展、保障教育公平、学生综合素质等。五大板块共分49个项目。这些内容都是充分结合市里评估要求、区域教育发展特点、学校发展需求以及当前教育发展背景而设定的。

这样，青羊实验区学校教育现代化监测与评估工具开发经历了“学习借鉴—制定方案—试行评估—调整完善”这样一个流程，辅以专家论证、实践检验、行政（政策）指导等手段，力求开发出的评估工具具有较强的科学性、针对性、可操作性。

（五）探索新技术背景下的质量监测反馈机制

一套科学、规范的教育质量监控反馈机制，才能加强内部约束、增强自身发展动力，保证持续不断提高教育质量。当代信息技术飞速发展，利用网络平台迅捷、方便、强大的优势，对教育质量监测进行实时准确反馈已经是可行、必行之事。

依据学校评价指标体系，依托专业技术力量开发基于网络的管理平台，青羊实验区以学校为单位建立了“青羊实验区学校办学条件基础数据库”，并依据学校办学条件变化情况每年更新一次，以反馈学校办学水平的变化。

为反馈学校办学绩效，青羊实验区建立了“学校网上年度绩效评估管理系统”。先由学校自主、及时填报各项指标，教育局各科室实时反馈情况，政府督导室可以随时监测各学校各项指标的发展过程和发展水平。监测及反馈流程大致分为以下方面。

1. 基础常规工作监测

学校按照工作规范和要求上传过程资料，监测单位以入校调研、过程资料为依据，监测过程中通过平台对学校具体工作进行交

流、指导、激励，促进学校提高管理质量。监测结果中，监测方将给出具体的监测理由。

2. 发展性重点工作监测

为定量评价，对做的程度进行评分，结果表现为分值。学校输入基本数据，审核数据真实性，系统自动生成得分。学校得分明细在监测系统中“即时”显示。

目前，青羊实验区所有学校（幼儿园）“办学绩效评估”工作，已变传统的由学校（幼儿园）“学年末报送材料、考评组入校考评”的操作方式为学校（幼儿园）按要求“分阶段网上申报”，职能科室“分阶段网上考评”，督导室“分阶段网上审核、反馈”等信息化操作。也就是说，青羊实验区的学校绩效考核是由相关职能科室结合管理工作的实际，采取平时与学期末相结合的方式对学校（幼儿园）实施考评，考评中即与学校充分交流。考评后的结果分别在每学期末反馈教育督导室，由督导室进行阶段汇总。汇总结果经教育局科室或部门审核、审批。审批通过后，信息将在网上公布，使学校（幼儿园）及时了解取得的成绩、存在不足和今后努力的方向，不断促进学校发展。

在教学质量监测方面，青羊实验区也实现了网络评教。评估人员将教师教学过程和学生学习质量的监测结果分别输入“教师教学质量监测数据库”、“学生学习质量和素质发展监测库”，作为正确评价教师、学生和学校的依据。

除此之外，青羊区教育局还与疾控中心共建“学生体质健康网络监测平台”，及时跟踪学生病患信息，逐步实现疾病防控科学化、常态化；与卫生局、残联、特教中心、共建“学生心理健康网络关护平台”，对学生心理状况实施全程关注，通过多种举措逐步达到“心理健康服务满覆盖”。

除网络反馈外，青羊实验区还以反馈会、质量监测报告等形式来反馈监测情况。青羊实验区的区域教育质量监测报告分定期报告和阶段性报告。定期报告以学年和学期为单位，对单位时间内的教育投入、教育管理、教育产出监测情况进行报告，报告对象是区域教育主要管理者和上级部门，目的是让管理者、上级部门把握区域教育发展状况，以此作为决策之依据。阶段性报告根据教育发展实际，对阶段性热点难点问题进行透视，根据上级领导、部门之需要进行。《青羊教育质量发展状况年度报告》每年一本，全景式记录青羊教育发展的水平，总结青羊教育发展的经验，提供可持续发展的建议。

二、学校教育质量的监测

通过调查研究，青羊实验区发现当前学校评价存在的不科学和非公平性问题：忽略了学校客观存在的差异，采用同一分数线作评价标准就显然不科学；对学校的评价过分重硬件而轻忽学校发展的“软实力”，评价重结果轻过程，当然不利于学校的改进和发展；同时，学校作为评价主体地位的缺失使评价带有更多的功利性。

基于如上发现，青羊实验区提出了教育增值评价的评价思想和方法。教育增值（也有译为教育附加值）的基本含义，是指一定时期学校教育对学生成长发展所带来的积极影响，或一定时期内学校教育活动对学生增加的价值。其基本假设是，学生入学时的水平与毕业时的水平的差异，或学生在校期间的变化情况，可以归因于学校；学生变化的幅度，即教育增值的大小，可以看作是学校、培养计划、课程和教师的教育成就。

增值评价有利于提高学校教育评估的科学性，有利于教育评估目的的实现，引导学校走特色发展之路。通过增值评价，青羊实验

区能够找准差距，指导资源投放；明确政府责任，调动学校发展的内在动力；动态评价，促进持续性的均衡和发展；客观公正，让学校的努力得到认可；简便易操作，科学性与实用性兼顾。

（一）建立以增值评价为主导的学校绩效评价指标体系

学校增值评价指标体系由两部分组成，第一部分为输入指标，其主要指标由财政投入、有形资产、无形资产、人力资源四个一级指标和下设的 12 个二级指标组成，主要考查和分析评价学校教学资源的占有情况。第二部分为输出指标，其主要指标由教师专业成长、学校成就、学生成就、学校发展与改进四个一级指标和下设的 10 个二级指标组成，主要监测学校的“产出”成果和办学效能。

青羊实验区学校增值评价学校办学条件指标体系

一级指标	二级指标	三级指标	操作说明
财政投入	经费投入总和	生均教育经费（单位：元）	—
		公用经费（单位：元）	—
		事业发展经费（单位：万元）	主要是学校在一个年度内的硬件投入、校舍改造等的经费
		预算外经费（单位：万元）	学校除财政拨款外可支配的经费（包括捐资助学、营业收入等）
有形资产	校园	生均用地面积（单位：m^2/生）	—
	校舍	生均建筑面积（单位：m^2/生）	—
	计算机	①生机比②师机比	—

续表

一级指标	二级指标	三级指标	操作说明
有形资产	多媒体设备	多媒体设备套数与班级数的比例	—
	图书	生均册数	—
	教学仪器	达标比例	—
无形资产	区域环境	中心城区/一二环路之间/二三环路之间/三环路外	
	社会认可度	示范校、窗口校、普通学校	—
人力资源	校长素质	业务荣誉获得情况	取其最高等级一项
		行政荣誉获得情况	取其最高等级一项
人力资源	教师素质	现有专任教师的学历结构	—
		现有专任教师的职称结构	—
		现有骨干教师情况	—
	学生来源	高中（中考成绩）	—
		初中（调考成绩）	—
		小学（三年级调考成绩）	—

成都市青羊区学校增值评价效能评估体系

一级指标	二级指标	三级指标	操作说明
教师专业成长	教师结构	新增教师学历情况	—
		专业学科结构	—
	教师提高	骨干教师情况	—
		教师获奖情况（教育行政部门及教育业务管理部门获奖及市级以上学会二等奖以上）	—
		教育研究成果发表（市级以上正规刊物）	—

续表

一级指标	二级指标	三级指标		操作说明
学校成就	课题立项与结题	国家、省、市、区课题立项		—
		国家、省、市、区课题考核、结题		—
	成果应用	形成特色		—
		成果推广		—
	社会影响	家长、社区的满意度		—
	学校获奖	政府、教育行政部门、教育业务管理部门、市以上教育学会		—
学生成就	学生基础学业能力	中学	中、高考情况	—
			会考情况	—
		小学	抽测年级学科考试情况	—
	综合素质发展获奖	—		—
学校发展与改进	发展	学校年度绩效考核情况		—
	改进	学校在前一阶段效能评估中突出问题的改进情况		—

（二）以中学为试点，尝试用增值评价的理念和方法管理学校

1. 中学高考目标下达的依据

在增值评价的研究中，青羊实验区改变了以往对高考目标任务下达单一、依据学校高三第一次诊断考试（以下简称“一诊”）成绩的办法，既关注学校入口数据，又关注学校几年来的学生的发展情况。这样，学校的教学就不会只重视高三而忽略高一、高二，同时学校对这种目标分解办法觉得非常公平和满意。2009 年 2 月，青

羊实验区对本学年度中学教学质量的目标任务进行分解，分解的依据就是在近三年的基础数据的基础上，采用增值评价的方法，综合多方考虑而进行的。学校对任务下达方式的改进均表示很满意，认为这种方式更加科学。

2. 中学年度绩效评估的依据

2008 年，教育局对区内中学的教学质量评估和表彰，就是在学校基础数据库的基础上，依据增值评价的理念进行评价。青羊区中学情况非常复杂，仅按学生的考试成绩而言，初中升重点高中的比例高的接近 80%，而低的还不足 10%，相差 8 倍，按以往单一的以中高考成绩来评价一所学校，每年能够得到高奖的就是那几所学校，较差的学校无论怎么努力也不可能超过排在前面的几所学校，而排在第一第二的学校与后面学校相比有很大的优势，他们可以轻松获得第一第二，这让他们也没有多大“压力”。青羊区在学校评价中引进增值评价，既看学校的横向比较，同时关注学校通过自身的努力在原来基础上的提升情况，这样的评价学校满意，也保护了多数学校的积极性，使排在前列的学校也有了发展的方向。

案例：连续跟踪学校考试成绩对比分析

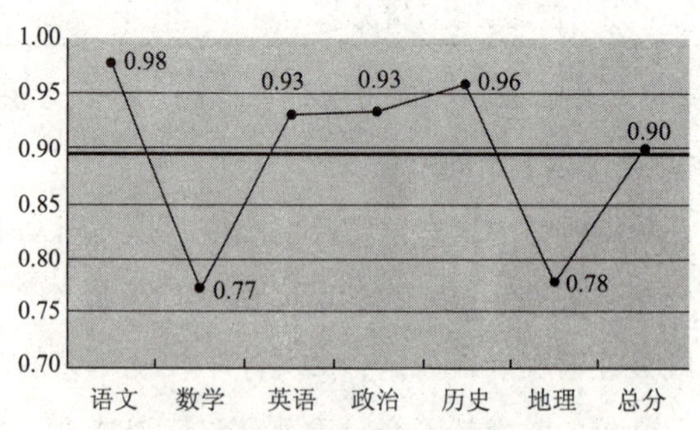

某中学 2009 年高三摸底成绩分析

上图中粗线为该校所考试的六科总评分与全区总评分的比例，其余各学科的分值均为校平均与区平均的比值。从该分析图可以看出，该校的整体水平低于全区平均水平，并且数学和地理学科需要加强。

经过一段时间后，进行了第二次考试，数据分析如下图。

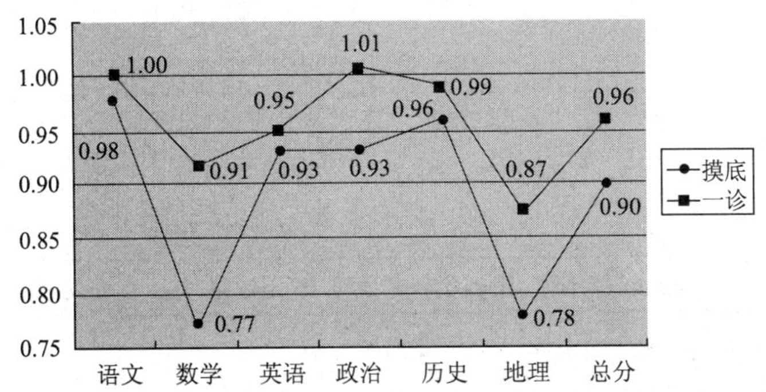

某中学2009年高三一诊成绩相对关系

从两次考试成绩的对比分析可以看出，该校一段时间来的进步是显著的，各科均在原来的基础上实现了增加，可以表明这段时间学校的工作是很有成效的。

（三）小学的渗透增值理念的分类评估尝试

1. 不同类型学校的成就分析

青羊实验区的小学数量较多，分为示范学校、窗口学校、普通学校三类，依据区教学质量评价办法，为了体现不同类型学校的质量差异，青羊区规定示范学校：校平均分应高于区平均分的2%（或5%）；窗口学校：校平均分要达到区平均分；普通学校：校平均分不得低于区平均分的90%。青羊实验区对某一学科某一群体学生连续跟踪考核可以看出一所学校教学质量的变化情况。

青羊区对某学科某群体学生跟踪考核情况

一上	一档类（8所）	二档类（9所）	三档类（16所）	四档类（2所）
示范学校（2所）	A2（1所）	A1（1所）	—	—
窗口学校（18所）	B13、B7、B17、B5、B14（5所）	B1、B4、B6、B11、B12、B16（6所）	B15、B10、B9、B3、B8、B2、B18（7所）	—
普通学校（15所）	C10、C3（2所）	C15、C4（2所）	C1、C2、C5、C6、C7、C9、C11、C12、C13（9所）	C8、C14（2所）
一下	一档类（8所）	二档类（12所）	三档类（12所）	四档类（3所）
示范学校（2所）	A1、A2（2所）	—	—	—
窗口学校（18所）	B17、B13、B7、B2、B6、B15（6所）	B1、B5、B8、B9、B11、B12、B14、B16（8所）	B3、B10、B4、B18（4所）	—
普通学校（15所）	—	C3、C10、C7、C11（4所）	C1、C2、C4、C6、C12、C13、C14、C15（8所）	C8、C5、C9（3所）
二上	一档类（11所）	二档类（7所）	三档类（16所）	四档类（1所）
示范学校（2所）	A1、A2（2所）	—	—	—
窗口学校（18所）	B13、B17、B7、B3、B6、B2、B8、B15（8所）	B4、B14、B9、B10、B11、B12（6所）	B1、B16、B18、B5（4所）	—
普通学校（15所）	C1（1所）	C2（1所）	C3、C4、C5、C6、C7、C9、C10、C11、C12、C13、C14、C15（12所）	C8（1所）

通过连续的跟踪比较分析，就能看到一所学校在一定时期内是进步还是退步。这样的评价，学校开始关注在同档次学校中的比较，同时使薄弱校增强信心，优势校看到危机；学校和教师比较认同这样评价的公平性。但是平均数也会掩盖一些严重的问题。

2. 平均数背后的分析发现学校教学存在的问题

平均数分析法掩盖了学生个体或部分学生群体的差异，如果仅用平均数的高低和对应的相应等级，也不能说明学校特别是学科教师为此付出的努力。于是，青羊设法弥补平均数带来的不足，开始关注平均数的背后。

在对学校平均数分析的同时，增设后 1/4 学生的平均数，分析学习成绩较不好学生的整体位置和变化情况。

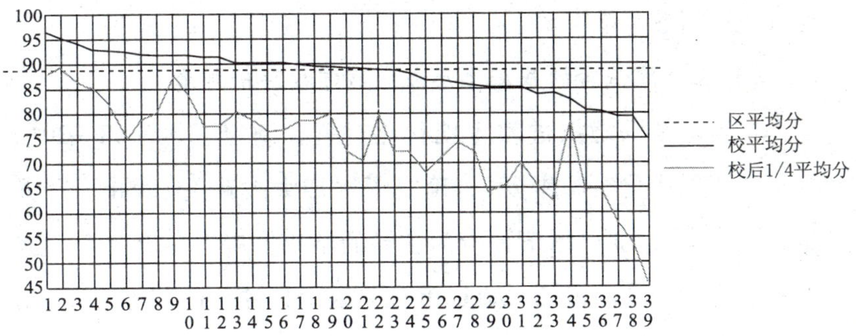

整体平均与学困平均比较统计图

选择平均分排名前 10 位和后 10 位的进行比较分析，结果分别如以下两表。

平均分排名前 10 位的学校情况

平均分排序	1	2	3	4	5	6	7	8	9	10
后 1/4 学生平均分排序	4	3	6	7	11	30	17	13	1	5

平均分排名后10位的学校情况

平均分排序	39	38	37	36	35	34	33	32	31	30
后1/4学生平均分排序	39	38	37	27	24	2	36	32	26	34

通过比较分析我们可以看出，高平均分背后仍有待“补差”，低平均分中也有学生整体发展较好的情况；同时可以看出全区某一学科学生的两极分化的大致程度，让教师明白学习成绩不好的学生对整体成绩的影响，引导学校和教师把更多的精力放在对他们的关注上。难能可贵的是，通过这一分析，我们可以看到平均数较差的学校的闪光点，如平均分排名第34位的学校老师的努力程度和教学经验值得借鉴和推广。

（四）在研究试验的基础上形成区域学校评价制度

青羊实验区围绕推进教育现代化进程，制定了《2008—2013年青羊教育现代化实施纲要》，确定了“四大战略”，设计了“九大工程”，其中建立以增值评价为主导的学校发展性评价位列“九大工程”之一，并制定了《成都市青羊区学校评价改革方案》，明确了增值评价在学校评价中的作用和地位，构建了较为完备的学校增值评价的指标体系、明确了评价的操作流程和方法，拟定了评价实施的步骤和计分方式。

从2009年3月以来，青羊区组织信息技术人员，依据学校评价指标体系，依托专业技术力量开发基于网络的管理平台，以学校为单位建立青羊实验区学校办学条件基础数据库，并依据学校办学条件变化情况每年更新一次。希望通过现代化的评估平台，整合三个数据库，同时减少繁杂的计算和统计。现在该平台正处于开发过程中，有望在2013年4月底初步完成。

青羊实验区从2009年9月起，在全区全面实施以增值评价为主导的学校发展性评价，并通过网络平台实现评价的过程化和信息化，使增值评价真正为区域教育质量的整体提升做贡献。

三、学生学业质量的监测

为指导青羊实验区开展小学生学业测评工作，指导学校正确操作学业测评工作。我们组织相关人员拟定了《成都市青羊区小学学生综合素质监测实施方案》（以下简称《方案》)。《方案》的征求意见稿下发给了区属各小学，各学校组织分管副校长和教导主任等相关人员进行了认真论证，提出了很好的修改意见，还特意邀请部分学校分管教学副校长参加座谈会，进一步完善《方案》。在《方案》中，明确了小学学生综合素质监测的目的、指导原则、监测评估的主要内容、监测的主要方式、监测工作的组织实施以及监测工作的要求及保障等。

（一）监测机制上——坚持每学期开展一次学业水平调研

自新课程实施以来，无论外界氛围如何变化，青羊实验区一直坚持区内每学期至少开展一次学业水平监测或调研。青羊实验区的学业测评工作是依据全区教育工作整体进程来安排，分年度、分领域实施，逐步形成了依靠教研和教育督导的实施体系。

各中小学根据学生在校学习期间德、智、体、美诸方面的综合素质及个性发展的关键指标，根据学校的实际情况，制订校本化的评价实施方案。要以发展性评价理念为指导，充分发挥评价的激励、导向、诊断、矫正功能，强化过程性评价，做好中小学生综合素质评价。

中小学生综合素质评价方案的实施要做到“三个坚持”——坚持发展性评价、坚持学生自我评价原则、坚持多主体评价。除文化成绩外，要加强对课程执行情况、学校组织各项活动（如社会实践，社团活动等）、学生每周用于作业的时间、每天用于体育锻炼的时间等方面的监测和评价。

（二）监测内容上——开展多维度学业水平监测活动

除了以调研、统考等形式对语文、数学、外语、科学等科目进行常规测评外，青羊实验区在对学生学业水平的教育测评内容方面，还进行了以下三个方面的尝试与探索。

1. 关注薄弱学科学业水平

基础教育中音乐、体育、美术等学科是课程实施中的薄弱学科。为了引起学校老师的重视，树立学生的全面发展观，青羊实验区也开始对这些学科的学业水平进行调研监测。随后，又将小学生的体质健康纳入监测对象。

2. 对学生综合学业水平进行监测

为了深入贯彻全面发展的教育质量观，促进学生综合素养的形成，青羊区于2007年5月和2008年1月开展了“学生综合学力水平调研监测”。综合学力监测，突出了多学科综合，它将语文、数学、英语、科学等学科内容综合成一套试卷，不同学科的内容以相应的比例混合在每一题型中。监测力求多维度、全面地对学生进行考查。监测不仅考查学生的基本知识和基本技能，也适度考查学生的创新与综合实践能力，并渗透情感态度和心理素质的测查。

3. 对学生学科单项学业水平进行测评

为了精确分析学生的学习状况，可以对学生的某学科的学业进行单项细致监测分析。配合成都市中学生学业水平监测工作，青羊

区于2010年10月对全区七年级开展了数学运算能力单项测评。再如，2011年上半年实施的小学生体质健康发展现状监测，也是学科单项水平监测。监测严格按照《国家学生体质健康标准》五年级水平的内容，选择其中六项进行：①身高体重；②肺活量；③立定跳远；④仰卧起坐；⑤ 50米×8往返跑；⑥视力测查。这些监测数据为青羊实验区建立科学的学生体质健康监测体系提供全面、详细的信息和资料。

4. 对义务教育阶段学生课业负担情况进行跟踪监测

继成都市教育局开展了2011年义务教育阶段学生课业负担监测后，青羊实验区于2012年7月开展全区义务段学生课业负担监测工作，并与2011年全市的学生课业负担监测进行相关性对比，把握全区义务教育阶段学生课业负担变化趋势，了解减负措施的效果；同时完善了监测指标、规范了监测程序、改进了数据采集和分析方法，使全区义务教育阶段学生课业负担监测更加科学和规范。

（三）监测手段上——开发多种形式的监测工具

学业水平测评工作是有别于传统意义上的对学生的考试，在甄别选拔功能之外，还有更多的意义与价值。例如，要了解全区教学水准，可以统考，也可以抽样方法对学生群体状况进行整体监测。在监测手段上可以习题试卷为主要形式的纸笔测试，也可以面试交流的形式了解学生的学科素养。如对音乐、美术、英语口语等项目就是用的面试的方式。有些学科，还以实验操作的方式测试学生的动手能力，如科学水平测试、体育质量测试。在测评学科成绩的同时，还辅以调查问卷的方式测评学生学习心理状况。

此外，为提升学业质量监测和评价的水平，为学校提供更为丰富的评价资源，还以信息技术为平台，整合现有评价方法，充分利用各种资源，积极开发青羊实验区“中小学生学习质量监测系统平台”，将现有的区域质量监测和全市的抽样质量监测纳入监测系统，初步构建以信息技术为手段的、符合青羊实验区实际的学业质量监测和评价方法，提高分析评价的水平。总之，根据监测目的，根据学科特点，采用灵活多样的监测手段，对提高监测效果与目标实现具有重要作用。

四、教师教学质量的监测

结合新时期教育改革对教师综合素质的总体要求，在充分调研的基础上，青羊实验区组织教育专家、特级教师重新设置了教师评价标准，推出了《青羊区教师教书育人综合评价手册》，形成了评价过程动态化、评价模式综合化、评价内容丰富化、评价主体多元化的评价体系，充分体现了评价的实效性、激励性、发展性。

（一）制定“课堂工作规范”

2012 年青羊实验区制定了《青羊区中小学现代课堂工作规范》（以下简称《规范》），明确学科教师从备课、上课、作业处理、辅导学生、学业评价、教研活动等工作的具体要求，作为教师日常教学工作的常规以及全面评价教师教学质量的基本标准。

（二）多形式实施监测

建立和完善教学质量监测制度，并根据《规范》和“体系”，有计划地对区域教师教育教学工作情况进行监测，具体监测内容与办法如下。

①学期中，组织以学校教学过程为重点的教学工作监测检查（方式为学校检查）。通过检查学校与教师的各方面工作，了解学校

各项工作的开展和教师的教育教学工作情况，发现工作经验，指出存在问题，使学校和教师改进教育教学工作，提高教育教学管理水平和教育教学质量。

②学期末，全面组织教育教学工作评价。各学校全面总结一个学期教育教学工作，对教师工作情况进行评价（先由教师自评，然后是科组评价，最后是学校评价），评价结果存入教师业务档案，同时输入“青羊教师教学质量监测库”，作为教师评优评先、职称评定和职务提拔的依据。全区组织对部分学校的评价工作情况进行监督和抽查。

③听课、评课。每学期，学校组织听课、评课活动，区教科院、教研员不定期深入学校课堂听课、评课。根据《青羊区教师课堂教学评价标准》，对教师的课堂教学情况进行评价。每学期评价的教师数占总教师数的25%以上，各学校每两年对所有教师课堂教学情况评价一次。教师评价的结果存入教师业务档案，作为教师业务工作的肯定。

④问卷调查。采取问卷调查的方式，了解任课教师的教学情况和学生的课业负担情况。调查内容包括：学生对任课教师师德师风、教学方法、教学水平、教学质量、作业负担等方面的意见与建议，调查后汇总调查结果。

⑤召开座谈会。学校每学期召开1—2次学生座谈会，全面听取学生对任课教师的评价，了解教师课堂教学质量情况。区质量监测办公室不定时深入学校召开学生代表座谈会，了解任课教师的课堂教学情况，并将情况向有关学校传达。

（三）以监测促成长

为建设一支高素质教师队伍，青羊实验区实施“成长机制”，制订《人才队伍建设五年发展规划》，量身制订人才发展计划，通过“三大计划”（助跑新人计划、全员提升计划、名师发展计划），实现教师的入格、合格与升格；通过“考评机制”，实现教师优胜劣汰。同时实行全员聘任制和区管校用制度，健全评价制度，对考评不合格的教师实行缓聘、低聘、解聘，打破教师专业技术职务终身制。

其中“助跑新人计划”以“专业管理，五步培养，三年考评”为抓手，促使新教师快速成长，按照“一年见习，二年入格，三年合格，四年升格”的目标；采取“管、训、评”分立的办法，即由区教育人才管理服务中心负责管理，区教师学习与资源中心和任职学校负责培训，教育评估事务所负责考评，构建一个完整的新教师专业成长实施体系。

青羊实验区新教师经历体验式学习、岗前培训和户外拓展训练、青蓝结对、后续培训四步之后，即进入“达标考核”阶段。以考促学，以考促提高。教育评估事务所根据人才管理服务中心制定的“青羊区教师素质认证标准”和“青羊区教师素质认证标准考核实施办法”，从第三年开始对每个新教师进行逐一考核。同时，新教师考核成绩的优劣也是对教师学习与资源中心和任职学校培训效果的检验。

第十四章

青羊实验区现代课堂教学的创新

自新课程实施以来，青羊区坚持不懈地探索适合自身发展、具有区域特色的课改之路。青羊实验区相继承办了一系列课改推进会议，汇编的《如何教好新课程丛书》（共6本）由北京师范大学出版社出版，组织了“实施教学改进、构建‘三化’课堂”等一系列活动，并且成为中国西部首个“教育综合改革实验区”。在中国教科院指导下，青羊确立了在我国西部率先实现教育现代化的战略目标。在教育现代化的背景下，如何推进基础教课程改革成为青羊教育人当时叩心追问的话题。

2010年，由青羊区教科院承担，在全国教育科学规划办立项了教育部规划课题“区域构建现代课堂的实践研究”。从此，青羊的课程改革走上了探索“现代课堂”之路，构建现代课堂成为青羊实验区推进基础教育课程改革的核心工作。

第一节 青羊实验区现代课堂建设的现实背景

青羊之所以提出构建现代课堂，主要是基于区域教育发展战略、本地基础教育发展需求，以及当前课程与教学改革现状与问题的反思与分析而确立的。

一、时代发展之必然趋势

2009 年 4 月，中共成都市青羊区委、区政府颁发了《成都市青羊区深化城乡统筹推进教育现代化纲要》，确立了“四大战略”、“九大工程”。2009 年 6 月，青羊区成为与中国教科院共建的中国西部首个“教育综合改革实验区”。素质教育区域推进则是九大工程之一。

2011 年 5 月，《青羊教育规划》确定青羊实验区的教育发展战略目标为：到 2015 年，建成在中西部地区具有示范意义的教育强区，基本实现教育现代化；到 2020 年，区域教育发展水平进入全国一流行列，在西部率先实现教育现代化成为当前青羊教育发展战略目标。

在这样的背景下，青羊实验区树起了构建现代课堂的旗帜，作为落实教育现代化目标、推进区域课程改革的重要抓手。构建“现代课堂”是青羊区域推进教育现代化的应有之义，是青羊区基础教育高位发展的突破口，是为不断满足社会对教育高质量需求而做出的不懈努力的体现。

区域现代课堂的构建，既是青羊实验区教育现代化目标实践的必经之路，也是衡量区域实现教育现代化水平的重要标志。

二、教育本质之必然追求

《国家中长期教育改革和发展规划纲要（2010—2020年）》明确提出："把提高质量作为教育改革发展的核心任务。树立科学的质量观，把促进人的全面发展、适应社会需要作为衡量教育质量的根本标准。"①教育培养的不仅是当下健康成长的学生，而且应是符合未来社会发展需要的合格公民。现代社会应坚持的精神是什么，现代社会应奉行的准则是哪些，现代社会需要的能力是什么……这一系列关于教育质量的思考决定着青羊实验区必须明确课堂教学目标指向，明确课堂教学肩负的责任。因此，青羊实验区直指目标，提出构建"现代课堂"，去培养发展具有现代素养的人。

三、课程改革之必由之路

随着课程改革步入"深水区"，课程实施中如何实现课堂教学变革成为课程改革最薄弱环节。《教育部关于深化基础教育课程改革 进一步推进素质教育的意见》明确指出：要"把教学改革作为深化课程改革的核心环节，使新课程的理念和要求落实到课堂教学

---

① 中华人民共和国教育部．国家中长期教育改革和发展规划纲要（2010—2020年）[EB/OL]．(2010-07-29)[2012-11-20]．http://www.gov.cn/jrzg/2010-07/29/content_1667143.htm.

中"①。可以说，以"课堂"为核心提升教育质量是深化基础课程改革的必由之路。《国家中长期教育改革和发展规划纲要（2010—2020年）》明确提出："注重教育内涵发展，鼓励学校办出特色、办出水平，出名师，育英才。"② 关注课堂，关注课堂教学变革是学校提升质量，实现内涵发展的重要途径。青羊实验区鲜明地提出构建"现代课堂"，各个学校也在不遗余力地探索实施"现代课堂"，正是强烈感受到现代课堂构建对学校内涵发展的重要意义与巨大促进作用。

四、理论发展之应然需求

在媒体报道与学术交流中，"现代课堂"是一个常用词、泛用语。往往一堂课，运用了一点现代技术、体现了一些现代观念，或是有一定创新都可以称之为现代课堂。现代课堂成为了一个标签被随意贴，任意贴。可到底什么是现代课堂？它具有什么内容？通过查阅研究可以发现，迄今为止，学术界还未对此概念做出一个明确的解释与说明。这需要我们进一步厘清内涵，真正促进教学改革与创新。

虽然青羊实验区一开始是基于教育现代化背景提出现代课堂的，但通过深入研究发现，"现代课堂"是非常值得挖掘的一个教育术语，其内涵是非常深厚的。此外，我们追求的不是某一节课、某一个人的课堂具有现代性，而是把它作为一种区域课堂文化进行

---

① 中华人民共和国教育部. 教育部关于深化基础教育课程改革　进一步推进素质教育的意见［EB/OL］.（2010-06-02）［2012-11-20］. http://www.gov.cn/2wgk/2010-06/02/content_1619006.htm.

② 中华人民共和国教育部. 国家中长期教育改革和发展规划纲要（2010—2020年）［EB/OL］.（2010-07-29）［2012-11-20］. http://www.gov.cn/jrzg/2010-7/29/content_1667143.htm.

建设，希望把现代课堂的理念融入教师的教学行为与教育改革，起到深层推进区域课程改革的动力作用。因此，如何区域整体推进现代课堂，构建区域现代课堂文化，是非常值得探索与研究的。

五、高位均衡之实然方向

青羊区地处成都市中心城区，是四川省、成都市党、政、军办公机关聚集区。社会群众对优质教育的需求大，对区域教育的期望值高。因此，青羊区的基础教育水平一直处于全市及全省的前列。区内优质教育资源较为雄厚，拥有成都市实验小学、泡桐树小学、草堂小学、金沙小学、石室联合中学、树德实验中学等省内名校。青羊区教育改革与发展底蕴深厚。2005 年，承办全国教育均衡工作研讨现场会；2009 年，青羊区有七项教育科研成果获四川省普教成果一、二等奖；连续两届获全国第一、第二届教育创新奖。

高位发展的青羊教育，如何保持教育强区的地位，如何实现教育质量高位运行、持续发展？通过对国内外教育发展趋势与区域情况的认真分析，青羊教育人直面现实问题，把教育现代化的最核心、最重要组成部分——课堂，作为教育现代化的重要研究对象，在教育城乡一体化、教育综合配套改革背景下去理解现代课堂，把区域整体构建现代课堂作为重要目标，进而整体提升区域教育教学水平，实现区域教育公平，教育的高位均衡。

第二节　青羊实验区现代课堂建设的理念探寻

眼界决定境界，思想决定高度。青羊实验区在大力推进现代课堂建设的过程中，依托教育科研，深入探究现代课堂的核心理念，以此统一思想，明确认识，为区域整体构建现代课堂提供总体的框架和核心的观念。

现代课堂建设要求实践者的教育理念发生深刻的转变，认真反思长期以来行之有效的教学策略和方法，跳出传统课堂教学思维的束缚，按照现代教育的理念重新审视自己的各项教育实践活动，从传统的课堂教学转变为现代的课堂教学。青羊实验区在整体构建现代课堂的过程中，提出从知识的课堂转变为生命的课堂，从师本的课堂转变为生本的课堂，从模式的课堂转变为生成的课堂，从低效的课堂转变为智慧的课堂，通过各项活动大力促进教育实践者思想观念和行为方式的转变。

一、青羊现代课堂的内涵赋予

对“现代课堂”内涵的理念，直接影响教师的改革行为与方式。在实践中可以发现，教师在课改中虽然使课堂发生了极大的变化，但还是很难把“推进素质教育、提高教育质量、培养创新人才”等理念认识且落实到位，其中一个关键因素是因为没有形成稳定的清晰的课堂价值观。因此，青羊实验区以“现代课堂”这一概念为导向，引导教师把学到的教育理念内化为自己的认识，与学科特色相结合，与学校实际相融合，并成为指导其自身实践的明确思想。

通过理论学习和实践研讨，青羊实验区对现代课堂的内涵做出了如下描述：“现代课堂”是以培养现代人为根本目的，具有时代精神，反映现代特征，呈现个性特色，追求高质量的课堂。

二、青羊现代课堂的理念解读

青羊实验区在推进区域课程改革中，之所以提出“现代课堂”，并赋予这样的定义，主要是基于以下几个方面的思考。

（一）一个核心

教育改革最终要解决的是培养什么样的人的问题。教育现代化的核心是人的现代化，课堂作为教育主阵地，学生成长的重要场域，课堂教学的核心是培养现代人——“具有现代素养、适应现代社会发展需要的公民”。以培养现代人为根本目标的课堂，可以称之为“现代课堂”。

（二）三点内涵

当前，主导我国社会发展的基本理念是科学发展观。党的十七大报告提出：“科学发展观，第一要义是发展，核心是以人为本，基本要求是全面协调可持续，根本方法是统筹兼顾。”① “科学发展观”就是现代课堂所倡导的时代精神。将此理念用于指导教育，可以发现，理想的课堂应倡导“以人为本、科学高效、可持续发展”的教学理念：以人为本是我们分析、解决课堂教学问题的最根本、最基本原则；科学高效是在每一节课堂教学中都应追求的当下目标；可持续发展是确立课堂价值取向与教学长远目标、定位课堂教学职能的根本指导思想。

为了进一步把这些哲学层面的理念、概念化的思想变成教育意

① 胡锦涛．高举中国特色社会主义伟大旗帜　为夺取全面建设小康社会新胜利而奋斗：在中国共产党第十七次全国代表大会上的报告［EB/OL］．(2007－10－24)［2012－11－20］．http：//news. xinhuanet. com/newscenter/2007－10/24/content_6938568_2. htm.

义上的，便于老师理解的、最简单的行为方式口头禅，形成教师的思考习惯、表达习惯、行为习惯，青羊实验区将这一理念进一步提炼、转化为三个关键词，简称“三化”，具体内容如下。

一是生态化。这是基于课堂师生关系的认识，是对课堂主体（师生）和谐发展的生命呼唤，取向是构建自然、和谐、共生、可持续发展的课堂。

二是活动化。这是基于课堂教与学关系的认识，是对课堂教学过程的重新审视与定位，取向构建开放、互动、多元、重实践的课堂。

三是特色化。这是基于课堂过程与结果关系的认识，是对教学效果、教学风格、发展风格的追求，取向是构建科学、个性、高效、具创新精神的课堂。

（三）六大特征

什么是教育现代化？按顾明远先生的观点，教育现代化具有九个主要特征和标准：一是教育的民主性和平等性；二是教育的个性；三是教育的终身性；四是教育的多样性；五是教育的开放性；六是教育的国际性；七是教育的创新性；八是教育的信息化和网络化；九是教育的科学性。

谈松华认为：从价值尺度讲，教育现代化是指传统教育向现代教育转变过程中通过分化整合所获得的新的时代精神和特征。教育现代化具有五个特征：一是以实现人的现代化为其根本目的；二是教育与生产劳动相结合；三是教育的民主性；四是教育的科学性；五是教育的开放性。

为了更好地落实“现代课堂”在科学发展观指导下的“三化”教学理念，青羊实验区结合顾明远、谈松华关于“教育现代化”的观点，鲜明地提出“现代课堂”应具有六大特征：丰富多元、民主

平等、科学合理、开放互动、先进高效、个性创新，并结合课堂要素赋予相应载体与落实要点。

现代课堂是以促进人的现代化为根本教学目的，教学内容与丰富多彩的现实社会生活相结合，师生关系的民主平等，教学方法的科学合理，教学结构开放互动，教学手段先进高效，学生发展多元个性的课堂。

三、青羊现代课堂的表征解析

青羊实验区所倡导的现代课堂，是依据现代社会发展中“现代性”理解，是在推进教育现代化背景下，对新时期课堂内涵特征框架的定位与诠释。其实，现代课堂也是一个不断促使课堂“现代化”的过程。需要说明的是，对“现代”一词内涵的认识如果不科学，很容易走入误区。事实上，青羊实验区对“现代课堂”的理解也是一个不断丰富、不断完善、不断调整和优化的过程。经探索研究，可以发现，动态、个性、多元是现代课堂的主要表征。

（一）“现代课堂”非时间维度概念，而是意识形态的概念

现代课堂不能用时间点来截然划分，不能用历史学上的“现代”理解“现代课堂”。在现代课堂中，更应该倾向于福柯（Foucault）的观点——现代性不代表时间意义上的历史阶段，而是与现实相关的态度。

（二）“现代课堂”非静态具象概念，而是动态发展的概念

现代课堂作为一种课堂价值取向是明确的。可是现代课堂是观念层面的概念，各人赋予的意义与载体是有差异的。所以，现代课堂的内涵是丰富的，是因人而异的，即使同一个人，也是在随着认

识的不断深入而发生变化的。同一问题的认识与见解可以是多元的，只要是符合以人为本理念、符合学生认知规律和教学规律的，就应给予肯定与保护。

（三）“现代课堂”无对立面，只有差异性

一提到现代课堂，大家很容易联想到“传统课堂”。确实，现代课堂与传统课堂时常相提并论。但是，切忌不能用“二元”思维来理解这两类“课堂”。现代课堂与传统课堂并不矛盾，只是价值观念的差异。现代课堂与“传统课堂”存在继承与发展、借鉴与创新的关系。正确理解并处理好这种关系，明白两者差异性，才能实现课堂教学的改进，才会找到课堂教学发展的基础与出发点。由此可见，“现代课堂”的构建其实是在传统课堂基础上不断丰富、不断完善、不断调整和优化的过程。

基于以上对“现代课堂”的理解，青羊实验区各校在推进“现代课堂”构建过程中形成了各具特色的课堂，如活动课堂、谐动课堂、灵动课堂、生态课堂、生本课堂、和美课堂……推而广之，可以认为，当前全国各地在课改中倡导的各具特色的课堂都是在以自己的理解与方式践行“现代课堂”。

第三节　青羊实验区现代课堂建设的推进策略

青羊实验区追求的“现代课堂”不只是某一堂优质课，也不是某一人之课堂，而是希望“现代课堂”成为青羊的课改特质，是区域课堂文化的体现。要实现这样的目标，就要研究课程改革区域内（学校间、教师间）的不平衡，教师队伍建设有待加强、专业支持

力量保障体系薄弱、评价制度与课程改革不相适应等问题，积极调动可用资源，采取相应措施，以区域构建的方式促进全区课改整体发生改变。

统筹兼顾是落实科学发展观的根本方法。同样，现代课堂的区域构建从措施的实施路径与操作范围来看，可分为全区层面、学科层面、学校层面，形成点、线、面的立体推进方式。从措施研究的实质内容看，可分为现代课堂要素优化与现代课堂改革策略研究两个维度。研究思路图如下。

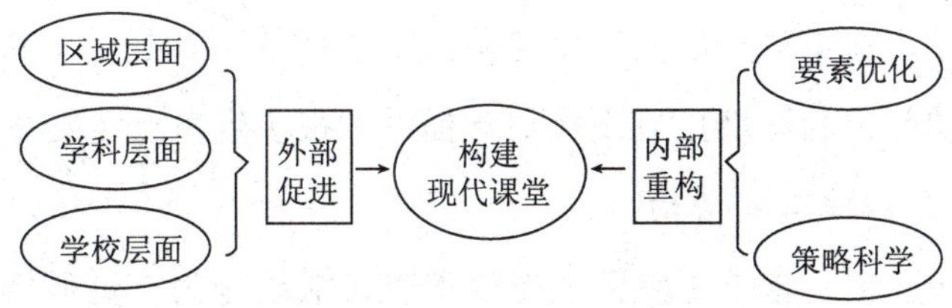

青羊实验区现代课堂建设研究思路

针对课改中面临的种种问题，青羊实验区按照“统筹兼顾、整体协调”推进的原则，创造性地开展了研究实验活动，形成了点、线、面纵横交错、立体推进的区域构建策略。

一、点——学校内个性重点推进

学校根据自身发展需要，根据师资实情，在现代课堂三级主题下选择研究点，形成本校的研究子课题，或是学科研究小课题，以校本研修为平台，深入开展研究活动，推进本校“现代课堂”的构建。

（一）学校子课题研究

青羊实验区采用自愿报名参与的形式征集“现代课堂实验单

位”，全区共有20个学校参与，这些学校又形成了三个研修团队，以团队为单位开展研究活动。每个参研学校都确立了本校的子课题研究主题（问题）形成本校的研究方案，按方案有计划地开展活动。

（二）学科小课题研究

目前青羊实验区共有60多个在研学科小课题。每个学科小课题是以学校学科教研组为单位承担的。学科小课题为学校的学科校本研修构建了良好的平台，确定了研修目标与问题，更能有效地引导教师参与教学改革与思考。这些小课题的选题都是学校基于本校实际问题，在学科教研员建议与参谋下立项的，都是由学科研修主题所统领的，为区域推进现代课堂提供了很多生发点、支撑点。

（三）校本教研活动

在研究中，青羊实验区还把校本教研活动作为推进研究的重要载体。校本教研活动一般由主题研修班骨干老师组织，研究方向、研究问题细化到学校内部，开展实地研讨。青羊实验区力图把活动落实到具体的每一堂课中，让教师以具体的问题解决来参与“现代课堂”实践，全面推进区域课堂教学改革深化。2011年10月，全区现代课堂研讨会就是以校本教研活动为主题开展研究的。

二、线——学科内整体纵向推进

青羊实验区根据学科特点制定《现代课堂学科实施方案》，并以此统领全区的教学业务指导工作，分段分科，层层推进。每个学科都设立了关于“现代课堂”的二级、三级研修主题，每个学科按方案思路开展活动，如“我心目中的现代课堂”论坛活动、学科主题研修活动、学科教研活动、学科赛课活动、学科培训活动，等

等。通过活动，青羊区要求每个学科都要在“现代课堂”理念指导下，鲜明地提出本学科关于现代课堂建设与课程改革的主张与见解，即要对本学科教学观、学生观、评价观、课程观等形成结论性认识，以此把现代课堂理念落实到具体学科中去。

中小学各学科研究主题如下表所示。

中小学各学科研究主题

学段	学科	主题
小学	语文	追问目标与落实环节构建“真善美”课堂
	数学	感悟数学本质，构建现代课堂
	英语	创设语境构建文化内涵的课堂
	科学	以科学求真的精神滋养课堂
	品德与生活（社会）	构建活动型的课堂
中学	语文	展开读写双翼追求温暖润泽的课堂
	数学	构建“主导—主体”课堂教学结构，创“注重学”的课堂
	英语	倡导自主学习、合作探索的教学方式构建现代课堂
	物理	探索“自主合作探究学习”支持策略，构建现代课堂
	化学	以活动元为基础，以学案为载体，构建现代课堂
	生物	知识融入情境，构建活力课堂
	历史	构建“生动、活动、互动”课堂
	地理	构建“自主学习、合作探究”的课堂
	政治	构建“生本高效”课堂

续表

学段	学科	主题
综合	学科	音乐以体验式教学构建快乐课堂
	体育与健康	优化教学语言构建实效课堂
	美术	优化课堂教学节奏构建现代课堂
	信息	技术以创感理念全新思维构建现代课堂

三、面——区域内整体横向推进

基于深化课程改革中专业指导支持薄弱、教师队伍建设需要加强的问题，青羊实验区从以下六个方面开展业务工作，从区域层面推进现代课堂的认识与理解，课堂的改革与构建。

一是实施教研培一体思路——以现代课堂为主旨，充分发挥区县教学研究培训机构的职能，把学科教研、师资培训、教育科研等业务工作整合起来，使之在深化区域基础教育课程改革中起到引擎作用。例如，青羊实验区开展的首届青羊教育学术节、实验区课程改革研讨会都是按此思路实施的。

二是变革师培模式——主题研修。基于现代课堂，设立四级研修主题，以问题带动培训，让参培骨干有的放矢，把实践活动与理性思考有机结合，并带动本校的校本研修活动。

三是创新教研形式——一校一周调研。为了更好服务于学校，服务于教师，教研部门以蹲点一周的形式深入了解学校的问题与症结，实施引导与干预，为学校提供建议与参谋，充分体现业务部门的专业指导与引领作用。

四是应用信息技术——教研平台。利用这一平台可以解决师资

培训过程管理与后续反馈不佳的情况，可以促进学科教研员以师为本去设计培训内容，以人文的方式开展较为单调的培训活动，通过加强过程管理、融洽关系来实现培训效果的最佳化。

五是加强教育监测——调研评价。青羊实验区成立了青羊区教育质量监测中心，以学生学业情况为主要监测内容，及时分析区域教学水准，调控学校与老师的教学行为，通过发挥教育评价的指挥棒功用，推进区域现代课堂的构建，深化课程改革推进。

六是科学解决问题——学科小课题研究、校本教研。发挥学校的主观能动性，以学校、教师的实际问题为出发点，通过具体的活动载体去引导教师改变教学观，改进教学行为，切实推进现代课堂的构建，实现课堂教学变革。

第四节　青羊实验区现代课堂建设的实践成效

现代社会的“现代”可从物质、制度、精神三个层面来表征，因此，现代课堂的改革实效也可以从这三个方面进行总结梳理。现代课堂中的“现代性”具体体现在物质投入、制度建设、精神文化三个层面。

一、物质层面：现代教育教学设备的普及

应用现代技术与手段是现代社会最基本表征。青羊实验区大力倡导教育信息化带动教育现代化，在教学设备设施方面进行了大量投入，积极倡导现代信息技术应用于教学，以先进技术的使用促进

教师教学思想的变革，促进老师教学方式变革。

物质层面主要是指课堂教学活动中采用的设备设施、应用的信息技术手段等。在这个方面，青羊实验区制定了各个学校的信息技术装备标准，高标准配置了教学多媒体设备、电子白板等，教师师机比达1∶1。同时，以制度规定信息技术手段的应用，如推行集体电子备课、学科网上教研活动、教师信息技能培训等，以实现教与学方式的转变。此外，还开展应用信息技术的课题研究，以提高运用信息技术的水平，更高效率发挥现代信息技术的功能。

在技术与资源保障方面，青羊实验区构建了两个支撑平台：一是教学资源库，二是教师网上研修平台，以此促进现代化设备设施、现代信息技术应用。其中，教师继续教育培训信息化平台就是青羊实验区较为成熟的现代信息技术运用于教育教学实践的典范。

二、制度层面：现代课堂指导纲要的制定

现代文明强调规范和标准，青羊实验区以课堂教学指导文件与项目方案等形式对教师教学行为进行规范，把理性、人本、民主、平等、个性、创新等思想融入相应的行为规范之中。研究中，青羊区建立了区域教学质量评价标准；教师课堂教学评价标准，形成青羊实验区《现代课堂指导纲要》；以课题研究思想目标作指导，制定并编辑《现代课堂实施方案（学科方案）》《参研学校子课题研究方案》；制定了青羊实验区《主题研修实施方案》，不断修订并编制《一校一周工作手册》等。这些制度、文件或以青羊实验区教育局文件下发，或以业务部门工作要求下发，都是从制度规范层面来推进区域现代课堂的构建工作。

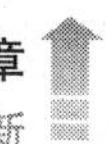

三、课堂层面：现代课堂价值理念的形成

社会文化体现着社会发展软实力，更能彰显社会的现代性。现代课堂作为一种课堂价值观，需要以课堂文化来体现，把现代社会的积极的精神风貌在课堂上展示出来。在实践中，青羊实验区非常注重对教师课改目标的引领，区域课改氛围的营造，以及教学观念的重塑。

（一）目标指引

为了使“现代课堂”的目标引领作用得到有效确立。青羊实验区开展了通过“我心目中的现代课堂”大讨论，并将相关成果汇集在《青羊教研》发行宣传；开展了三个优质学校的教学展示活动（成都市实验小学的“活动课堂”、泡桐树小学的“谐动课堂”、红光小学的“灵动课堂”）。当前，青羊实验区各学科，各年段都认识到现代课堂是目前统领全区教学工作的指导思想，所有的教学业务工作都应为这一研究目标服务，所有的课堂教学活动都应以“现代课堂”教育理念作指导，各项工作都按现代课堂的四级研究主题进行设计与操作。

（二）改革氛围营造

目前，青羊实验区已形成推进现代课堂研究的良好氛围，构建现代课堂已成为青羊实验区教学教研工作的底色，全区所有学科、所有教师都参与到该项目研究中，在不断探索自己心目中的现代课堂，在努力践行理想中的现代课堂，在研究中完善对现代课堂的认识。例如，有的学科在赛课之前，安排了关于“现代课堂”主张的演讲活动，学科区级教学研讨课之前设置研究主题简介与过程回顾等活动，这些都展示了全区各级教学研究活动中所形成的良好的氛围与发展态势。

（三）教学观变革

通过前期活动，青羊实验区变化最大的就是教师们的教学观。青羊实验区以“主题研修活动”、“一校一周活动”深入引导一线老师教学观念变革。中学阶段历来是推进课程改革的滞后区，但是，近两年青羊实验区中学在所立的市、区级规划课题都是以“课堂教学”为研究对象的，都在追求课堂教学观变革，进而实现教与学方式、效果的改变。

区域现代课堂的构建，深层地搅动了青羊实验区基础教育改革。课程，由单一到多元；学校，从规范到特色推进；教师，由经验型向反思型转变；课堂，已形成多元发展格局——石室联合中学的“生本课堂”、树德实验中学的“双主体互动课堂”、三十七中的“行知课堂”、成都市实验小学的“活动课堂”、泡桐树小学的“谐动课堂”、红光小学的“灵动课堂”、胜西小学的“生态课堂”，等等。多元的课堂风貌展现着青羊区的共同追求——铸就青羊区域课堂文化风格，为培养具有现代素养的国家公民奠定坚实基础。

在推进现代课堂的过程中，青羊实验区也面临着一些痼疾的困扰。比如，应试教育思想还较深地盘踞在一部分教师心中，社会家长还是习惯以升学率单一地评判学校，上级部门还在下指标任务来评价质量……因此，要深化课改，特别是要区域整体推进，只关注课堂教学本身是不够的。以下三个方面的问题值得关注与深思。

一是对课堂教学质量的认识与评价问题。例如，不同群体对课堂教学质量评价标准不一；对特定课堂形态的认同度难以达成一致；课堂教学质量检测的方式单一，其根本问题是对教学质量的认

识未达成共识，评价方式还不够科学。青羊实验区在 2010 年年初已建立区教育质量监测中心，希望在这方面能有所探索与改革。

二是支持课程改革的资源与师资问题。例如，校本课程资源、社区资源开发与利用不够；能适应并胜任课改的师资比较缺乏，老教师的转型与新教师的成长有待加强，其根本问题是课程改革资源建设薄弱。青羊实验区开发出教师继续教育研修信息化平台，一个初衷就是强化支持课改的资源与力量。

三是学校推进课改的领导力与执行力问题。在改革中，不同学校、教师呈现出的差异是明显的，倡导与力行课程改革的中坚力量还比较短缺，校本教研质量高低不一，学校关门办学现象仍然存在，其根本问题是学校推进课改的领导力与执行力不一。近期，青羊举办了首届学术节，其中一个重点在教育国际化背景下审视课程改革，青羊实验区希望以国际视野，引导学校树立大课堂观，强化课程领导与执行力，促进学校开放办学。

结 语

在青羊实验区进行教育综合改革的过程中，青羊实验区依托中国教科院专家团队，坚持“城乡统筹、质量领先”的特色发展模式，聚焦教育公平，不断破解均衡发展中的难题，通过扎实推进“四大战略”、“九大工程”，教育事业保持又好又快的发展，使人民群众从中得到实惠，教育现代化事业取得了阶段性成效，产生了良好的社会反响。

一、教育整体水平大幅提升

青羊实验区坚持育人为本，德育为先，以课堂教学为主线，以综合实践活动为基础，把落实“健康第一”作为素质教育的重要抓手，在加强德育工作的同时注重提高学生的独立思考能力、创新能力和实践能力，在加强知识教育的同时注重提高学生的心理、生理、价值观、民族精神等综合素养，努力实现学生主动地、生动活泼地健康成长，教育整体水平得到大幅度提升。

（一）教育投入大增长

青羊区严格执行国家有关法律法规，完善教育投入的优先增长机制，实现了“三个增长”，确保了青羊区教育事业发展的经费需

要。2009年以来，青羊区切实加大财政对教育的投入，确保了教育经费的“三个增长”；同时不断完善多渠道筹措教育经费体系，加强对教育经费使用情况的监督和审计，统一城乡学校预算内生均公用经费标准，提高教育经费的使用效益。三年来，教育经费总投入和生均公用经费逐年增加。2010年，青羊区教育经费总额为6.8亿元。2008、2009和2010年，青羊区财政性教育经费增长率比财政经常性收入增长率分别高出0.12、5.35和5.7个百分点。2008、2009和2010年，青羊区财政性教育经费占政府支出比例分别为15%、16%和18%。2010年，青羊区生均公用经费按照大口径（包括教育行政部门支出）小学为1871元，初中为3292元；2010年，青羊区生均公用经费按照小口径（直接拨付学校人头费）小学为420元，初中为520元。此外，青羊区每年补助10万元作为特殊教育工作专项经费，按2倍于小学的标准向特教中心划拨生均公用经费，按月划拨特教教师的岗位补助津贴，切实保障区特教中心教育教学设施配备。2011年教育经费总投入7.4547亿元，同比2008年增长66.5%，生均公用经费11540元，同比2008年增长85.1%。

（二）信息技术大发展

根据《成都市教育信息化发展规划（2009—2011年）(试行)》精神，青羊实验区制定了《成都市青羊区教育信息化建设实施方案》，落实“因地制宜、合理规划、分步实施”的装备原则，以教育的信息化为基础实现资源的城乡共用共享，实现了教育信息化的稳步提高，加快了教育现代化的步伐。

信息技术实现了“校校通、班班通、堂堂用”。全区“师机比”平均值1:1，“生机比”平均值11:1，“多媒体到班率”平均

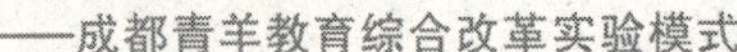

值1.3∶1，14000余名教师100%参与信息技术培训，实现了信息技术与课程、信息技术与学校管理的整合。

整合、重组专家资源和课程资源，设立多套优质课堂录入系统，建立了精品课程资源库——名优教师的课堂，区教育资源库平台迄今已完成23万件教学资源的收录，涵盖了1—9年级的所有课程，可供全社会的观摩学习。

建成集教学观摩、远程互动、数字课堂、在线评估、资源共享五大功能于一体的“网络视频信息采集中心”，使区内学校之间的师生网上互动成为常态，教师观摩学习和资源共享更加轻松便捷。

（三）学校品牌大提升

近年来，青羊实验区大力倡导“一校一品，一校一景”的理念，引领中小学、幼儿园走个性化、特色化、品牌化的内涵发展之路，致力于打造学校品牌，整体提升区域教育质量。

青羊实验区遵循“以特色促均衡发展，以特色促品牌打造”的发展思路，积极引导中小学、幼儿园走个性化、特色化、品牌化的内涵发展之路，彰显“和而不同、各美其美”的学校个性。青羊实验区以建设学校文化作为打造特色的突破口，深刻挖掘学校和社区文化内涵，整体提升全区学校品质和办学水平，促进学校特色发展、错位竞争，最终实现青羊实验区的学校没有好差之分、只有远近之别。青羊实验区始终坚持“一校一品，一校一景”的学校特色发展理念。一是整体谋划，全面推进。制订“学校五年发展规划”，确立学校文化发展内核，让每一所学校各具形态。二是重点打造，凸显特色。青羊以学校“特色发展项目”为抓手，在形成了成都市实验小学“雅文化”、泡桐树小学“和谐文化”、草堂小学“诗歌文化”、东城根街小学“巴金文化”的基础上，全区51所学校都

逐渐呈现出各具特色的学校文化特征。三是蓄势而上，深入推进。青羊将从观念建构到内涵发展，从形象塑造到个性化办学，从文化认知到文化建构，逐步将学校引向更加科学化、规范化、个性化的发展之路。

在打造学校品牌方面，青羊实验区开展了全区特色学校项目申报，研究并制定了《青羊实验区学校“特色发展项目”评估指标》，成为青羊实验区学校“特色发展项目”的规范性文件和评价考核的依据。目前，青羊实验区已经启动了第三批特色学校项目申报，收到申报项目共 32 项，其中小学 22 项、中学 7 项、幼儿园 3 项；内容上教学改革类 11 项，教育改革类 12 项，学生特长发展类 9 项。

经过几年的努力，青羊实验区在“一校一品，一校一景”的工作思路指导下，涌现出了一批各具文化特色、具有较高文化品牌的学校，形成了百花齐放的良好态势。走进青羊实验区的学校，你会发现每一所学校都流淌着自己独特的韵律，有效地打造了青羊实验区的学校品牌。

在文翁实验学校，国学启蒙教育融入了学生的学习生活中。在这里，课表中明确规定了每周一节的经典诵读及国学兴趣活动课，同时每周末向社区开放国学讲堂，延请省内外的国学名师到这里开设国学公益讲座。

成都市实验小学明道分校作为 2011 年新建学校，招收的学生大多为农民工子女。学校以“明道”为核心价值，通过情境教学让学生“明做人之道，明做事之道”。建立的“小鬼当家”教育基地，让孩子们通过有显性的具体房间，去适应现代社会发展需要，成为好学、自立、自信的小公民。

在草堂小学翠微校区，不仅有获得第五届中国建筑学会建筑创作奖的“成都最牛校舍”，更有“诗圣一生”的主题楼道、“蜀粹典藏”主题长廊、“新诗新意”的主题区域。

被誉为“世外桃源”的泡桐树小学绿舟分校，以绿色文化为核心，创设了“一起去看露珠吧”、“雨水收集器”、“绿娃娃开心农场”、“节能低碳的屋顶草莓园”等绿色基地，培养孩子们的低碳、环保、节能、减排的现代公民理念。

在成都市实验小学“雅文化”、泡桐树小学“和谐文化”、草堂小学“诗歌文化”、东城根街小学“巴金文化”等知名学校的文化深入人心之后，一批新兴名校也各具特色——泡桐树小学绿舟校区的“绿色文化”、成都市实验小学明道分校的“体验文化”、成都市实验小学西区分校的“生态文化”等形成自身独一无二的特色发展内涵。

（四）素质教育大进步

素质教育是一种以提高受教育者多方面素质为目标的教育模式，是教育改革和发展的战略主题。青羊实验区一直坚持德育为先、能力为重、全面发展，以学生发展为本，关注学生个性的健康发展和可持续发展。

青羊实验区大力实施“2+1+1”计划，努力让在青羊就读的每一位学生都发展两门体育特长，具备一项艺术才能，掌握一种生活技能。全区学生广泛参与到体育、科技、艺术、生活技能的学习活动中，综合素质得到进一步提升。

打造“社会大课堂”品牌，通过学校与医院、公安部门等12个部门的联合，营造全社会关心未成年人思想道德教育的良好氛围，加强特色基地建设，利用科研院所、企业、公园等特色基地，开展公益服务、素质拓展等活动，青羊实验区成为全省唯一“青少年普法教育实验基地”。

三是开展丰富的主题活动。开展“廉政文化进校园”、“雷锋精神伴成长”、“做可爱青羊人，绘成都新画卷”等主题实践活动，通过“展、读、讲、诵、写、唱、行”等多种形式，有效促进未成年人核心价值观的形成，得到中纪委、省委宣传部等上级部门的充分肯定。

四是队伍建设推进有力。成立首个德育研究中心组，顺利完成了全区所有1431名班主任培训暨“成都市学校心理辅导员”C级资格培训工作，超前完成了市教育局关于“2015年前班主任教师必须经过C证培训并取得资格证书”的工作目标。

五是各类比赛成绩突出。2012年是青羊实验区“艺术教育年”，学校创作了具有时代特征、校园特色、学生特点的优秀艺术作品与节目，将地域特色和素质教育很好结合，体现了“2+1+1”教育的成果。

青羊实验区通过构建“低负优质”的现代课堂，倡导“少教多学”、“精讲多练”、“从做中学”的理念，锻炼学生的创新能力、实践能力和领导能力，义务教育的教学质量在全市保持领先。2009—2011年，全区初中毕业生升入高中阶段的比例为100%，实现既定98%的工作目标；高等教育毛入学率（高中阶段升学率）为99%，大大超过既定45%的目标。普通高中教育教学质量逐年稳步提升，学校办学水平不断提升，连续三年受到市教育局的表彰奖励。

2010年，青羊实验区的学生在科技、艺术、体育等各级各类比赛中，获得国际级奖项2个、国家级奖项105个、省市级奖项2150

个。2011年，青羊实验区中小学生在各级各类比赛中，受区级以上表彰的体育类学生有4800余人次，艺术类获奖600余人次，科技类获奖2100人次。2011年11月15日，在《中国教育报》、中国教育新闻网联合主办的第二届全国教育改革创新奖颁奖典礼上，青羊实验区的“中小学体育、艺术、生活技能2+1+1项目”荣获第二届全国教育改革创新奖。在成都市第三届初中生综合运动会比赛中，青羊实验区共组织300余名运动员参加了11个大项、98个小项的全部比赛，最终以968.5分的高分获得全市“团体总分第二名”的优异成绩，并获得了本次比赛的“优秀组织奖”及“体育道德风尚奖”。在成都市2012年第十届中小学生艺术节比赛中，青羊实验区选送的音乐表演类节目有7项、美术作品类有6项代表成都市参加四川省比赛，送选项目为全市各区县最多，还有4幅美术作品被市教育局作为礼品赠送给联合国教科文组织总干事。

二、各级各类教育迅速发展

青羊实验区在办好义务教育和普通高中的同时，加强学前教育、职业教育和社区教育工作，实现“五教”统筹、协调发展。在学前教育方面，教育、卫生、妇联、计生等相关部门形成合力构建起了早期教育管理体系，0—3岁早期教育实验处于全国领先水平，3—6岁的学前教育科研处于全市、全省前列，目前正进行幼儿园和早期教育“满覆盖”的试点工作。职业教育方面，在全区土地指标非常紧张的情况下，区委、区政府仍在上风上水的清水河边拿出近168亩土地，全力打造西部职业教育中心。在社区教育方面，区政府专门列编成立了社区教育办公室，每年单列社区教育经费50

万元，并为每个街道配备了社教专干，逐步建立健全了“天网”、“地网”、“人网”三网合一的社区教育网络，社区教育工作在全国很有影响，被教育部评为“全国社区教育示范区”，并得到了时任中共中央政治局常委李长春的肯定，中央电视台《新闻联播》节目予以了特别报道。

（一）基础教育稳步推进

青羊区委、区政府把教育事业看作是最重要的惠民工程，稳步推进基础教育，基础教育继续领跑全市的前列。具体来说，是把义务教育均衡发展摆在突出地位。在青羊学校基本实现硬件均衡的基础上，从2006年起，青羊实验区以“一校一品，一校一景”和“填谷扬峰”为基本策略，总结出“三个满覆盖”经验，以实现区域教育高质量均衡作为目标，从机制上予以改革创新。2008年，青羊区作为全国四个实验区之一，承担了教育部基础教育司综合配套改革的实验课题——“‘填谷扬峰’促区域教育高质量均衡的机制研究”，取得了较为显著的成效。“低负优质”的现代课堂也在锻炼学生的创新能力、实践能力和领导能力的同时，使义务教育的教学质量在全市保持领先水平。

（二）特殊教育成绩斐然

在促进地区之间、校际之间教育均衡发展的同时，青羊实验区还非常关注特殊儿童发展。每年补助10万元作为特教工作专项经费，按2倍于小学的标准向特教中心划拨生均公用经费，按月划拨特教教师的岗位补助津贴，切实保障教育教学设施配备；青羊特殊教育事业也稳步发展，不断壮大，形成了“以随班就读为主体，以特殊教育中心为骨干”的办学格局；区特奥选手参加世界特奥会和全国特奥会比赛项目共取得21金、20银、19铜的优异成绩，青羊区被国家体育总局、中残联联合表彰为“全国特奥工作先进单位”。

（三）学前教育快速发展

青羊实验区制订了《青羊区学前教育发展三年行动计划》，实现了公办和民办“六个统一”（统一办学成本，统一配置标准，统一生均经费，统一教师福利，统一资源调配，统一公共服务）的管理，在统筹公办、民办中凸显内涵提升，全面促进区域学前教育优质均衡发展，全区初步形成了“一个中心抓质量，四个片组保基本，七个联盟促公益”的发展格局。2009 年至 2011 年，全区新增和晋级等级幼儿园 27 所，其中有 5 所幼儿园被评为省级示范园，学前三年的普及率从 96. 5% 上升到 98. 8%；同时大力推进全区 0—3 岁早教基地建设，三年间共新增早教基地 4 个。

2012 年上半年全区新增公益性幼儿园 10 所，提前完成政府目标。目前全区公益性幼儿园 24 所，其中一级幼儿园 1 所，二级幼儿园 9 所，优质园数量和比例均居全市领先水平。即将改建的正通顺幼儿园（原教育局后勤办）已报名登记 89 人，缓解了草市、太升街道适龄儿童入园难的问题。同时成立了全省首个“学前教育质量督导中心”切实提升幼儿园的质量，组织幼儿园全员培训，覆盖 89 所幼儿园的 150 名园长、1590 名教师和 603 名保育员。

（四）社区教育乘势而上

三年来，青羊职教乘势而上、开拓创新，致力于建设“精品·特色·创新”型现代化职业学校。通过加强“双师型”教师培养，提升师资力量。2011 年，专业教师中“双师型”教师所占比例已达到 40%，较 2008 年增长 200%。通过创新办学模式，开创多元办学格局，青苏职业中专学校先后与中国青少年发展基金会、新加坡物流管理学院以及众多企业开展合作，开创了校企合作、产教一体的多元化办学格局，走在了成都市校企合作方面的前列。

坚持“城乡统筹、质量领先”的发展主题，通过开展“五大工程”（“十个社区教育品牌”打造工程、“百门社区教育精品课程”建设工程、“千名人才队伍素质提升”工程、“百万市民网上行”数字化工程、社区教育国际化工程），继续深入推进全区社区教育的现代化，构建区域无缝隙终身教育体系。三年来，全区积极开展“学习月”及“全民终身学习活动周”活动，在街道一级共开展活动110余次、各类讲座380多场、区校合作开展的宣传超过了400次，参与人数达到36000人次；扩大教育资源向社区开放力度，向社会公开招募100名志愿者对社区居民进行组织和指导；编印《市民培训课程计划》，使居民学习活动走上课程化、常态化、规范化道路。目前，青羊已成功创建“全国社区教育示范区”、“全国数字化学习先行区”。

数字化学习中心建成并投入使用，形成“好玩好学”的数字化学习平台，数字化学习社区建设工作得到傅勇林副市长的肯定，并在2012年5月全国学习型城区建设交流推进会上做交流发言。青羊实验区也被评为“全国数字化学习先行区”、挂牌为“全国城乡社区教育数字化学习实验基地”。同时，以青羊特色课程和民族文化课程为主线，形成“说街聊巷话青羊”、“聊说金沙”、“乱烹记”等社区教育课程，被评为全国社区教育特色课程。二是职业教育“全速推进”。青苏职业中专学校与美国路易维尔市姐妹城市协会、新加坡智源教育学院、台湾大仁科技大学等国家和地区院校签订了合作办学协议，与上海杨浦职业学校、浙江德清县职业中专学校、成都蒲江县职业中专学校结成友好合作学校，并获准成立成都首个“中英职业教育BTEC课程中等职业学校实验基地”。成立青羊区行业职业教育教学指导委员会和学前教育、数字媒体两个专业指导委员会，完成了“男幼师”班的课程设置工作，学前教育专业创建为成都市重点专业，初步通过了省级内务示范校的市级验收，并获得了“成都市服务外包人才培训机构”资格。三是民办教育“全面监管”。完成了2012年民办学校的年审工作和青羊实验区民办非学历教育机构信用等级评定工作，制定了《青羊区民办非学历教育机构信用等级评定办法》《青羊区民办非学历教育机构信用等级评定标准》和《民办非学历教育机构诚信服务自律公约》，开展了全区民办非学历教育机构的综合治理工作。

青羊区教育局先后获得了“全国教育改革创新先进单位”、“全国社区教育示范区”、“全国特奥工作先进区”、“全国青少年普法教育实验区”、“全国优秀家长学校实验基地”、“四川省基础教育工作先进区”、“四川省义务教育示范区”、“2001—2010年四川省教育对口支援工作先进集体”、“四川省五一劳动奖状”“2001—2010年成都市妇女儿童工作先进集体”等荣誉；科研课题“民主管理委员会制度的理论与实践研究”获得第四届全国教育科学研究优秀成果奖二等奖。2012年上半年，国家基础教育质量监测将青羊区选取为成都市唯一的样本区；在青羊实验区承办的中国教科院教育综合改革实验区高质量课堂教学大赛上，青羊实验区3名参赛教师均获得全国一等奖；在全市开展的学业质量监测中，青羊实验区小学平均分、及格率、优生率均排名全市第一。

2010年，青羊实验区的学生在科技、艺术、体育等各级各类比赛中，获得国际级奖项2个、国家级奖项105个、省市级奖项2150个。2011年，青羊实验区中小学生在各级各类比赛中，受区级以上表彰的体育类学生有4800余人次，艺术类获奖600余人次，科技类获奖2100人次。其中，2011年11月15日，青羊实验区的“中小学体育、艺术、生活技能2+1+1项目”荣获第二届全国教育改革创新奖。

经过几年发展，青羊实验区的各个学校也得到了长足的发展，各学校亮点异彩纷呈。树德实验中学以“树德节”为载体，培养了师生的德馨才实；成飞中学倡导的“无痕教育”，让无缝隙管理成为可能；泡桐树小学秉承“教育在我们之上”的理念，以“家校共育”为载体，追求“和谐教育，自主发展”；成都市实验小学以“小学校，大雅堂”为办学追求，传播着“渊雅、博雅”的知识文化；草堂小学依托杜甫草堂蓬勃而兴的“诗意教育”让诗意灵韵在学校中晕染而生；金沙小学借助金沙博物馆的毗邻优势，全心向着打造博物馆资源学校不断迈进；文翁实验学校的“国学教育”让孩子们通过文字的交流穿梭，徜徉于泱泱中华的精髓智慧之中；泡桐树小学绿舟分校的“绿色教育”打造出了一所“星级农民工子弟学校”……一所所充满广才雅致的校园，共同描述着青羊实验区的教育品质。

青羊实验区对“城乡统筹、质量领先”的执着追求，产生了良好的社会反响，引起了众多媒体的关注。《人民日报》《中国教育报》《中国青年报》《光明日报》、中央电视台、中国教育电视台和韩国首尔SBS电视台等多家国内外媒体争相报道。其中，中央电视台《专家走基层》栏目组、《中国新闻》栏目组对青羊实验区学校进行了专题报道，成都市级以上平面媒体对青羊教育的报道达208次。

参考文献

一、中文文献

[1] 白雪．关于“现代化”的阐释［J］．中共山西省委党校学报，2004（6）．

[2] 陈珺，李素玲．教育均衡化视阈下义务教育投入问题的回顾与思考［J］．继续教育研究，2012（2）．

[3] 陈涛，史亚夫．走向和谐：现代课堂教学的应然追求［J］．江苏教育研究，2012（2A）．

[4] 褚宏启．教育现代化若干问题论纲［J］．教育理论与实践，2000（5）．

[5] 褚宏启．我们需要什么样的现代学校制度［J］．教育研究，2004（12）．

[6] 楚江亭．关于制定学校发展规划有关问题的思考［J］．教育理论与实践，2006（9）．

[7] 崔允漷．试论建立国家义务教育质量监测体系的价值［J］．教育发展研究，2006（3）．

[8] 达林．教育改革的限度［M］．刘承辉，译．重庆：重庆出版

社，1991.

[9] 范国睿．政府·社会·学校［J］．教育发展研究，2005（1）．

[10] 富兰．教育变革新意义［M］．北京：教育科学出版社，2005.

[11] 顾明远．关于教育现代化的几个问题［J］．中国教育学刊，1997（3）．

[12] 顾明远．也谈特色学校［J］．人民教育，2003（9）．

[13] 郭思乐．素质教育的生命发展意义［J］．教育研究，2002（3）．

[14] 郭振有．教育督导与素质教育［M］．北京：人民教育出版社，2006.

[15] 国家教育督导团．国家教育督导报告2008（摘要）：关注义务教育教师［J］．教育发展研究，2009（1）．

[16] 黄耀伟．论城乡基础教育均衡发展中财政转移支付的作用［J］．中国校外教育，2010（1）．

[17] 经济合作与发展组织．教育概览2010：OECD指标［M］．中央教育科学研究所，译．北京：教育科学出版社，2011.

[18] 莱文．教育改革：从启动到成果［M］．项贤明，洪成文，译．北京：教育科学出版社，2004.

[19] 李春生，康瑜．终身学习背景下学校和社区关系的重建［J］．比较教育研究，2002（4）．

[20] 李家成．论学校发展规划在学校变革中的价值实现［J］．当代教育科学，2004（16）．

[21] 联合国教科文组织．教育财富蕴藏其中［M］．北京：教育科学出版社，1996.

[22] 林藩，黄丽萍．教育特色化：向高水平均衡迈进［J］．教育科学研究，2012（4）．

[23] 刘庆昌．教育者的哲学［M］．北京：中国社会出版社，2004.

[24] 麦金泰尔．德性之后［M］．龚群，戴扬毅，等，译．北京：中国

社会科学出版社，1995.

［25］骈茂林．公民参与：现代学校制度建设路径［J］．中国教育学刊，2012（4）．

［26］任国平，朱哲．基于国际视野的教育自觉：广东省深圳市宝安区教育国际化探索纪实［J］．人民教育，2012（2）．

［27］沈德立，阴国恩．非智力因素与人才培养［M］．北京：教育科学出版社，1992.

［28］盛冰．社会资本与文化资本视野下的现代学校制度变革［J］．教育研究，2006（1）．

［29］苏君阳．知识冲突与教育发展规划的制定［J］．北京师范大学学报：社会科学版，2006（6）．

［30］孙柏瑛．公民参与形式的类型及其适用性分析［J］．中国人民大学学报，2005（5）．

［31］孙孔懿．学校特色论［M］．北京：人民教育出版社，2007.

［32］王晓燕，涂端午，汪明．关于继承教育现代学校制度的思考［J］．中国教育学刊，2009（4）．

［33］文喆．民主的教育［J］．教育科学研究，2001（10）．

［34］邬志辉．学校特色化发展的重新认识［J］．教育科学研究，2011（3）．

［35］吴华，戴嘉敏，吴长平，等．从差距合作到差异合作：对发达地区城乡义务教育均衡发展的新思考［N］．中国教育报，2008－05－10（03）．

［36］吴遵民．教育政策国际比较［M］．上海：上海教育出版社，2009.

［37］项贤明．当代国际教育主题与我国教育改革走向探析［J］．北京师范大学学报：社会科学版，2005（4）．

［38］徐江涌．“民管会”：社会力量参与学校管理的有效形式：四川成都青羊区推进学校民主管理委员会建设的实践与反思［J］．教育行政管理，2007（3）．

［39］徐玲．国际教育指标体系的分析与思考［J］．教育科学，2004（4）．

［40］续梅．推进素质教育是一项系统工程［N］．中国教育报，2006－11－09（01）．

［41］雅斯贝尔斯．什么是教育［M］．邹进，译．北京：生活·读书·新知三联书店，1991.

［42］杨善华．当代西方社会学理论［M］．北京：北京大学出版社，1999.

［43］尹保云．什么是现代化：概念与范式的探讨［M］．北京：人民出版社，2001.

［44］俞可平．治理与善治［M］．北京：社会科学文献出版社，2000.

［45］郁琴芳．日本教师“定期流动制”对我国教师流动的启示［J］．中小学管理，2003（8）．

［46］翟博．教育均衡发展：现代教育发展的新境界［J］．教育研究，2002（2）．

［47］张长征，郇志坚，李怀祖．中国教育公平程度实证研究：1978—2004：基于教育基尼系数的测算与分析［J］．清华大学教育研究，2006（4）．

［48］张铁军．教育现代化论纲［M］．南京：南京师范大学出版社，2001.

［49］钟秉林．教师教育的发展与师范院校的转型［J］．教育研究，2003（6）．

［50］中国社会科学院语言研究所词典编辑室．现代汉语词典［M］．北京：商务印书馆，1996.

［51］朱家存．教育均衡发展政策［M］．北京：中国社会科学出版社，2003.

［52］朱家存，周毛毛．现代学校制度对完善校长负责制的意义［J］．教

育发展研究，2007（3）.

二、英文文献

[1] AI – Bataineh, Nur – Awaleh. International Education Systems and Contemporary Education Reforms [M]. Lanham: University Press of America, 2005.

[2] Bartlett, Burton. Education Studies [M]. London: SAGE Publications, 2003.

[3] Cochran – Smith. Policy and Politics in Teacher Education [M]. Thousand Oaks: Corwin Press, 2006.

[4] Coleman. What Is Meant by an Equal Educational Opportunity? [J]. Oxford Review of Education, 1975 (1).

[5] Dessoff. Persuading Teachers to Go Rural [J]. District Administration, 2010 (6).

[6] Dorman. Association between Classroom Environment and Academic Efficacy [J]. Leaning Environments Research, 2001 (4).

[7] Dunn. Public Policy Analysis: An Introduction [M]. Upper Saddle River: Prentice Hall, 2008.

[8] Grant , Murray. Teaching in America: The Slow Revolution [M]. Cambridge: Harvard University Press, 1999.

[9] Grundy, Shirley. Curriculum: Product or Praxis [M]. Abingdon: Routledge Falmer Press, 1987.

[10] Halstead, Pike. Citizenship and Moral Education [M]. London and New York: Rvoutledge, 2000.

[11] Hough. Educational Policy: An International Survey [M]. New York: St. Martin's Press, 1984.

[12] Michael. The Policy Process: A Reader [M]. New York: Harvester &

Whestsheaf, 1993.

[13] Oakes. Educational Instructors: A Guide for Policymakers [M]. Madison: the University of Wisconsin – Madison, 1986.

[14] Odden. Education Policy Implementation [M]. New York: State University of New York Press, 1991.

[15] Olson. Finding and Keeping Competent Teachers [J]. Education Week, 2000 (3) .

[16] Pavitt. Technology, Management and Systems of Innovation [M]. Northampton: Edward Elgar Publishing, 1999.

[17] Sills. International Encyclopedia of the Social Science [M]. New York: Macmillan, 1968.

[18] Vedung. Public Policy and Program Evaluation New Brunswich [M]. Piscataway: Transaction Publishers, 1997.

后　记

教育改革是一项复杂的系统工程。从时间跨度上，教育改革可能历时三年、五年或者更长时间；从空间辐射上，教育改革可能拓展到一个或多个区域甚至整个国家；从人员卷入上，教育改革可能凝聚行政、科研和社会的力量。从世界范围来看，在“自上而下”和“自下而上”的教育改革分别遭遇挑战和困境后，统摄整个区域的系统改革日益受到人们的重视和推崇。区域层面的教育综合改革可以有效解决“自上而下”的改革在实施过程中遇到的难题，也可以及时放大“自下而上”的改革的积极效应。中国教科院教育综合改革实验区的成立和发展，为区域乃至全国的教育改革和发展积累了成功经验。实验区在改革和发展过程中遇到的问题和采取的措施，可以成为区域教育改革者在“摸着石头过河”过程中引路的“石头”。

作为中国教科院在我国西部地区建立的第一个教育综合改革实验区，成都市青羊区以深厚的文化底蕴和强烈的教育情怀，牢牢把握教育科学发展的准确方向，借助中国教科院的高端科研平台，积极探索西部县级区域教育改革发展的典型经验和发展模式。2009年4月，中国教科院成都青羊实验区成立以来，科研力量和行政力量的互动及转化成为塑造青羊改革模式的关键因素。教育改革不是一厢情愿的单兵突进，而是齐心合力的立体推进。青羊区在探索和创新实验区工作机制的过程中，从宏观（区域教育发展）、中观（各级各类教育）和微观（学校教育活动）上整合科研和行政的力量，打通学术和政治的话语壁垒，充分利用各自的优势，整体推进区域教育改革事业的发展。《城乡统筹　质量领先——成都青羊教育综合改革实验模式》是对青羊实验区教育综合改革经验的梳理和提炼。

本书由青羊区副区长赵艳艳担任主编，青羊区政协副主席和青羊区教育局党委书记、局长李泽亚以及青羊实验区专家组组长刘光余担任副主编。“院区共建篇”由刘光余、叶剑执笔，“整体推进篇”由潘亦宁、王科执笔，“科研引领篇”由孟照海、李正平执笔，“创新发展篇”由李红恩、曹艳执笔；全书由刘光余负责设计统稿，黎波、张勇协助统筹与统稿。

本书凝聚了青羊教育改革参与者的智慧和心血，是集体智慧的结晶。中国教科院院长袁振国多次莅临青羊实验区，对区域教育改革发展过程中遇到的重大问题进行明确指导，帮助青羊区梳理改革发展的思路、策略和成效。教育部基础教育课程教材发展中心主任田慧生、中国教科院党委书记徐长发、中国教科院副院长曾天山、中国教科院党委副书记史习琳、中国教科院副院长刘建丰等领导为青羊实验区的教育改革发展提供各种支持和帮助，帮助青羊实验区搭建了有利的资源平台。中国教科院行政部门和科研部门的许多领导也多次来到青羊，针对青羊实验区各项重大改革项目提供专业性和有针对性的指导，及时化解青羊教育改革发展过程中遇到的难题。中国教科院教育综合改革实验区办公室主任李晓强作为青羊教育综合改革实验的经历者和参与者，对青羊实验区的改革发展和本书的组织编写倾注了大量的智慧和心血。青羊区区委书记谢强，区长李燎，区委常委宣传部部长邱颖，副区长赵艳艳，区政协副主席、区教育局党委书记、局长李泽亚，区教育局党委副书记刘立频，区教育局副局长徐江涌、姚敏，区党委委员、区招办主任王健，区教育局纪委书记任焰，青羊区教科院院长黎波以及区教育局各科室和直属机关人员，为本书的编写提供了大量的帮助和支持，在此表示衷心地感谢。

教育改革实际上是在“戴着镣铐跳舞”，改革者受到了既定目标和现有模式的限制，然而作为具有主动性的行动者，改革者又可以依据自己的智慧和判断，选择适合自己的变革路径和模式。青羊实验区的教育综合改革只是全国教育改革浪潮中的一朵浪花，当一朵朵注重内涵、科学发展的浪花汇集成一条澎湃的河流时，全国的教育改革发展必将浩浩荡荡、势不可当。教育改革是一首协奏曲，青羊实验区的教育综合改革汇集了各方的力量，也借鉴了其他地方的经验，本书的付梓出版也希望能为其他地方的教育改革提供启迪、借鉴和思考。由于时间和水平有限，本书难免会有错谬之处，请读者批评指正。

编　者

2012 年 12 月

出 版 人　所广一
项目统筹　谭文明
责任编辑　王利华　郑　莉
版式设计　杨玲玲
责任校对　贾静芳
责任印制　曲凤玲

图书在版编目（CIP）数据

城乡统筹　质量领先：成都青羊教育综合改革实验模式/《教育综合改革实验丛书》编委会编. —北京：教育科学出版社，2012.12
（教育综合改革实验丛书）
ISBN 978-7-5041-7247-1

Ⅰ.①城…　Ⅱ.①教…　Ⅲ.①区（城市）—教育改革—研究—城都市　Ⅳ.①G527.711

中国版本图书馆CIP数据核字（2012）第299166号

教育综合改革实验丛书
城乡统筹　质量领先
CHENGXIANG TONGCHOU　ZHILIANG LINGXIAN

出版发行	教育科学出版社		
社　址	北京·朝阳区安慧北里安园甲9号	**市场部电话**	010-64989009
邮　编	100101	**编辑部电话**	010-64981260
传　真	010-64891796	**网　址**	http://www.esph.com.cn
经　销	各地新华书店		
制　作	北京博祥图文设计中心		
印　刷	保定市中画美凯印刷有限公司		
开　本	169毫米×239毫米　16开	**版　次**	2012年12月第1版
印　张	24.5	**印　次**	2012年12月第1次印刷
字　数	278千	**定　价**	50.00元

如有印装质量问题，请到所购图书销售部门联系调换。